心灵塑造者：心理学大师及其影响

丛书主编 [英] 理查德 · 史蒂文斯（Richard Stevens）

译丛主编 郭本禹 阎书昌

U0866663

西格蒙德·弗洛伊德：潜意识的探索者

Sigmund Freud: Shaper of the Unconscious Mind

[英] 理查德 · 史蒂文斯（Richard Stevens）著 王元元 译

上海教育出版社
SHANGHAI EDUCATIONAL
PUBLISHING HOUSE

译丛总序

由理查德·史蒂文斯（Richard Stevens）主编的“心灵塑造者：心理学大师及其影响”丛书的中文译本终于陆续与读者见面了。这套丛书由八位震古烁今的心理学家学术传记组成，他们分别是人类处境的探索者埃里克·弗洛姆（Erich Fromm，1900—1980）、进化思维的塑造者查尔斯·达尔文（Charles Darwin，1809—1882）、潜意识的探索者西格蒙德·弗洛伊德（Sigmund Freud，1856—1939）、行为的塑造者伯尔赫斯·F. 斯金纳（Burrhus F. Skinner，1904—1990）、个人建构心理学的探索者乔治·凯利（George Kelly，1905—1967）、人格毕生发展的探索者埃里克·埃里克森（Erik Erikson，1902—1994）、矛盾的心理学探索者汉斯·艾森克（Hans Eysenck，1916—1997）和服从及其意义的探索者斯坦利·米尔格拉姆（Stanley Milgram，1933—1984）。

“心理学虽有一个漫长的过去，但仅有一个短暂的历史。”（艾宾浩斯语）在这漫长而短暂的历史中，出现了一批又一批的心理学家，他们为心理学提供了概念、框架、理论，同时这些概念、框架、理论又成为我们审视人类生存状态的工具。我们通过这些心理学家的学术传记，审视他们在推动概念的出现、框架的转换、理论的演变那一时刻的所思所想，体悟心理学发展历程的魅力所在，观察心理学发展的历史起伏，最终形成对心理学理论发展的个人认知，并成为心理学发展新认知、新观念和新思想的源泉。

这套丛书的传主都是心理学历史上创造性极强的人物，他们已有的传记早已享誉学界，为什么还要出版这套丛书，而且是以篇幅不大的单册小书来展现每位传主呢？这套丛书以洗练的文笔和极简的篇幅，深入浅出地展示了这些伟大心理学家的创造性工作，可谓以“小书”述“大家”。每本传记都概述了心理学家关于人类心理与行为的最重要观点，并给出了深刻而透彻的评论，通过心理传记的方式，结合心理学家的人格和生活经验来阐述其思想，最终试图探寻心理学家的思想与当代世界的关联。通过这套丛书，我们可以看到这些心理学家的创造性，看到他们所展示的心理学理论的魅力之花，看到他们创立的概念和理论对人类心灵的塑造作用。

为此，我们引进这套丛书，组织了国内高校一批优秀的、年富力强的中青年教师加入到丛书的翻译队伍中，希望通过翻译工作为国内理论心理学、心理学史领域培育一批中坚力量，为未来的研究提供新的活力。我们殷切希望，未来可以有一批学者能够写出一系列中国心理学家的学术传记，讲述心理学的“中国故事”！

不仅如此，在快节奏的时代，篇幅较小、可读性强的传记往往具有特别的阅读优势，便于读者迅速把握住心理学家的核心观点。这套传记不仅适合心理学界的读者阅读，而且适合普通读者阅读，反映出这些传主的跨学科影响力。这是组织出版这套丛书的意旨——让国内读者特别是对心理学感兴趣的年轻读者了解心理学大师独特的思想成果，感知大师成长中的智慧才情，学习大师们的治学方法。

我们希望，这套丛书精选的国际心理学大师的传记，能够帮助国内年轻读者了解和熟悉心理学发展史上这些心理学大家的精彩思想和人生历程，获得智慧和启迪，为我国心理学的发展提供新思路，做出新贡献。

郭本禹　阎书昌

2021 年 8 月 26 日

目　录

第二部分 精神分析的本质

前　言

弗洛伊德是迄今为止最有影响力的精神分析学家之一。他的思想对心理学、文学、艺术乃至我们对日常生活的思考均产生了重要影响。尽管如此，弗洛伊德的一些观点总是引发我们认知上的对立与分裂。在以英语为母语的国家，仅有极少数的大学讲授弗洛伊德的理论（通常指的是精神分析）。弗洛伊德本人也是一个极具争议性的人物。一方面，精神分析的拥护者认为他的思想为我们理解“我是谁”提供了最佳视角；另一方面，精神分析的反对者认为他的一些观点荒诞至极，滑稽可笑。这是为什么呢？弗洛伊德的贡献到底有多大？他的价值究竟体现在哪些方面？这都是本书要回答的问题。

首先，当我们想要抓住弗洛伊德思想的本质时，总会遇到一个困难——它们通常以简化的方式呈现。纵观弗洛伊德的一生，他的思想在不断发展、演变与更新。因此，本书不仅要将弗洛伊德思想清晰地呈现出来，还要反映它们的复杂性和发展性。

其次，当我们想对弗洛伊德及其思想进行评价时，也存在类似问题，它们的呈现方式经常失之偏颇——或是出自支持弗洛伊德思想的人，或是出自反对弗洛伊德思想的人。因此，本书另一个重要目的是，采用赞赏和批判兼容的态度来评价弗洛伊德思想。

尽管本书对弗洛伊德的作品和相关研究进行了全面介绍，然而毋庸置疑，本书更重要的任务是探索和揭示弗洛伊德思想带给后世的影响。精神分析究竟给我们带来了哪些启示？精神分析会引发我们对精神生活的本质作什么样的思考？精神分析对我们该如何生活提供了哪些建议？对于某种既定的人格理论，我们该作何理解？精神分析对我们当今的生活产生了什么影响？

本书不仅会引发心理学专业学生的好奇与兴趣，也会让所有想要了解和评价对人们思考心灵的方式有重要影响的精神分析的读者受益。本书写给任何一个想要了解人性的人——不管是门外汉，还是专家。本书可以帮助我们理解行为和感觉背后的原因。本书不但可以帮助读者了解弗洛伊德及其精神分析，了解前人对弗洛伊德及其精神分析的评价，也能启迪读者去思考如何更好地了解自我和他人。

熟悉弗洛伊德及其精神分析思想的读者，可能想快速阅读关于精神分析本质的部分（第二部分），但请务必注意，在第一部分，弗洛伊德思想可能会以意想不到的独特视角呈现。即便是精通精神分析的读者，这种视角也会让你耳目一新。

为避免性别歧视偏见或措辞尴尬，我在不同章节会分别用“他”或“她”来表达与性别相关的人称代词。

致 谢

首先，我非常感谢科斯丘格-托茨（Olga Coschug-Toates）博士，没有他的支持与鼓励，本书不会面世。其次，我非常感谢麦克米伦出版社的首席编辑麦卡利尔（Andrew McAleer），在本书写作过程中，他给了我坚定的支持。正是麦卡利尔最先提出出版“心灵塑造者：心理学大师及其影响”丛书的想法，并凭借专业能力和经验，促使这一愿望达成。再次，我非常感谢巴斯托斯（Elaine Bastos）为我提供了非常宝贵的支持，这种支持既有秘书般的、行政的支持，也有个人的支持。同时，我也非常感谢穆兰（Nevia Mullan）在完成本书过程中给予我莫大的情感支持。感谢剑桥大学的诺兰（Jane Nolan）博士和英国开放大学托茨（Frederic Toates）教授给出精彩评论。最后，我要感谢两位编辑——马歇尔（Jaime Marshall）和博塞尔（Anna Van Boxel）在我完成本书以及组织“心灵塑造者：心理学大师及其影响”丛书方面给予的帮助和建议。

引言　个体的自我整合

鉴于本书第一部分将更直接地介绍弗洛伊德的精神分析，引言将从精神分析的视角简单阐述“人如何看待自己”。另外，引言还将精神分析与心理学中常见的其他理论放在一起呈现，以便帮助我们更好地了解“我是谁”。

多重自我

在我们理解世界的过程中，整合是最核心的、最重要的一步。我透过办公楼的玻璃看向窗外，斑驳的树荫洒落在红色砖瓦的房顶。我定睛端详：一幅米色窗帘掩着半开的窗户随风飘动；一个黏土做成的滴水嘴怪雕像置于山形墙的一角，翅膀张开着；一个方形的水桶放在长长的黑色排水管上面；数不清的瓦片整齐紧密地呈一字排列，层层叠叠，偶尔有两片掉落，露出黑色缺口；浓密的绿叶带着斑斑锈迹相互碰撞着、拥挤着，争先恐后地迎接秋日的到来。我本该数小时不知疲倦地研究眼前美丽景色的所有细节，而当我瞥向窗外，却只看到了两栋房子和房子后面的一排树。因此，某种程度上，以上关于景物的描述，源于我对细节的选择与整合——我注意到环境中的大量细节，之后在这些细节中选择，并将其整合为有意义的整体。

选择与整合是我们生活方式中非常重要的组成部分。静下心来想一想明天你可以做的一些事情：来一场说走就走的旅行，乘火车去任何一个你想去的地方；和你从未接触过的陌生人聊天；品尝你从未吃过的食物；不管是行为举止、穿衣打扮，还是与别人交谈，你都用你从未有过的方式进行。即便你宅在床上，也依旧有数不清的、类目繁多的书籍和杂志等着你去阅读，有不一样的游戏等着你去玩，有无数新歌等着你去听。你可以沉思，可以大声喊叫，还可以写一封信给许久不见的老朋友，或者打个电话给素不相识的陌生人。然而，这些事情中的大部分你可能都不会去做。因为它们不是“你”的一部分，它们在你的生活方式中没有一席之地。通常，我们就是像
2 这样，从无数的做法中选择，然后将它们建构和整合成一种连贯的、有特色的生活方式，一种可以反映“我是谁”或者可以凸显我们个性和身份的生活方式。

有时候，我们能意识到各种选择之间存在冲突。举个简单的例子，在平安夜的凌晨，一个孩子躺在床上翻来覆去睡不着，因为他知道床下藏着圣诞礼物。一方面，他迫不及待地想打开礼物；另一方面，他又犹豫不决，因为现在还不是打开礼物的最佳时间。两种行为对他来说都极具诱惑力，都是构成“他是谁”行为谱系中的一部分。如果他愿意，它们都可以成为他完整人格的一部分。然而，现实只允许一种行为发生。每天，类似的冲突都会在我们身上发生。一方面，我们（或者我们的一部分）想去做这件事情，与此同时，我们（或者我们的另一部分）又想去做另外一件事情。比如，周六是去钓鱼，还是在家刷墙？对同事的行为我该火冒三丈，还是微笑忍受？当然，某些类似的冲突可以被我们相当轻松地解决。比如，我们可以这周六钓鱼，下周六刷墙。而另外一些不太容易解决的冲突则会给我们带来比较严重的后果。因此，不管做什么决定，

冲突总是伴随着我们。

一周前，我们团队迎来了一名新成员——麦克。为了让他感到放松，其他成员热情欢迎他的到来。但很明显，他感到不自在。在谈话中，他经常使用富有攻击性的语言；在活动中，他表现出不合作。昨天晚上，他开诚布公地向我们说明了第一个夜晚他内心经历的冲突：一方面，他很想融入集体，渴望和团队中其他成员更亲近，建立更亲密的关系；另一方面，面对这么多陌生人，他又有些恐惧。他身体内两股并行又不相容的力量——去和团队成员接触，回避与团队成员接触——同时驾驭着他。满足其中一种必会让另一种凋亡。麦克只能选择用忍受来应对这两种冲突。他还说，来此之前，他跑到酒吧喝了一个小时的酒。酒精的确减少了他的忧虑与恐惧，他按时出现在团队活动中，这在一定程度上缓解了他行为层面的焦虑，但潜伏在他内心的冲突依旧在那里得不到解决。团队成员注意到，他用消极的、富有攻击性的行为方式表达了内心的冲突。

上面谈到的这个例子中，有两点需要引起我们的注意。第一，它揭示了一种行为可能有多重意义。麦克的行为既表达了他想融入集体的愿望，又表达了融入集体带给他的焦虑。第二，那些没有直接表达的动机可能会寻找间接表达的方式。麦克被压抑的社交焦虑，使他在面对团队成员时表现得非常富有攻击性与敌对，这种行为会使其他人回避与他进一步接触，间 3
接达成了他不想接触团队成员这个目标。

我们每个人都是一个有机体，拥有一个身体和一套器官，倾向于在一个时间点做一件事情。我们总是假定一个人要么喜欢要么不喜欢某件东西，要么渴望要么回避某件事情，这种单纯把人看成简单有机体的做法未免太草率了。因为外在的统一掩盖了内在的复杂性。在人的内部，不同的力量和欲望涌向不同甚至相反的方向。行为通常有多重含义，表达多种动机。这种复杂性和冲突不仅是行为的基础，而且定义了人感知世界的独特方式。我们以人的情感为例来说明。现在请你回想一个比较熟悉的人——当然不一定是最亲密的朋友，仔细感知一下你对他的情感。你可能会意识到矛盾的存在。一方面，你仰慕他，被他吸引；另一方面，他好像又没有那么吸引你，甚至会让你讨厌。这样的矛盾感源于人本身，人就是一个复杂的有机体，每个人都会表现出许多不同甚至截然相反的观点、态度和行为方式。当然也有可能存在其他的原因，比如你本身就拥有不同的价值观，因此你的一部分可能喜欢某种行为，另一部分却又不喜欢这种行为。

那么，人为什么会被这种内在的复杂性和冲突定义呢？

复杂性的起源

正如下文我们将会看到的，弗洛伊德最大的成就之一在于，他认识到构成个体人格的生物学因素和意义感对心灵的重要性。

弗洛伊德早年受过生物学的训练，他深知生理需求及其发展对人格形成的重要性。尽管在精神分析中，弗洛伊德没有直接引用达尔文（Charles Darwin）的观点，但他很钦佩达尔文。他读过达尔文的《物种起源》（*Origin of Species*），这本开创性的著作在他 3 岁的时候就被译成了英文。现在我们都知道，人类是进化的产物。尽管我们可以试着用数字来标记人类进化的进程，但进化的深层机理总是超出我们的认知范畴。很多物种的行为是由遗传编码倾向与环境刺激交互作用决定的。然而，
4 对于另一些物种，尤其是人类来说，遗传编码的力量变弱了，学习变得更加重要。然而，把人与动物区分开的关键特征是人类进化出了能够产生语言的生理结构。语言极大地提升了人类

交流和概念化的能力。语言不仅能让人类更好地理解和适应外在的自然环境和社会环境，而且能帮助人类更好地表达和认识思想、情感等内部世界。同样，语言使信仰和风俗通过文化和关系得以传播。众所周知，原始人主要通过生理感知和直接学习来塑造行为和意识，而语言的习得则有力地补充了人类习得经验的惯常方式，使人类可能习得文化、风俗和信仰。因此，人类的一些行为可以由不基于自身直接经验的理想和价值观而产生。比如，我们甚至可以像堂吉诃德一样被幻想刺激。语言这一象征性符号在塑造人类经验、行为及行为后果方面起着强有力的作用，无论这些经验源自哪里，意义如何。比如，一个人可以为了信念选择自杀，也可以为了信念去建一座教堂。象征性符号丰富了人类的生存空间，给人类带来极大的精神力量。与此同时，象征性符号也给人类带来了矛盾和冲突，使得内心整合的任务变得更加棘手。

因此，一方面，人类被生物过程和生理需求主宰；另一方面，象征性符号又帮助人类将生存的外部世界内化。人类开始挖掘现实的真相，并感受在尝试满足自身需求时现实所带来的约束。人类不但能将与自身相关的物质世界内化，而且能将与人类生活相关的社会环境内化。因此，人从文化中汲取，从亲人处内化人格特点、信念和价值观。同样，人际关系的本质以及亲人传递的“我是谁，我应该成为什么样的人”的信念，都会影响人的情感反应。

来自生理过程、现实经验以及文化观念的欲望与约束常常难以调和，这给人带来了极大的内在冲突。例如，我们认为，在某种现实情况下，人为了获得最大程度的满足或者为了生存，必须采取某些行动，但生理过程有可能会反对这种行动。例如，对于一个被困在暴风雪中的登山者来说，现实的认知可能会提醒他，如果不继续前行，只有死路一条，但对于此时极度疲倦的登山者来说，他最想做的却是躺下休息。当然，在有些情况下，生理过程和现实经验可能彼此合作，但它们又可能与文化观念同化的自我信念产生冲突。因此，斯科特（Robert Scott）带着征服南极的成就感（被文化观念同化的自我信念），克服旅程中经受的身体痛苦与折磨，甚至即便知道死神随时会“眷顾”，依然义无反顾（生理过程和现实经验选择合作），而实际上，死神最终降临在他和他的同伴身上。这些都是描述人类内在冲突非常戏剧化的例子。或许此刻你正在抵抗睡意，或者需要喝杯咖啡提提神来继续阅读本书。或许昨天你抵制住了诱惑，你想去做一些事情，但你没有恣意妄为，因为你认为那样做是不对的，也许是因为你害怕这会将你的婚姻置于危险的境地，也许是因为这会让你丢掉工作或者增加你的体重。

尽管通过分析去区分生理过程、现实经验和文化观念对自我的影响可能会给我们带来些许用处，但自我的这三个方面不应该被明确割裂开来。生理过程、内化的现实经验以及文化观念紧密交织在一起，就像长、宽、高组合成立方体一样，对某一个方面的评估只能借助彼此之间的关系。除此之外，同一种来源的欲望和约束也会产生冲突。满足这一生理需求可能就不能满足那一生理需求，迎合这一种信念可能就会损害另一种信念，或者两种行为方式都有利可图。然而，我们将会看到，在弗洛伊德的理论体系中，他认为这种相同来源的冲突带来的后果通常不如不同来源的冲突那样意义重大。

童年期

时光如梭，见证个体成长。与其他物种相比，人类的独特性在于，人从出生到成年需要经历漫长的时期。因此，每个成人的机能背后都有一段复杂的个人成长史。正如皮亚杰（Jean Piaget）所说，我们不应该简单地把儿童看作是缩小版的成人，是未发育的成人，是所谓的“小大人”。每个儿童的品质一定是不同的。儿童与成人经历的冲突也存在质的不同。原因之一在于，在儿童发展的不同时期，引发个体内部冲突的三种重要过程（见“复杂性的起源”）的运作方式不同。下面我们以现实经验为例来进行说明。皮亚杰认为，儿童到 6 岁左右才真正具备正确理解对话的能力。因此，把一杯水从粗短的容器倒入细长的容器，6 岁之前的孩子会认为水变多了，因为水面上升了，尽管操作过程水没有任何增减。也就是说，直到 6 岁左右，儿童才能真正理解因果关系。因此，在年幼儿童的世界 6
里，幻想与现实并没有完全分离，在儿童的认知系统里，他们认为行为影响着事件的发生。① 而对成人来说，这是不合逻辑甚至是不可思议的。对儿童来说，他们世界中的任何部分都可能会被不成比例地凸显或放大，比如一个玩偶，身体的一部分或者书中的某个图片，这对他们的认知和感受产生极大影响。因此，儿童的恐惧也会被夸大甚至放大到超出现实的地步。另外，儿童也会异想天开地高估自己行为所具有的潜在力量。从这个角度来讲，儿童的现实与成人的现实有着本质的差异。对儿童来说，现实冲突带来的力量非常强大甚至是压倒性的。因此，有人认为，与成人相比，儿童更容易夸大、扭曲恐惧和期待，这种说法似乎是合理的。因为儿童的世界不受逻辑、秩序和因果关系的限制，而这些正是正常成人稳定、清醒的世界的特征。

那么，如此重要的经历可能会随着儿童的成长而慢慢消

① 比如，因为他没有好好学习，爸爸妈妈才吵架；如果他生病了，爸爸妈妈就会和好。——译者注

退吗？答案是否定的，它们构成了儿童经验中最生动的一部分。而更多时候，这种经历被儿童内化了，就像生理世界和社会世界的其他部分一样。尽管在后期的生活中儿童对这些经历的认知和理解可能会发生变化，但这种经历一直和儿童待在一起，慢慢成为儿童的一部分。因此，成人的焦虑可能源自儿童时期被掩盖的残留的恐惧。从这个角度来看，儿童是成人的父母：成人的冲突可能反映他在儿童时期曾经历过的情感与行为冲突。因此，研究和回顾儿童时期所经历的冲突会为成人时期的人格整合提供有趣的视角。

儿童成长不单单是逐渐获得并表达技能和性格的过程。从出生到年老，内部冲突一直困扰着我们。从很小的时候开始，儿童在自我的发展过程中就扮演着非常主动的角色。但是儿童的父母及周围的其他人会对儿童自发的表达与行为进行约束，并要求儿童按照既有方向有控制地发展自我。比如，当儿童开始表达情绪时，儿童会用文化期待的那种方式去表达。男孩可能学着去忍住泪水，因为在文化观念中，哭是不勇敢、不坚强的表现。到青春期，男孩对悲伤的表达不再是哭泣，而仅仅是哽咽；对愤怒的表达不再是大声吼叫、怒发冲冠，而仅仅是安静地握紧拳头。文化和他人对儿童情绪的塑造产生非常大的影响，以至于成年后当他想哭时，他发现自己不会了。慢慢地，儿童学会了克制自己直接表达欣喜的冲动。因为他知道在某些情况下，喜悦和痛苦有时会结伴而来，或者等待时间越长，延迟满足和奖励就会越多。儿童学会为了满足成人的期待而修正
7 自己的欲望——或者是因为他们掌控局面，或者是因为儿童内化了成人的价值观和禁令，而这种价值观和禁令会给儿童带来内疚感。

渐渐地，儿童的人格及其对自我的认知开始形成——我是谁？最初这种感觉朦朦胧胧，随着儿童年龄的增长，他们对

自我的认知越来越明晰。儿童自我概念部分基于自我的直接经历——他喜欢什么，不喜欢什么，能做什么，不能做什么，部分基于他人的反馈（尤其是重要他人，比如，家长、老师等），他们认为他是什么样的人。自我概念中很大一部分取决于儿童对他人期望和定义的认同。如果他人认为他是个“淘气的孩子”，他就会感到内疚。如果他人认为“他不是个聪明的孩子”，他面对竞争时就会感到紧张。一直到青春期和成年期，这些被假定的角色依旧会给个体带来压力。战争中的士兵要“痛恨敌人”，妈妈要“时刻爱自己的宝宝”，家庭教师要“关心学生学业进步”。如果他们不这么做会面临什么样的后果？士兵可能非常清楚地知道，他开枪指向的那个人和自己一样；当面对一个尖叫的、欲求得不到满足的宝宝时，爱可能是母亲最难体验到的情感；对家庭教师来说，比起学生学业进步，研究或者照料自己的花园可能更具吸引力。

纵观一生，个体都在学习如何应对自我和他人带来的约束以及内化物理环境和社会环境带来的冲突。个体发展出应对焦虑和威胁以及解决冲突的办法。例如，个体可以否认或者压抑与自我冲突的感觉和欲望，也可以用表演的方式将其表达出来，还可以把这种意向或者情感转嫁给别人，以便维持一致的自我形象。

儿童处理内部冲突的方式就像处理冲突本身一样，会随着成长而发生变化。儿童的世界充满更多美好的愿望和幻想，不太容易受现实、时间和空间的约束，比成人的世界更具可变性和纯粹性。因此，至少就成人的意识功能而言，成人更容易受现实困扰，而儿童更容易避开现实因素去寻求富有想象力和创造力的问题解决方案。

随着个体对物理环境和社会环境的内化以及这些因素与生理因素之间持续、动态的交互作用，个体的人格逐渐显露出来。

人格最重要的功能在于，它能整合生理因素、物理环境和社会环境等多方面的信息，缓解个体的内部冲突。任何特殊的行动背后
8 都隐藏着异常复杂和独特的心理结构。因此，行为能表达多重含义就不足为奇了，而且有些含义可能没有立刻呈现出来。

意识和潜意识冲突

个体面临的一种冲突类型是潜意识层面的冲突。为了将冲突合理化，个体经常会运用压抑或者否认的方式将冲突从意识层面消除。比如，一个母亲可能会否认对孩子的敌意，因为这与她做一个好妈妈的信念不一致。但对于迈克来说，否认这一方式似乎并不可取。他害怕内心的冲突会以不合理的焦虑形式直接表达，因此，他选择了间接表达——充满敌意的行为暴露了被他压抑的逃避与团队成员接触的愿望。上文提到的母亲可能会采用多种方式来处理潜意识冲突，比如她可能会“偶然”忘记给宝宝哺乳，或者在换尿布时不小心弄伤宝宝的皮肤。又或者，她会认定自己的宝宝是个淘气的家伙，这样她就可以理直气壮地对他拍手顿足或者怒吼。当然，在极为罕见的情况下，有些母亲会暂时忘记自己是谁，自己本该是什么样的人，而采取直接攻击的方式对自己的孩子施以暴力，以此来表达她潜在的敌意。正如接下来我们会看到的，婴儿时期残留的恐惧和冲突会潜伏在成人焦虑的背后，并在潜意识层面主宰成人的焦虑。弗洛伊德的特殊贡献在于，他向我们展示了潜意识冲突的重要性，并试着去阐明潜意识冲突的作用方式。

个体面临的另一种冲突类型是意识层面的冲突。语言和象征性思维是人类独有的重要特征，它们的出现与发展非但没有减轻反而加剧了冲突的程度，并衍生出存在性焦虑问题。比如，个体不仅能概括所处的环境，还能概括自己的现在与未

来。尽管他渴望生存，但他知道人终有一死。他知道行为在决定自己的未来方面起着至关重要的作用。人类的独特之处在于，人会对自己的所作所为感到后悔或骄傲，会想象自己会成为什么样的人。因此，每个人都会发现，自己面临着非常艰巨的整合任务——但要从现实中作出选择，而且需要借助想象，对未来可能采取的行动和将扮演的角色进行主观选择。个体会作出哪种选择？这将是后期的精神分析学家，像埃里克森（Erik Erikson）和弗洛姆（Erich Fromm）需要阐述的问题，他们的作品进一步扩充了精神分析，阐释并检验了类似的议题。[①]

潜意识和意识层面的冲突并非清晰可辨。我们对存在性冲突的认知往往局限于它引发的焦虑以及对人的行为产生的影响，而真正操控人的特殊事件可能植根于潜意识需求，或者潜藏在孩童时期被遗忘的生活片段中。 9

人格研究

在心理学中，对整个人及其经验和行为方式等方面进行的研究，我们称之为人格研究。基于心理学的不同流派，人格研究又分为多种。回顾人格理论不是本书的目的，但揭示人格研究的多样性及本质可以帮助我们明确“为什么精神分析的理论观点对理解人的心理过程尤其重要”。接下来，我们对以下三种流派的人格理论进行区分。

第一，精神分析流派。人格研究方面，精神分析可能是最具影响力的理论。这一流派的理论主要有三个来源：（1）弗洛伊德等人对患者行为的治疗性解释；（2）临床分析师的自我分

① 若您想对这些理论有更深刻、全面的理解，请参阅“心灵塑造者：心理学大师及其影响”丛书其他书籍。

析；（3）弗洛伊德等精神分析学家从哲学、科学和艺术研究中挖掘的对人性的一般认知。

第二，学术心理学流派。学术心理学流派的人格理论着重突出测量和实验等传统科学程序与方法等在人格研究方面的重要性。比如，特质理论或因素理论常常基于数据分析，这些数据包括被试对问卷的回答、研究者对被试生活和行为的观察，以及被试的年龄、婚姻状况等人口统计学信息。①②③数据分析的目的在于考察哪些条目会聚合。这种理论往往将人格概念化为某些评分比较集中的维度或因素（比如内外向、焦虑或兴奋性）。学术心理学流派的拥护者之一是埃森克（Hans Eysenck），他提出了人格特质理论，并强调人格特质的遗传和生理基础。与此相反，学习理论强调环境因素在强化和塑造人的行为方面的重要性。尽管如此，两种理论都认为心理学的进步必须而且只能通过测量和实验而非解释来实现。

10 第三，现象学—存在主义—人本主义流派。现象学—存在主义—人本主义流派的人格理论认为以上两种人格理论都存在争议。比如，精神分析过度强调潜意识动机的重要性，而自然科学视角的学术心理学流派无法捕捉微妙与复杂的意义。相比之下，现象学视角将个体对意识层面的觉知作为关注的焦点，认为个体对世界的理解方式是个体行为的基础，也是个体兴趣的源泉。在存在主义视角中，自我意识和选择是最核心的议题。尽管这类理论家背景各异，但他们大都相信个体拥有自主改变与成长的能力。例如，宾斯旺格（Ludwig Binswanger）和莱因（Ronald Laing）是精神病学家，他们把自己的思想发

① Cattell, R. B. (1965). *The Scientific Analysis of Personality.* Harmondsworth: Penguin.

② Eysenck, H. (1947). *Dimensions of Personality*. London: Routledge.

③ Eysenck, H. (1952). *The Scientific Study of Personality*. London: Routledge.

展成了更正统的治疗方法。而其他人，如马斯洛（Abraham Maslow）、罗杰斯（Carl Rogers）和凯利（George Kelly，凯利的观点详见“心灵塑造者：心理学大师及其影响”丛书的另一本《乔治·凯利：个人建构心理学的探索者》）则来自正统的学术心理学界。在学术背景的支撑下，后者确实把重点放在了正式研究上。这里讲到的现象学—存在主义—人本主义流派与精神分析流派有相似之处，比如它们的方法论中涉及一定程度的解释。另外，现象学或存在主义流派的一些代表人物最初都接受过精神分析训练，并认可精神分析对他们观点的影响。

从一种理论向另一种理论转变就像是去一个遥远的国度旅行，它们的观念和关注点截然不同。正如上文所讨论的，不同流派的人格理论使用的调查和求证方法可能不完全一致甚至是完全不一致的。不同的人格理论之间存在非常大的差异，这本身就是一个非常迷人的问题。但最关键的是，这些理论（像任何其他理论或知识形式一样）不能仅仅把人格看作是对个体外部现实的反应。我们不能简单地通过个体对现实的反应这个标准来判断哪种理论或假设是最好的。首先，它们关注的问题可能不同，主要理论观点也不同。其次，即便有时候它们持相同的观点，但检验观点的形式以及支持观点的论据也可能会南辕北辙。

理论家选择什么样的调查内容与方法取决于他的假设——人的本质是什么。理论家通过建构与创造研究现象，并结合其对研究对象本身特点（兴趣、人格特质和生存环境）的归纳，形成自己的理论建构。①②

① Israel, J. (1975). Stipulations and construction in the social sciences. In H. Brown & R. Stevens (Eds.). *Social Behaviour and Experience: Multiple Perspectives.* London: Hodder and Stoughton.

② Stevens, R. (1996). *Understanding the Self.* London: Sage.

11 心理传记式的研究着重探索理论的产生与理论家的人格特点以及理论家一生中发生的重要事件之间的关系。①精神分析学家通常广泛使用自我分析来挖掘理论观点，因此，他们自然成为心理传记式研究的对象，就连自称是科学心理学家的斯金纳（Burrhus F. Skinner）也被这样研究过。通过这种研究得出的理论只是一种建构，立足于不扎实的（或未经验证的）认识论假设，即认为心理现象可以被有效测量，而且把传统科学研究方法（比如实验法）应用到心理学研究中并探索普遍规律是可行的。

我们不应该采用相对主义立场来看待“理论是一种建构”这种观点，也就是说，任何一种理论必然和其他理论一样好，你只是按照自己的喜好和兴趣作出了选择。众所周知，理论是理论家和研究对象相互作用的结果。因此，理论决定了我们要观察的内容和方式，当然，观察到的内容反过来也会影响理论本身。正如社会心理学家伊斯雷尔（J. Israel）所言，理论和现实是相互的。理论需要收集数据并用数据证实，然后，理论赋予数据以意义。然而，数据的收集不能随意进行，研究者必须基于理论所依据的“现实结构”来收集数据。②因此，我们只能根据理论提出的假设与解释现实的方式，选取某一角度来对理论进行评价。在对理论进行评价方面，没有任何一种客观角度或标准可以通用。这就意味着，理论的特定价值取决于评判者的需求，也取决于该理论特有的假设，因为任何人格理论都持有对“人的本质是什么”的假设，而这些假设都是独特的。

① Stolorow, R. D., & Atwood, G. E. (1979). *Faces in a Cloud: Subjectivity in Personality Theory*. New York: Aronson.

② Israel, J. (1975). Stipulations and construction in the social sciences. In H. Brown & R. Stevens (Eds.). *Social Behaviour and Experience: Multiple Perspectives*. London: Hodder and Stoughton, p.11.

先前讨论过的人格理论认为，个体是人格的整合者。这一理论涉及以下假设：

> 1. 人格是一个整体。这一理论强调人格研究需要着眼于整个人。只有当与整个人联系起来时，人的每一部分才会有意义。如果你想了解一个人为什么这么做或为什么这么想，孤立地看待诸如环境、性情和智力等因素是没有用也没有意义的。
>
> 2. 人格是一个动态的概念。行为和经验是人体内不
> 同种类力量（动力）相互作用的结果。行为和经验要表达 12
> 的潜在的和多重的意义远胜于它们展现出来的表面含义。它们可能受个体潜意识动机的影响。
>
> 3. 要用发展的眼光看待人格及其形成过程。童年期的经验和冲突会对成人的人格和行为产生不可估量的潜在影响。
>
> 4. 要关注个体内部冲突与整合。解决冲突的独特模式、价值观，以及情绪反应模式，都是个体行为和经验的基础。

显然，并不是所有人格理论都符合以上假设。比如，并不是所有的人格理论都是动力性的，也并不是所有的人格理论都强调内部冲突与整合的重要性。特质理论，又称为人格的因素分析理论，擅长以更静态的方式将某类特质的聚合概念化为人格。行为主义流派通常侧重于使用测量和实验，回避对主题进行意义性解释。尽管现象学流派的心理学家将意义放在核心地位，但他们更关注行为和经验的意识层面呈现出来的现实意义而非潜意识层面的多重意义。另外，他们倾向于聚焦个体的此时此地，而非追踪他的过去。

与上述人格模型最契合的理论流派是精神分析流派。弗洛伊德的理论囊括了精神分析流派的主要内容。这也是本书第一部分的主要内容。在简要介绍弗洛伊德的生平后，后续每章都会涉及弗洛伊德理论的某个核心主题，包括弗洛伊德对神经症的解释以及精神分析的治疗实践。本书关于精神分析的基本内容，从弗洛伊德最初的理论构想开始，涵盖了精神分析发展的主要脉络。

本书第二部分探讨精神分析的本质。精神分析究竟是一种什么样的理论？有人认为，精神分析具有两个重要特征：（1）整合能力。精神分析综合考虑决定人格的系列因素，并建立起它们彼此之间的联系。（2）解释能力。精神分析能帮助我们对行为和经验的意义进行解释。但是它解释的有效性究竟如何？我们广泛回顾相关的研究论文后发现，其中有很多问题，最关
13 键的问题是，鉴于精神分析的研究对象是人，而人的本质又极具特殊性，因此对人格的评价是否恰当？有人断言，对这一问题的困惑源于精神生活本身存在生物学和符号经验（对符号的思维加工）的双重根源。第二部分还讨论了精神分析的现实意义以及精神分析对指导我们如何生活有哪些启示，并评估精神分析对当今世界的意义和价值。

本书将精神分析概念和弗洛伊德的成长环境与人格特征一起呈现，一些认识论问题也会被提及。比如，在界定内部冲突与整合的过程中，我们遇到的关键问题是——概念化和复杂性。精神分析认为，在个体内部多个任务过程同时运行，而用词汇和命题的线性模式捕捉这种复杂性及多维性是非常困难的。精神分析的本质是探索人的感知模式与构成——它强调差异性，强调每种现象带给人的不同感觉以及感觉背后的意义。从这个角度来看，精神分析旨在引导我们认识行为或感觉等不同因素相互关联的方式——而不是制定一套严谨的可供检验的

命题。因此，正如稍后将讨论的那样，在对精神分析进行检验和评价时，实验室研究方法不适用，即便用了，效果也不好。那么，能够被大部分学术心理学家接受的，作为学术心理学必要支撑的传统自然科学研究方法，究竟在多大程度上适合精神分析？相对于传统的自然科学研究方法，精神分析采用的方法充分考虑行为模式的结构属性，试图在个体内在力量的交互作用而非因果关系中寻求解释，强调模式、意义的重要性，并从发展的角度来看问题。这难道不是服务于心理学更好的辩证方法吗？本书的第二部分提到了这一问题，但对这一问题更直接的介绍则出现在最后一章。

精神分析的概念既不来自实验，也不来自结构化观察，而是来自弗洛伊德等人的自我分析以及对患者临床治疗的深入研究。因此，在阅读本书时，请务必记住，要想科学评价精神分析（以及本节前面的讨论），你应该重点关注它在多大程度上能有效解释生活中的精神现象以及你的个人经验。本书附录部分有一些关于自我意识练习的小技巧，能为你探索自我助一臂之力。

第一部分　弗洛伊德与精神分析

精神分析是由弗洛伊德创造的。精神分析的概念、观点和研究方法都是弗洛伊德的原创。尽管后代的精神分析学家提出了一些新的概念，并对精神分析的观点进行了修正，但弗洛伊德的作品涵盖了精神分析的本质与核心内容。

准确概述弗洛伊德的精神分析几乎是不太可能的。因为精神分析本身就不是一种连贯的、完整的、统一的理论体系。弗洛伊德终其一生，都在不断发展、演化和修正精神分析。像其他理论一样，精神分析也是一种建构、一种概念，旨在理解行为和经验的多样性。弗洛伊德本人将精神分析称为“神话”。他用“万物有灵论”的意象来概括无形的精神现象。因此，当我们尝试概括精神分析时，很容易让人误解。作为一种理论兼治疗的方法，精神分析的本质是对意义的追求和探索。最初，弗洛伊德只是想弄清楚他在治疗过程中以及自我反思过程中遇到的一些问题，比如人类行为和经验的微妙性、矛盾性与平衡性，人类情绪的混乱与交织。从这个角度来看，弗洛伊德更像是一位哲学家。从另一个角度来看，弗洛伊德又像是一位不断追寻智慧和知识的文学爱好者。弗洛伊德试图理解人这一研究对象，人的本质是什么，自己与周围人的生活方式究竟为何不同。在最初着手研究精神分析时，弗洛伊德发现，虽然早期的作家、哲学家和心理学家留下了很多线索，但无论是对于一位分析师还是对于一位寻求解释的工作者来说，几乎没有一种工具或技术是有用的。弗洛伊德的任务就是研发出一种新的方法来揭示个体行为和经验背后的精确结构，并试图用某种模式对浮现出来的碎片加以整合。作为一种帮助个体理解精神生活本质的工具，这种整合模式是精神分析的原创。

16 按照弗洛伊德观点出现和发展的时间顺序，我将用几页的篇幅勾勒出精神分析的基本框架，这些基本框架是我们理解精神分析的基础。精神分析的核心内容主要有三点：潜意识的运作、性心理发展和心理动力学（个体内部不同力量的相互作用及其影响）。为了在弗洛伊德的成长背景中理解这些内容，在讲解之前，我简要叙述一下弗洛伊德的人生历程。

第一章　弗洛伊德其人

在维也纳东北部约 240 千米处的弗莱堡镇，竖立着一座 6 米高的尖塔。1856 年 5 月 6 日，弗洛伊德在这里出生。弗洛伊德的父亲是一个毛织品商人，母亲是他的第三任妻子，弗洛伊德是这对夫妻的第一个孩子。弗洛伊德出生时，父亲已 41 岁，他和第一任妻子已经有了两个成年的儿子。而弗洛伊德早期最好的玩伴是大他一岁的侄子。弗洛伊德的母亲比丈夫年轻 20 岁，她深爱弗洛伊德。尽管后来她又生了 7 个孩子，但她一直把弗洛伊德看作“她最爱的宝贝”。弗洛伊德认为，在成年后的岁月里，即使面对敌意和争论，他也拥有无比自信，这在很大程度上源于“他是母亲的最爱”这一事实。虽然弗洛伊德的父亲是犹太人，但他早已摒弃祖辈的宗教信仰，崇尚思想自由。甚至有一段时间，他还为弗洛伊德聘请了一位信奉天主教的保姆，她时常带弗洛伊德去做弥撒。

1860 年，弗洛伊德的父亲遭遇生意上的失败，他们举家搬迁到维也纳定居。在文科中学就读时，弗洛伊德表现出卓越的学习能力，连续七年名列前茅。青少年时期的弗洛伊德兴趣广泛，除了拉丁语和希腊语，他还能流利地朗读英语和法语，自学了西班牙语和意大利语。但是，他投入精力最多的是文学和哲学，并关注人类问题。有一段时间，弗洛伊德受朋友影响，想成为一名律师。但在弗洛伊德看来，律师仅仅是一种职业，甚至与政治有关，对于一个中等收入的犹太人来说，成为律师的可能性不大。

虽有点不情愿，但秉持实用主义的弗洛伊德决定学医，17岁那年，他进入维也纳大学并于八年后毕业。毕业后，他在布吕克（Ernst Brücke）（一位著名的生理学教授）的生理实验室，度过了6年的研究时光。据说，在那里他曾解剖了400多条河鳗，仅仅是为了寻找雄性河鳗的性器官。除此之外，他还探究某种原始鱼类的脊椎骨，学习了精细的解剖和染色技术并自己
18 绘图，发表了多篇论文。弗洛伊德热爱并痴迷于研究工作，在老师布吕克的建议下，弗洛伊德才意识到自己必须找一份职业谋生。于是，1882年，在弗洛伊德取得学位后，他进入维也纳综合医院当了一名医生。作为一名初级医生，弗洛伊德仍然能够进行研究工作并发表文章，只是研究方向转到了脑解剖学方面。此后，弗洛伊德对神经生理学的兴趣一直持续到41岁，并出版了关于失语症和脑瘫儿童的专著。

29岁时，弗洛伊德担任维也纳大学医学院神经病理学讲师。在布吕克教授的大力支持下，弗洛伊德在激烈的竞争中胜出，获得了一笔出国奖学金，这笔奖学金让他得以在巴黎跟随沙可（Jean-Martin Charcot）学习5个月。在巴黎，弗洛伊德以其独特的机智与聪颖，把沙可的论著翻译成德语，由此获得了进入沙可核心圈的机会。正是在这里，弗洛伊德第一次接触到催眠术。通过催眠，沙可可以随意引发或移除患者的某些麻痹和癔症症状。对此，弗洛伊德深受震撼。弗洛伊德在巴黎学习的这段时间，标志着他从关注神经症生理基础，转向关注心理逻辑。

从童年时代起，弗洛伊德就一直被想成名的欲望支配。一则流行的家庭轶事讲述了一位农妇曾预言弗洛伊德将成为一名伟人。在弗洛伊德二十几岁的时候，他曾写信给未婚妻，谈论

未来为他写传的传记作家。那时候，弗洛伊德最初对伟大英雄［汉尼拔（Hannibal）一直是他最喜欢的英雄］的幻想，逐渐让位于成为一名伟大科学家的抱负。在弗洛伊德成为科学家的道路上，首先带给他一定名望的是可卡因。弗洛伊德为可卡因潜在的应用性，尤其是它可以减少疼痛并创造持久的兴奋激动不已。弗洛伊德发现服用可卡因可以帮助自己克服周期性的抑郁和情绪低落。据此，他又做了一些调查，为了让此次调查能为自己赢得一定声誉，他写了一篇关于可卡因的文章。但这篇文章中，弗洛伊德并没有充分认识到可卡因可以让人上瘾这一特性。后来，弗洛伊德不分青红皂白把可卡因推荐给家人和朋友。他最亲密的朋友弗莱施尔（Fleischl，神经生理学家，全名 Ernst Fleischl von Marxow）对可卡因严重成瘾，最终去世。

从表面上来看，弗洛伊德的个人生活遵从维多利亚式的传统。尽管在写给未婚妻玛莎（Martha Bernays）的 900 封信中（在订婚四年半的时间里，有三年时间他们处于分开状态），他慷慨激昂地表达自己对她的热切思念，但同时他又很拘谨，用词很谨慎，哪怕是不经意间提到她的脚，也要向她道歉。正如他的朋友兼传记作者琼斯（Ernest Jones）所言："弗洛伊德是
这样一种人，他的本能比一般人强，但他的抑制能力更强。" 19

从弗洛伊德的信中，我们可以看出他兴趣多样，文化知识丰富。① 信件内容详尽而敏锐地涉及文学、历史、古典音乐、绘画和戏剧等多种学科知识。除此之外，弗洛伊德喜欢古物，一生都在收集古董，在 1931 年写给朋友茨威格（Stefan Zweig）的一封信中，弗洛伊德打趣道，他阅读的考古学方面的书甚至比心理学都多。大学期间，弗洛伊德辅修了哲学课

① Freud, S. (1961). *Letters of Sigmund Freud.* Selected and edited by E. L. Freud. London: Hogarth Press.

程，教授布伦塔诺（Franz Brentano）建议他把英国哲学家穆勒（John Stuart Mill）的著作翻译成德文。

30岁那年，也就是弗洛伊德婚后不久，弗洛伊德开办私人诊所，开始行医。事实上，弗洛伊德从巴黎回来后，曾向当地医学会提交过一份关于沙可工作的报告。然而，弗洛伊德认为，这份报告的反响并不好。接下来的6年，弗洛伊德基本暂停了科学研究的工作，把精力集中在治疗患者身上。弗洛伊德发现，神经疾病的治疗方法存在很多不足，这迫使他不得不寻求新的更有效的治疗方法。他放弃了当时流行的电疗法，因为在他看来，电疗法与现实的关联，还不如埃及的梦想书与现实的关联。取而代之，他用催眠［他曾见沙可用过，后来南锡学派的伯恩海姆（Hippolyte Bernheim）也用过］让患者回忆被遗忘的事件，并通过暗示来帮助他们修正后续的行为。但是，弗洛伊德认为即使是催眠的方法，效果也是有限的，因为并不是所有的患者都能被催眠，分析师也不可能时刻进行深度催眠以达到暗示的效果。

布洛伊尔（Josef Breuer）是一位比弗洛伊德年长的朋友，对弗洛伊德的工作给予了很大支持。布洛伊尔开发了一种治疗癔症的新技术——宣泄法。布洛伊尔曾对帕彭海姆（Bertha Pappenheim）——一名有才华、有活力、年轻的女癔症患者进行治疗。布洛伊尔首先通过催眠的方法让她放松，然后鼓励她谈论进入脑海的任何事情。最后，伴随着极大的情绪反应，在详细叙述了一个被压抑到意识之外的痛苦事件后，她的症状消失了。弗洛伊德认为，尽管创伤性事件被个体遗忘了，但仍可能在潜意识范围内起作用，这是引发癔症的直接原因。1895年，随着弗洛伊德和布洛伊尔合著的《癔症研究》(*Studies in Hysteria*）出版，他们的合作达到顶点。但在此时，布洛伊尔和帕彭海姆之间互生情愫，这让布洛伊尔的妻子嫉妒不已，她

抱怨自己的丈夫除了帕彭海姆不谈论其他人。因此，布洛伊尔停止了对她的宣泄治疗，并偕妻子去威尼斯旅行。弗洛伊德不 20
得不接手这个个案。渐渐地，弗洛伊德用自由联想法取代了催眠法。治疗患者让弗洛伊德积累了丰富的临床经验，加上长期的自我分析，弗洛伊德开始意识到童年经验的重要性，将关注点转向儿童，着重关注儿童早期性心理发展在神经症形成中的关键作用。

1897 年，弗洛伊德父亲去世后一年，弗洛伊德的自我分析达到顶峰，自我分析为弗洛伊德的许多理论奠定了基础。通过对自己的梦进行分析，并与母亲核对背景细节，弗洛伊德开始面对童年时期受压抑的残存情绪——对父亲破坏性、攻击性和矛盾的感觉，对母亲强烈的亲密感，对弟弟朱利叶斯（Julius）去世的愧疚感。

1900 年，弗洛伊德出版了第一本关于精神分析的主要著作——《梦的解析》(*The Interpretation of Dreams*)(亦译《释梦》《梦的释义》)。在这本书中，弗洛伊德阐述了关于潜意识和压抑的理论，并试图展示诸如梦和神经症等精神现象是不同精神系统之间冲突的产物。这本书刚出版时曾受到很大的冷遇，评论很糟糕，出版社花了 6 年时间才把第一版印刷出来的 600 本卖出去（这本书的出版带给弗洛伊德的收益还不到 50 英镑）。1905 年，弗洛伊德第二本关于精神分析的主要著作《性学三论》(*Three Essays on the Theory of Sexuality*）出版。在这本书中，弗洛伊德正式提出了“从婴儿期到成年期个体性欲不断发展”的观点，并展示了早期儿童性欲的发展与成人性变态、神经症之间的内在联系。

一群忠实的追随者开始逐渐聚集在弗洛伊德周围［后来成立了维也纳精神分析学会（Vienna Psychoanalytical Society）］。其中，年轻的瑞士精神病学家荣格（Carl Jung）对弗洛伊德的支持和兴趣，让弗洛伊德尤为感激。彼时，弗洛伊德已被聘为教授。随着国际组织对精神分析的日益认可，1909 年，弗洛伊德应邀前往美国克拉克大学（Clark University）并被授予名誉博士学位。弗洛伊德在克拉克大学做了一系列演讲（弗洛伊德准备演讲的方式非常独特，他总是利用演讲前半小时的散步时间来准备演讲内容）。自此，精神分析开始发展成为一场蓬勃的运动，召开了大会，创立了期刊，并成立了国际精神分析学会。

这个时期的弗洛伊德，在维也纳已跻身中产阶级，生活比较舒适。他有 6 个孩子，家里一起居住的还有小姨子明娜（Minna Bernays）（明娜后来成为弗洛伊德亲密的朋友）和几个
21 仆人。弗洛伊德的生活总算安定下来了，各种日常事务被安排得井井有条。每天上午和下午，弗洛伊德去看望患者并和他们交谈，中午午餐后在附近街道散步。晚上通常是弗洛伊德写作和通信的时间。彼时，弗洛伊德仍热衷于写信。在弗洛伊德获得认可之前，他与柏林医学家、密友弗里斯（Wilhelm Fliess）的书信往来一直支持着他。星期六，弗洛伊德会以典型的维也纳的方式放松自己，比如，玩一场扑克。假期里，弗洛伊德和家人一起去租来的乡村别墅，他和弟弟有过几次短暂的旅行，他们参观了罗马、雅典和克里特岛。总体来说，相比情绪总是在欢欣鼓舞、疲惫和绝望之间跌宕起伏的早年，这段时间是弗洛伊德人生的平静期。

随后几年，弗洛伊德出版了大量关于精神分析技术和理论的作品，这些作品包含了他基于文学和传记的研究。那时候，弗洛伊德在患者中名声显赫，尽管这段时期非常短暂。因为这几年也是以弗洛伊德为核心的精神分析圈分歧日益增多的几年。1911 年，阿德勒（Alfred Adler）退出了国际精神分析学会。1914 年，抱着对弗洛伊德特别的歉意，荣格也退出国际精神分

析学会。

第一次世界大战结束时，弗洛伊德住在战败的维也纳。弗洛伊德在没有暖气的病房里工作，需要穿着厚厚的大衣，戴着手套为患者进行治疗，每日的饮食也只有稀薄的蔬菜汤。1920年，弗洛伊德出版了所有作品中最具争议和最不为人所接受的作品——《超越快乐原则》(*Beyond the Pleasure Principle*)，在这部作品中，弗洛伊德提出了“死的本能”(Thanatos)这一概念，他假设人类体内所有的本能都趋向死亡，即死的本能和死的驱力。通过这部作品，我们大致可以推测出个人经验、生活环境、战争的暴力对弗洛伊德理论和思想产生了巨大影响。战争中，弗洛伊德的儿子们应征入伍，其中一个已经失踪好几个星期。作为一名分析师，弗洛伊德遇到了一系列与士兵相关的问题。比如，很多士兵罹患“战争神经症”或“炮弹休克”。在这本专著出版的那年一月，弗洛伊德的女儿苏菲(Sophie)因感染流感去世。

19世纪20年代，弗洛伊德主要研究自我心理学的发展。他对自我抵抗焦虑的独特方式进行了分析，认为这些焦虑通常由个体生活的外部环境和个体内部被压抑的本能冲动引起。弗洛伊德的女儿安娜(Anna Freud)，也是弗洛伊德孩子中唯一一个追随他的，对这一观点进行了详细阐述。

1923年，弗洛伊德罹患颌骨癌，并因此接受了33次手 22
术。这个癌症一直折磨着弗洛伊德直到他生命结束。此时的弗洛伊德已拥有世界级名望。1924年，《芝加哥论坛报》(*Chicago Tribune*)提出给弗洛伊德提供2.5万美元或任何他想要的东西，请弗洛伊德对登上美国头条的两名杀人犯进行心理分析。一个月后，歌尔德温(Sam Goldwyn)向弗洛伊德提供10万美元，请他根据历史制作一部著名的爱情电影。弗洛伊德拒绝了这两项提议。

弗洛伊德的最后一部著作——《文明及其缺憾》(*Civilization and its Discontents*)，致力于分析人类与社会的关系以及罪恶感的社会根源。①

1933 年，希特勒上台。不久之后，弗洛伊德、爱因斯坦（Albert Einstein）和威尔斯（Herbert George Wells）的著作在公共场合被焚烧。弗洛伊德的反应令人惊讶，他说："我们的社会正在进步，如果是在中世纪，他们会把我烧死的，而现在他们只是烧了我的书就满足了。"②1938 年，纳粹入侵时，弗洛伊德还在奥地利。纳粹搜查了他的公寓，带走了他的女儿安娜并审问了几个小时。最后，在各方人士的帮助下，弗洛伊德一家被允许前往伦敦。命运就是这样，当弗洛伊德还是个孩子的时候，他就梦想着能搬到英国和哥哥们住在一起。1939 年 9 月 23 日，弗洛伊德在汉普斯特德离世。

纵观弗洛伊德的一生，我们发现他身上有很多闪耀的品质，比如开放性、好奇心和探索的意愿，面对研究成果时的诚实和大无畏的勇气（考虑时代原因），为了阐明自己的观点，在作品中呈现自己私密的生活细节等。通过简短回顾弗洛伊德的一生，我们发现弗洛伊德的人格非常复杂，在许多方面，似乎同时表现出截然相反的极端性情。从表面上看，弗洛伊德的生活井然有序。28 岁前他一直住在家里，一生中的大部分时间都在维也纳伯加斯 19 号公寓度过。但是，在循规蹈矩的外在生活下，弗洛伊德的内在世界异常丰富，充斥着极端的思想、想象和冒险。从弗洛伊德的信件和著作中可以看到，他几乎对接触到的所有事物进行思考和推断。在巴黎人民身上，他看到

① Freud, S. (1930). *Civilization and its Discontents*. London: Hogarth Press.

② Jones, E. (1953).*The Life and Work of Sigmund Freud*. London: Hogarth Press. Abridged by L. L. Trilling & S. Marcus (1964). Harmondsworth: Penguin, p.618.

了法国革命的幽灵；站在威斯敏斯特教堂伊丽莎白一世半身像前，他思考伊丽莎白一世成为莎士比亚（Shakespeare）笔下麦克白夫人的灵感来源。

前面已经提到过，通过书信这扇窗户，我们可以看出弗 23
洛伊德偶尔也会充满激情，这与他的保守和得体呈现出剧烈反差，这让他非常痛苦。对弗洛伊德来说，和女人——他的母亲、女儿安娜、小姨子明娜以及妻子玛莎之间的关系，是他人生中非常重要的经历。直到最近，很多人依然认为玛莎是弗洛伊德唯一的伴侣，但一些信件显示，他们的婚姻仅仅在婚后几年就已经有名无实了（有传言说，弗洛伊德 40 多岁时，可能与妻子未婚的妹妹明娜有过一段秘密的恋情。明娜和弗洛伊德住在一起，帮助弗洛伊德照顾家人。弗洛伊德和明娜的关系很亲近，他们还单独度了几次假。弗洛伊德的亲密同事荣格在临死前的一次采访中暗示，这段关系一直是亲密而私密的。基于对弗洛伊德引用的一则可疑的轶事的重新分析，有人甚至提出，明娜可能怀过弗洛伊德的孩子，后来又流产了）。[①] 虽然诚实和性冲动都是精神分析的基石，但是弗洛伊德并未公开鼓励性自由或性放纵。他把儿子们送到家庭医生那里去了解生命的奥秘。弗洛伊德的儿子马丁（Martin）曾回忆，他清楚地记得父亲告诫他“手淫是有危险的”。尽管弗洛伊德坚信性是非常重要的，但提到性时，他有时又表现出相当轻蔑的态度，把性称为“粗俗的人类的兽性需要”。[②]

另一个反差表现在：弗洛伊德对自己的能力秉持犹疑态度。一方面，弗洛伊德很自信；另一方面，弗洛伊德又对自己

---

① Gillie, O., & Swales, P. (1982).The secret love life of Sigmund Freud. *The Sunday Times*, 1 January 1982.

② Freud, S. (1910). *Leonardo da Vinci and a Memory of his Childhood*. Standard Edition, Vol. XI.

充满怀疑。弗洛伊德对自己取得的成就也持矛盾态度，但这种矛盾态度却从未超越他人对他的矛盾评价——有的人尊他如天才，有的人对他充满贬低式的挖苦。弗洛伊德有一个突出的特点，在面对反对意见时，他能坚定地站稳立场，他的信也揭示了这一点。他在面对荣誉时充满喜悦，在面对冲突时淡定自若。弗洛伊德的这种态度经常被那些脱离精神分析运动主流的人指责为傲慢。诚然，他最亲密的朋友和同事关系（如与布洛伊尔、阿德勒和荣格的关系）最终都以争执和痛苦而告终。但是，他与其他一些朋友和同事的关系又恰恰相反——他与他们的情感深厚、友谊长久。比如，宾斯旺格和兰克（Otto Rank），即使他们的思想已经偏离了正统的心理学阵营，他们却依旧和弗洛伊德保持较好的关系。在弗洛伊德 1911 年的一封信中有这样一段有趣的评论，他认识到了自己的这种两面性：

> 我一直把宽容和不行使权威作为我的处事和交友原则，但在实践中，这种做法并不总是有效。这就像汽车和
> 24 行人的辩证关系。当我开车的时候，我会为行人的粗心大意而感到很生气，而这种生气就像当我是行人的时候，我会对鲁莽的司机产生愤怒一样。①

从精神分析中，我们也许能清楚地看到弗洛伊德的这种极端性和矛盾性。弗洛伊德有很强的科研能力，能够胜任细致入微和坚持不懈的研究工作。他早期的生理解剖研究就依赖于他艰苦的解剖精神和精确的观察能力。精神分析也源自弗洛伊德对患者和自我分析材料的细致筛选。与此同时，精神分析以其

---

① Freud, S. (1963). *Psychoanalysis and Faith: Letters of Sigmund Freud and Oskar Pfister*. Edited by E. L. Freud & H. Meng. London: Hogarth Press.

大胆和富有想象力的概括和简洁而闻名，很多观点远远超出现有证据的范围，旨在提醒人们觉察精神生活的复杂性、微妙性和变化性。前文我们已经讨论过弗洛伊德兴趣的广泛，与此同时，他还是一名科学家、艺术家和哲学家。精神分析以生理学为基础（1895 年，弗洛伊德甚至大胆尝试用神经解剖学的术语来表达它），本质上却隶属于心理学，因为精神分析更关注心理事件在意识和潜意识层面的意义。弗洛伊德关于精神分析学院式的幻想，当然囊括从生物学、精神病学到文明史、神话学、宗教和文学研究等诸多广泛的学科。①

弗洛伊德对精神分析的态度是多变的。有时，他认为精神分析只不过就是对事实的陈述；有时，他又把精神分析看作是一种"神话"——一种观察人格的方式，随着时间的推移，它将被拥有更坚实基础的神经生理学取代。

以上就是对弗洛伊德这个复杂人物的简单勾勒。我们将在第十一章再次讨论这一主题，并继续讨论弗洛伊德的生活经历和人格特点对其工作和成就的影响。

---

① Freud, S. (1926). *The Question of Lay Analysis*. Standard Edition, vol.XX, p.246.

25

第二章　潜意识

作为分析师，弗洛伊德的首要发现之一是，行为的真正动机可能会被伪装或改造，即便是行为的发出者，也很难发现动机被改造的痕迹。布洛伊尔（弗洛伊德的同事）的患者帕彭海姆这一案例，可以很好地帮助我们理解这一点。该案例记录在他们合著的《癔症研究》中（在该著作中，帕彭海姆被称为“安娜·O”）。

> 在某个酷热的夏日，安娜·O口渴得厉害，虽然没有任何原因，但她发现自己突然不能喝水了。她可以拿起那杯水，但一旦杯子碰到嘴唇，她就会像一个患了恐水症的人一样用力把它推开。当这样做的时候，她明显感觉有几秒钟的“意识缺席”。她只靠吃水果（如瓜等）来缓解口渴带来的痛苦，这种状况已经持续了大约6个星期。有一天，在布洛伊尔对安娜·O进行催眠时，她用抱怨的语气讲起在一个英国女伴那里发生的故事。她用一种厌恶的语气来描述她如何走进那个女伴的房间，发现她的小狗——那个可怕的东西从女伴的杯子里舔水喝。但为了表示彬彬有礼，她看到女伴后什么也没说。在进一步强有力地表达了她压抑的愤怒之后，她突然想喝点什么，并毫不费力地喝了大量的水，当杯子还在她嘴唇边上时，她从催眠中苏

> 醒，从此以后，她的饮水障碍消失了。①

在这个案例中，安娜·O拒绝喝水的原因（她对一只狗和人共用一个玻璃杯喝水的景象感到厌恶，当然也可能与她不喜欢她的女伴有关）在潜意识层面起作用。用作者们的话说，这种被压抑的厌恶情感转化成行为——她对饮水的恐惧。在治疗中，当她充分表达这些原始情景后，与之伴随的情绪情感也随之得到释放，布洛伊尔将这种治疗方法称为宣泄法。 26

后来，弗洛伊德在《自我与本我》(*The Ego and the Id*)中区分了前意识（preconscious）和潜意识（unconscious）。②他认为，个体几乎可以随心所欲地将前意识层面的思想和记忆带回意识层面，而由于潜意识层面的思想总是令人不安，即使它可能会对个体行为产生持续的间接影响，也不容易被个体意识到。精神分析的目标在于弄清潜意识里蕴藏的秘密。然而，要求患者仔细检查并反省潜意识并不总是一件容易的事。正如上面案例中提到的情况，如果心理事件的意义带有创伤性，那么在让患者回到潜意识层面时可能会遇到个体自发性的阻抗。在后文中我们也将看到，这种内在稽查或压抑机制是精神分析的重要特征。

> “稽查官”什么？我们应该如何理解它？“稽查官”并不是任何实体性的东西，只是一些冲动而已。精神分析认为，这些冲动普遍存在于个体的意识层面，对与其相反的冲动行使抑制作用，负责把它们推回潜意识。“稽查官”

---

① Breuer, J., & Freud, S. (1895). *Studies in Hysteria*. Standard Edition, vol.II, pp.34–35.

② Freud, S. (1923). *The Ego and the Id*. Standard Edition, vol. XIX.

是潜意识的守卫，负责抑制潜意识的冲动，防止其进入意识层面。然而，必须注意的是，弗洛伊德认为，只有在个体早年的生活经历中，个体才会有意识地使用这种抑制功能，很快它就会变得自动化，进入潜意识层面，随之，压抑取代了抑制。“稽查官”不仅把那些与之相反并渗透到意识中的冲动推回潜意识，而且早在被意识到之前，这种抑制能力就已经接受训练。“稽查官”是弗洛伊德最早的概念之一。①

自由联想

在挖掘潜意识意义这一焦点问题上，弗洛伊德付出了很多努力，投入了很多精力。最初，他尝试运用催眠技术，但很快他就意识到催眠技术的局限性，并选择放弃。在弗洛伊德看来，并不是所有的患者都能进入一种深层次的催眠状态，分析师也不可能总让患者接受绕过正常心理状态的解释。最终，弗洛伊德开发了一种新技术，这种技术旨在放松患者的内部控制（“稽查官”），这种控制总是让患者将意识层面的、传递给催眠师的内容结构化并对其进行过滤。弗洛伊德将这种技术称为“自由联想”。在自由联想的德文 Freier Einfall 中，Einfall 的字面意思是“突然产生或闯入的想法、闪念”。弗洛伊德认为，
27 自由联想的本质在于它鼓励患者自由表达进入脑海中的一切想法，避免“稽查官”对大声说出的话进行检查和过滤或将其结构化。自由联想成为了精神分析的基本规则——所有患者在治疗过程中都必须遵循的唯一规则。下面芒罗（Ruth Munroe）

① Dalbiez, R. (1941). *Psychoanalytical Method and the Doctrine of Freud*. Translated by J. F. Lindsay. London: Longmans Green, p.54.

这一案例散发出自由联想的味道，也揭示了潜意识意义的复杂性和多层次性。

每天一开始工作，弗洛伊德就会让患者简短汇报前一天的情况。芒罗说，前一天并没有什么特别的事发生，像往常一样，他和老板就一个正在进行的项目进行了会谈。会谈中，他不太赞成老板的原则和策略，但这并不是太糟糕的事情。糟糕的是，他至今没有搞清楚，在与老板的冲突中他扮演什么样的角色，他在单位中拥有什么样的地位？到现在为止，这是他在分析中遇到的老问题了：他是不是太容易屈服了，他对自己工作情况的评价是否准确？无论如何，这次会谈和其他会谈一样，仅仅是一次会谈而已。唯一不同的是，他做了一个梦——一个关于熨衣板的梦。

当弗洛伊德让他就熨衣板进行联想时，他说，我想到了。"事实上，我妻子经常向我抱怨家里的女佣熨衣服熨得很糟糕，她认为她自己可以把我的衬衫熨得更好，但我并不这样认为，而且我相信她也不会亲自给我熨烫衣服。无论如何，我觉得我的衬衫熨得还不错，我希望我妻子不要过虑，也不要解雇那个女佣。"患者突然哼起《罗恩格林》(*Lohengrin*）的曲调，并在分析师的要求下，想了一下歌词。患者最终想起罗恩格林表明他光荣出身的那一段歌词（"我父亲帕西法尔戴着王冠，我是他的骑士——罗恩格林"）。随后，患者说："现在我想到了上次 X（他的老板）提交的一份报告。那是我的工作成果——只是我不能这么说。""那个熨衣板——我妈妈在熨衣服。我从柜子上跳下来，一个完美的跳跃动作，但是我用她的后背略支撑了一下，她因此打了个趔趄。于是她告诉父亲我不尊重她，父亲因此鞭打了我——我被打成重伤。我甚至没有想过她的背——于我而言，那只是一次精彩的跳跃而已。可是父亲从来不允许我解释。我姐姐说父亲为我感到骄傲，但他从未对我说过，也从来没有那样做过，他对我异常严厉。我真希望他没有在我那么小的时候就离世——我们也许能解决问题。”

分析师的主要任务是，在任何特定时刻从这些材料中选择最有价值的主题。我们可以很容易观察到，患者这些看似不合逻辑的推论和联想之间存在着紧密联系：患者
28 的工作环境（他在那里并没有意识到威胁）、熨衣板、他妻子对女佣的态度、《罗恩格林》的歌词以及童年记忆的再现。

分析过程与理性层面的思考完全不同：“我担心我的工作，因为老板不是他自认为的那种高手；我为女佣感到担心，因为她似乎和我处于同样的境遇——面临被解雇的风险。”或者也许，“我妻子像我的妈妈一样挑剔和不公正（无疑，读者可能会发现其他更重要的主题）。”在理性层面，患者会开诚布公地否认存在类似的担忧，至少在普通的工作会议、生活场合是这样的。事实上，在妻子和女佣的故事出现时，患者并没有回忆起童年的生活片段，也没有意识到自己所做的不单单是对一件家庭琐事随意发表的评论，而且在他看来，这件事超出了他的兴趣范围。另外，他也没有意识到自己在《罗恩格林》的曲调中寻求安慰，他甚至没有意识到自己在哼什么，直到分析师问他。①

① Munroe, R. (1955). *Schools of Psychoanalytic Thought.* New York: Holt, Rinehart and Winston, pp.39–40.

精神分析学家认为，自由联想常常会打开通往患者潜意识的通道。正如芒罗的案例所显示的，自由联想具有重要价值——患者不但很容易与分析师分享信息，而且开始认识到信息背后潜在的主题和意义。自由联想是精神分析治疗中经常使用的一种方法，它不仅是一种单独的治疗方法，而且也是释梦等其他技术的重要辅助手段。

释梦

对弗洛伊德来说，梦是通往潜意识的康庄大道。你肯定早就注意到，入睡时，心智理性的、现实检验过程开始放松。焦虑和幻想开始突出显现，现实中不太可能出现的事情在梦中似乎更有可能发生。弗洛伊德认为，在他职业生涯早期出版的《梦的解析》(1900）是他最重要的著作。弗洛伊德认为，梦本质上是愿望的实现与达成。有时候，就像儿童对糖果和玩具充满期望一样，成人的愿望会直接成为梦的内容。对成年人来说，隐藏在梦背后的动机更有可能处于潜意识层面，往往源于童年时期被压抑的经验和情绪。尽管在睡眠期间潜意识层面的 29
审查机制处于放松状态，但在某种程度上它们仍然有效。因此，潜意识层面的愿望总是以伪装和扭曲的形式表现出来。前一天的经历、想法，甚至是在入睡过程中发生的事件——比如被子滑落、灯光闪烁抑或消化不良等与潜意识动机融合在一起形成梦。虽然梦中的经历看起来似乎微不足道，甚至毫无逻辑，但弗洛伊德认为，它们恰恰间接地表达了个体重要的欲望和情感。释梦包括从梦者所报告的显性内容（manifest content）中剥离出梦的潜在内容（latent content)，即梦的潜在意义。弗洛伊德的主要贡献之一在于：他通过“梦的工作原理”，揭示了潜在动机在转换（变形）为显性内容过程中经历的各种扭曲以及这些扭曲是如何被破解还原的。弗洛伊德辨识了梦的主要伪装方法：凝缩（condensation）、移置（displacement）、戏剧化（dramatization）、象征化（symbolization）和润饰（secondary elaboration）。所谓润饰，指当梦者回忆或报告梦的内容时，会有意识地对自己的梦进行加工修饰，使之更有次序或更符合逻辑，或者将梦中最有意义的形象置于不重要的地位。下文将对除润饰之外其他主要的梦的伪装方法作简要介绍。

凝缩

你在回忆自己的梦时是否曾注意过，所有的梦都有一个共同特征，它的内容极度贫乏和简单。弗洛伊德认为，梦的内容往往是几种潜在意义的凝缩。例如，梦中出现的某种形象，可能代表梦者认识的两个甚至更多的人。

> 与梦的思想的多样性和丰富性相比，梦的内容琐碎而简洁，甚至微不足道。把梦的内容记录下来可能只需要半页纸，但对梦承载的思想和意义进行分析，则需要六、八甚至十二倍的篇幅。对不同的梦进行分析需要的篇幅也是不同的，但在我的经验中，它们的分析思路是一样的。①

精神分析学家雷克（Theodor Reik）报道的一个梦是阐述和说明梦的凝缩功能的典型例子。②他有一位患者，患者的梦

① Freud, S. (1900). *The Interpretation of Dreams*. Standard Edition, vol. IV, pp.9–175.

② Munroe, R. (1955). *Schools of Psychoanalytic Thought*. New York: Holt, Rinehart and Winston, p.58.

有这样一个重要特征，即在梦中会反复出现一句话“我害怕狗”。雷克要求患者进行自由联想，但患者只能说出“‘狗’是‘上帝’的化身”。雷克了解到，这个患者在一个虔诚的有宗教信仰的家庭中长大，年轻时曾热切地信仰宗教，却因此受到了严重伤害，后来沦为无神论者。鉴于这一点以及他对患者其他 30
情况的了解，雷克对梦的潜在意义进行了解释，认为在梦中患者对自己所恐惧的三种感觉进行了凝缩——对上帝的恐惧、试图隐藏这份恐惧，以及对上帝的蔑视。后两者是通过把“上帝”（God）转换成“狗”（dog）来表达的。

布里尔（Abraham Brill）在翻译《梦的解析》时增加了一个例子，来说明凝缩过程可能有多么复杂。在梦中，某些完整的、丰富的意义可能仅仅以一幅简单的图像来呈现。

> 我的一位女性患者梦到一位留着白胡子的男人，这个男人用异常闪烁的眼神看向树上的一块指示牌，上面写着：青霉—湿（uclamparia-wet）。
>
> 分析：梦中那个男人看上去很有权威，他那异常闪烁的眼神立刻让她想起罗马附近的圣保罗教堂，在那里她看到过罗马教皇的马赛克肖像，其中一位早期的教皇有一只金色的眼睛（这真的是一种视错觉，通常会引起导游和游客的注意）。进一步自由联想表明，这个男人的相貌与她的牧师（教皇）相貌大致相同，白胡子的形状让她想到她的医生（我），而梦中男人的身材让她想起了她的父亲。所有这些人都与她有同样的关系，他们都在指导和引领着她的生活。通过进一步的询问，她说，男人金色的眼睛让她想到金子——金钱——昂贵的精神分析治疗费用，这让她非常担心。此外，金子还让她回忆起治疗酒精中毒的黄金疗法——进而想到赫尔·干（Herr Dry），如果赫尔·干

没有令人厌恶的酗酒习惯，她早已嫁给他了——虽然她不反对任何人喝酒，她自己偶尔也会喝啤酒和白酒。这再次让她回忆起她对圣保罗教堂及其周围地区的参观。她记得在附近的丰塔尼修道院里，她喝过一种由修道院的僧侣用桉树制成的利口酒（一种白酒）。然后，她讲述了僧侣如何通过种植大量桉树，将这个布满疟疾和沼泽的地区变成一个干燥、健康的地区：“青霉”(uclamparia）这个词被分解成了“桉树”(eucalyptus）和“疟疾”(malaria)，“湿”(wet）意指当地以前的沼泽性质。“湿”(wet）总让人想到
31 “干”(dry)。干（Dry）其实是赫尔的姓，如果赫尔不酗酒，她就会嫁给他。干（Dry）这个奇特的姓源于日耳曼语 drei，即“三”的意思，它又暗指三喷泉修道院。在谈到赫尔先生的饮酒习惯时，她用了一种强烈的措辞：“他一次可以喝一喷泉的酒。”就他的饮酒习惯，赫尔先生曾开玩笑说：“你知道我必须喝酒，因为我总是‘干’(他的姓）的。”桉树也意指她的神经症最初被诊断为疟疾。她去意大利是因为她的焦虑症伴随着明显的僵硬和颤抖等肢体症状，这些症状被认为是疟疾的起源。她从僧侣那里买了一些桉树油，她认为这会对她大有裨益。

因此，在以上案例中，梦中指示牌上凝缩的“青霉—湿”成为患者梦和神经症的交汇点。

移置

梦真正的焦点可能不在表面上梦聚焦的地方。移置，就是指“梦的焦点集中在其他地方，梦的核心元素并不是构成梦的思想和意义的核心”。移置的一种表达形式是替代(substitution)。个体通过将某种行为或情绪转移到其他人或其

他物体上，掩盖梦的真实意图，而这一过程不会在现实中唤起个体潜意识的情绪和感觉。弗洛伊德的学生费伦齐（Sandor Ferenczi）报告的一个梦就是“替代”的一个典型例子。他的患者在梦中看到自己勒死了一条小白狗。通过自由联想，费伦齐发现，狗和患者的弟媳之间存在联系。患者听后，不仅面色苍白，而且回忆起几天前发生的一场争吵，在那场争吵中，患者曾指责她的弟媳是“一只咬人的狗”。甚至用不雅的语言告诉费伦齐，她的烦恼源于她的弟媳“像一只温顺的鸽子”那样试图夹在自己和丈夫之间。这位患者把“勒死一只小白狗的行为”与“拧断一只鸽子的脖子”联系在一起，她甚至抑制不住自己这样想。在梦中，如果她直接用杀害弟媳的方法来表达敌意，那太令人不安了。因此，患者在表达潜在的愿望时，运用了“替代”的方法——用狗、鸽子替代弟媳。在弗洛伊德看来，梦可以移置对象，还可以抑制甚至逆转情绪。在后来出版的《梦的解析》中，弗洛伊德引用了费伦齐记录的另一个梦，32
它揭示了梦逆转情绪的过程。

> 一位上了年纪的绅士经常在夜里被妻子叫醒，她很害怕，因为他在梦中笑得异常大声，无法控制。后来，这位绅士讲述了他的梦：“我躺在床上，一位我认识的先生走进来，我想打开灯，但我做不到，我再次尝试，但我的努力只是徒然。于是，妻子下床来帮我，但她也没办法。在这位先生面前，她为自己的无能感到羞愧，于是她放弃了，回到床上。这一切太滑稽了，我不得不大笑起来。妻子问：‘你在笑什么，你在笑什么？’但我就是一直笑，直到笑醒为止。”第二天，这位绅士非常沮丧，头痛得浑身发抖，他想：“我笑得太多了，连我自己都被震惊了。”

从精神分析的角度来看，这个梦看起来并不那么滑稽。在梦所表达的潜在意义中，来到他房间的“我认识的先生”代表死神，因为死神“最为人所知”，在梦的前一天死神也曾在他脑海中出现过。这位患有动脉硬化的老先生有充分的理由在梦的前一天想到死亡。无法控制的笑声“替代”了悲痛和哭泣，因为他知道他终有一死。这是生命之光，他再也无法逆转。这种悲哀的想法也可能与他在此之前尝试性交失败有关，即便有妻子的帮助也无济于事。他意识到自己已经日薄西山。因此，梦可以将“阳痿”和“死亡”的观念移置为“滑稽的场景”，把“痛苦”和“哭泣”移置为“笑声”。①

戏剧化与象征化

到目前为止，本书引用的与梦有关的例子涉及的内容都表明，个体潜意识层面的感觉总是以戏剧化、象征性或图形化的方式表达。比如，用某种特定的说法（“我害怕狗”）来表达对上帝的恐惧和鄙视，对弟媳的敌意被描绘成“勒死一只狗”。对阳痿和死亡的担忧移置为“无法打开一盏灯”。对自己的梦进行回忆，你也可以发现，梦的内容具有图像化和戏剧化
33 的特点。正如一些研究已经表明的那样，梦中出现的图像与梦者感觉之间的关系通常是个性化的，只有借助梦者的其他信息和自由联想才能识别。然而，一些重要的物体、事件或情感常常用普遍的经典图像来表达——这就是弗洛伊德所说的象征性符号。弗洛伊德认为，与阴茎形状类似（如蛇、棍棒、领带、火车或树木等细长的物体）或功能相似的物体（如枪、匕首、飞机、雨伞等具有侵入性的东西）可能是阴茎的象征性符

① Freud, S. (1900). *The Interpretation of Dreams.* Standard Edition, vol. IV, p.335.

号。同样，小盒子、箱子、橱柜、烤箱、蛀牙、船只，以及各种容器等与女性器官相对应。① 爬梯子、爬楼梯、上斜坡或飞行等动作可用来象征性交，而剪头发、拔牙或斩首则象征着阉割。梦中出现的图像是普遍的象征性符号，还是梦者个人独特的符号，只有通过调查才能真正得出结论。因此，仅仅通过查阅“象征性符号词典”来释梦是不可取的。当然，这种象征性符号不仅出现在梦中，在艺术、文学和日常的口语中也比比皆是。比如“面包”象征着金钱，“烤箱里的面包”象征怀孕，“拨火的时候不看壁炉盖”表示无视性伴侣的面部特征。如果你认为我在这里选择的许多例子都有性的含义，那是因为这反映了（至少我认为它确实如此）当行为被（社会伦理和道德习俗等）“禁止”时或行为直接表达会与“稽查官”或“超我”相冲突时，象征性符号的使用更典型。

弗洛伊德式失言

1901 年，继《梦的解析》后，弗洛伊德又出版了《日常生活心理病理学》（*The Psychopathology of Everyday Life*）。在这本书中，弗洛伊德提出潜意识动机不仅会影响梦、幻想和自由联想，还会影响我们日常生活的行为方式。这本书专门研究失误行为——能反映潜在意图的错误行为、口误和健忘行为。读者可能对弗洛伊德式失言很熟悉，引自该书的两段文字对弗洛伊德式失言的运作模式（以及弗洛伊德式失言的方式特点）进 34
行了很好说明。第一个是关于口误的例子。

在私人隐秘情感的压力下，一位女士在公开场合满腔

① Freud, S. (1900). *The Interpretation of Dreams.* Standard Edition, vol. IV, p.242.

热情地说出这些话：

“是的，女人要想取悦男人，就要漂亮。男人的生活则要容易得多，只要他有五条笔直的腿就可以，其他的无关紧要！”①

这个例子为我们提供了一个很好的契机，来洞察口误的精密机制。这个错误通过凝缩和移置的方式对言语进行了篡改。很明显，它融合了两种类似的表达方式：

只要他有四条笔直的腿……

只要他有五种感官……

这两种表达方式混合在一起，形成了“笔直的腿”的句子，神秘的“五”替代了简单的“四”。但是，如果错误形式不能很好地表达出它想要表达的意义，这种融合就不会成功；如果错误不能表达出某种愤世嫉俗的真理，它就不可能被自然地、毫不掩饰地说出来，就像这个女人所表达的那样。

第二个例子是弗洛伊德自己的经验。

意外行为实际上是有意的，其可信程度不亚于性行为。在性行为中，真实意图与意外之间的界限似乎永远难以辨识。那种看起来明显笨拙的动作，可能只是为了用一种优雅的方式来达到性目的，我可以从自己的经验中举一个很好的例子来说明。在朋友家，我遇到了一位年轻的姑娘，她激起了我内心早已绝迹的好感。那天，我一直处于

① Freud, S. (1901). *The Psychopathology of Everyday Life.* Standard Edition, vol.VI.

愉快的、爱的、随和的情绪中。我努力想弄清楚到底发生了什么，因为同样是这个女孩，一年前却未给我留下这样的印象。

当女孩的叔叔——一个老男人走进房间时，我们同时跳起来去给他搬一张位于角落里的椅子。她比我灵活，而 35
且更靠近椅子，所以她先把椅子搬了起来。她双手握住椅子的边缘努力抬起它。随后我到达那里，我并没有放弃搬椅子的行动。突然间，我径直站到她身后，两只胳膊从后面抱住她，有那么几秒钟，我的手碰到了她的大腿。我一下子就明白了为什么我这次对她有好感。没有人想到我是多么巧妙地利用了这个笨拙的动作来占她的便宜。

我不得不承认，大街上发生的一些令人讨厌的尴尬行为有时也隐含着性目的。比如，有些人总在那么几秒钟内，左一步右一步地来回晃荡，但最终朝着相同的方向走，直到不得不停在另一个人面前与其面对面，这种“挡别人路”的行为其实是一种不礼貌的性行为，只是笨拙的行为面具隐藏了真实的性目的。从对神经症的心理分析中，我了解到，所谓年轻人和儿童的天真，通常也只是为了让个体不受约束地说出或作出某种不雅行为而使用的面具而已。

基于自身的经验，斯特克（Wilhelm Stekel）也报告过类似的观察发现：“我走进一所房子，向女主人伸出右手。然而，我以一种高超的方式解开了她晨衣的蝴蝶结。我并没有意识到自己有不端的性意图，但我还是用一个杂技演员般的灵活性执行了这个笨拙的动作。”①

① 弗洛伊德在这里提到的“挡别人路”的失误行为可能仅仅意指双方在走路时没调整好。如果想了解更多关于失误行为的解释，请参阅本书第十章。

“失误行为”（parapraxis）这个词的英文是弗洛伊德的英文翻译者创造的，它的德文是Fehlleistung。贝特尔海姆（Bruno Bettelheim）认为，这是两个日常德语单词的组合，翻译为“错误带来的成就”会更好一些。“失误行为”这一译法更为抽象和理论化。这是贝特尔海姆列举的诸多例子之一，用以说明在阅读弗洛伊德的译作时，翻译可能会扭曲我们对理论的理解。①

失误行为为精神分析学家的分析提供了重要的原始材料。精神分析学家会仔细观察患者的言行，仔细检查患者的活动记录，以寻找潜意识层面的意义。例如，来访者总是迟到，这可
36 能意味着来访者对分析师存在敌意或怨恨。一连串异常的“意外”灾难可能意味着个体对自我的攻击。

解释（explaination）是精神分析的主要技术之一，旨在揭示一个人行为和经验背后的潜在意义。雷克把解释过程描述为“用第三只耳朵倾听”。精神分析师通常对人类潜在的常规主题有着深刻的感触和理解。因此，精神分析师最初对梦、自由联想或行为的理解，都不可避免会带有尝试性质，他们的工作只不过是将内心的假设与进一步的证据相匹配而已。随着分析的进行，假设与证据的匹配开始出现。如果把精神分析比作穿过黑暗的玻璃，那么分析模式便一目了然了。因此，精神分析解释就像拼拼图，人们永远无法确定自己所需要的片段会出现在哪里！

① Bettelheim, B. (1982). *Reflections: Freud and the Soul.* The New Yorker, March 1st, p.83.

第三章 性心理发展

1905年，弗洛伊德发表了论文《诙谐及其与潜意识的关系》(*Jokes and Their Relation to the Unconscious*)。弗洛伊德认为，笑话在某种程度上与梦的功能类似——正是这种相似性促使弗洛伊德的朋友弗里斯建议弗洛伊德写写这些笑话。笑话并不直接表达意义，笑话的意义通常以简略或扭曲的形式来表达，或者通过一组线索来呈现。当听者作出适当的反应或者笑话的潜在意义非常明显时，笑话的意义才得以浮现。

同年，弗洛伊德还出版了《性学三论》(*Three Essays on the Theory of Sexuality*)，这也许是《梦的解析》之后弗洛伊德最重要的一本书。在与布洛伊尔合作的过程中，弗洛伊德得出了一个结论：性障碍总是构成神经症的基础。在《性学三论》中，弗洛伊德探讨了性的复杂性和重要性以及性与人格发展的关系。最重要的是，弗洛伊德提出了一个假设，认为性心理发展在生命最初的五年就开始了，那时候发生的事情对个体成年后的生活——不仅仅是性生活，还有人格的发展具有非凡的意义。弗洛伊德强调人格起源和发展的重要性。我们如果想要很好地了解一位成年人，就必须追溯他或她童年时期的发展状况。弗洛伊德认识到童年期（尤其在五岁以前）性心理发展的重要意义，这是他最重要的论断之一。后来，这一论断得到了很多研究的充分证明，这些研究均与人类和其他物种有关。①②③

为什么生命的最初五年对个体发展有如此大的影响力？这是一个不易被证明的命题。第一章已经提到了一些可能的原因。比如，皮亚杰的工作表明，年幼儿童关于世界的认知与成人有着质的不同。儿童的世界不那么稳定有序，恐惧和希望给童年期的孩子涂上了更浓重的色彩。儿童对恐惧和焦虑的防御
38 相对原始和不发达。由于儿童的时间观念有限，对他们来说，眼前的形势就显得尤为重要。鉴于这些原因，一件在成年人看起来微不足道的事件可能会对儿童产生持久和明显的影响。与之相关的现象是印记现象。印记现象常常发生在有些物种，特别是幼鸟身上。印记现象指幼鸟在发育过程中的某个关键和有限的时期，特别倾向于某种学习，例如，跟随一个特定的大型的运动的物体（当然，通常情况下是它的父母）。印记一旦形成就不容易逆转。鲍尔比（John Bowlby）在依恋方面的研究表明，对人类而言，幼儿期是个体情感学习的敏感期。④

弗洛伊德认为，由于婴儿期遗忘的存在，我们不容易确认究竟哪些婴儿期事件对个体来说非常重要，哪些不重要。而且，如果早期经历异常痛苦或令人沮丧，它们就会被压抑。留给个体的只是相对不重要的屏蔽记忆——能够回忆起来的孤立片段。这些屏蔽记忆就像梦的显性内容一样，只有经过处理，才能挖掘出潜意识层面想表达的意义，而个体可能会对此产生积极的阻抗。弗洛伊德认为，与他同时代的人（甚至是他自

① Bowlby, J. (1951). Maternal Care and Mental Health. *Bulletin of the World Health Organization*, *3*(3), 355–533.

② Bowlby, J. (1979). *The Making and Breaking of Affectional Bonds*. London: Tavistock.

③ Harlow, H. G. (1958). The nature of love. *American Psychologist, 13*, 673–685.

④ Bowlby, J. (1971). *Attachment.* Harmondsworth: Penguin.

己）不愿意接受幼儿期存在性欲的观点就是源于阻抗。

弗洛伊德认为，人格发展是一个复杂的互动过程，受生物遗传程序发展时间表、儿童所处的物理环境和社会背景这三种因素的共同影响。为了描述人格的生物成分，弗洛伊德使用 Trieb 这个概念，Trieb 通常被翻译为“本能”（instinct）或“驱力”（drive）。弗洛伊德认为，驱力源于机体的生理结构与功能，驱力的目的是获得身体的满足，驱力也具有为机体提供满足的工具性目标。实际上，本能或冲动都是身体机能产生的驱力。个体所有的心灵能量都源于驱力的运作。

在学生时期，弗洛伊德就被达尔文的《物种起源》吸引，尽管弗洛伊德没有直接把驱力理论与进化论关联起来，但他认为它们的本质相同。最初，弗洛伊德把驱力分为两种基本类型。他用自我本能（ego instinct）指那些促进自我保护的驱力，比如，饥饿和口渴。用性本能（sexual instinct）指那些对物种 39
起保护作用的驱力。后来，在《超越快乐原则》一书中，弗洛伊德提出了略微不同的二分法。① 他把自我本能和性本能归为一类，统称为“爱的本能或生命驱力”。与此相反，他提出了死的本能。在弗洛伊德看来，死的本能是自我毁灭的冲动。他认为死的本能是所有生命过程中固有的保守倾向——一种回到早期状态的固有倾向。所有生命的目标都是死亡……没有生命的物体总是先于有生命的物体而存在。② 死的本能可能表现为潜在的自我毁灭行为——比如，承担不必要的风险、吸毒、酗酒或企图自杀。和性本能一样，弗洛伊德认为死的本能也可以间接表达，它可能通过攻击他人的形式向外表达。

① Freud, S. (1920). *Beyond the Pleasure Principle*. Standard Edition, vol. XVIII.

② Munroe, R. (1955). *Schools of Psychoanalytic Thought.* New York: Holt, Rinehart and Winston.

尽管后来弗洛伊德接受了死的本能存在这一事实，但他承认，在最初提出死的本能这一概念时，它具有高度争议性。事实证明，这的确是一个非常有争论的议题，许多当代精神分析学家至今都不接纳死的本能这一概念。弗洛伊德的同事兼传记作者琼斯认为，弗洛伊德对死亡的担心可能是推动这一概念产生的重要原因。第一次世界大战结束后不久，60 岁的弗洛伊德首次对死的本能的概念进行介绍。那时候，他经受心脏病的折磨，他甚至用迷信的方法预测自己的死亡日期，并认为自己会活到 62 岁。后来，他提出了强迫性重复（repetition compulsion）的概念。在对患者的观察中，他发现患者不断地通过幻想回到痛苦的经历中。在对孙子恩斯特（Ernst）的观察中，他也发现了同样的模式——恩斯特经常玩一种游戏，反复把玩具扔出去，然后再把它找回。他推测，强迫性重复的个体倾向回到先前的状态。弗洛伊德认为，强迫性重复是个体获得控制的象征性模式，用以控制由于母亲的暂时缺席带来的感情伤害。（恩斯特的母亲苏菲是弗洛伊德的第二个女儿，于《超越快乐原则》出版那年的一月去世。）

弗洛伊德认为力比多（libido，他称之为性驱力）的发展和机能对人格发展有特别重要的意义。个体的生存取决于自我本能的即时满足。如果一个孩子不吃不喝，他就活不下去。自
40 我本能的满足形式相对固定，在表达方式上几乎没有变化的可能。相反，力比多或性驱力的可塑性则更强。性驱力匮乏或得不到满足不会危及个体的生存。因此，性驱力指向的对象及其表达方式都存在极大的变数。物理环境、社会背景，以及生理机制的发展对性驱力的形式和表达方式有重要影响。

弗洛伊德对“性”一词的使用不同于其日常用法。对弗洛伊德来说，力比多本质上是一种驱力，其目标是刺激身体不同部位的性感带。弗洛伊德认为，性心理发展受制于个体生理的

发展顺序，由基因决定。性心理发展的第一阶段发生在生命的最初五年。这一阶段又被分为几个小阶段，每个小阶段的发展特征都与特定的性欲区和获得满足的方式相关。在每一阶段，儿童性心理发展所能获得的满足程度和方式，在很大程度上取决于他与养育者之间的互动。根据弗洛伊德的理论，过度满足或挫折都会对个体产生持久的影响，影响的性质取决于过度满足或挫折发生的阶段和形式。儿童性心理的满足程度与方式，不仅决定个体成年后性满足的风格，而且影响成年后个性和情感的反应模式。

生命之初，婴儿感兴趣的身体部位是嘴巴，他们通过吸吮来获得满足。随着牙齿慢慢长出，咬也会给婴儿带来愉悦的感觉。因此，儿童性心理发展的第一阶段被称为口唇期，这一时期婴儿要实现的主要心理取向是合作。婴儿试图了解世界的方方面面，但在很大程度上，婴儿是被动的，因为婴儿的幸福感几乎完全取决于养育者。如果婴儿的需要得到满足，他就会以积极的方式来设想存在，并认为他周围的世界是温暖而亲切的。如果婴儿的需求被无视甚至被剥夺，他可能就变得悲观，会认为这个世界是毫无回报且充满敌意的。弗洛伊德认为，如果在某一性心理发展阶段，个体的需求没有得到满足或被过度满足，个体就会发生固着（fixation）现象。固着于口唇期的个体成年以后可能会过度关注口唇方面的满足，这种人可能采取吸食、咀嚼糖果、吸烟、喝酒，甚至过度交谈等方式来满足自我。固着还存在另一种表现形式——过度使用与此阶段相关的行动模式。比如，固着于口唇期的成人在生活中可能表现为被动、依赖，在价值观以及性格等方面倾向于与他人合作，征求他人的意见。

随着年龄的增长，孩子的肢体变得更加灵活，并发展出与 41
父母沟通的能力。儿童性心理发展的兴趣区域转移到肛门。因此，儿童性心理发展的第二阶段被称为肛门期。粪便对儿童肛门区黏膜产生刺激，儿童通过控制粪便的滞留和排泄来获得愉悦感。[①] 儿童和父母之间的关系对肛门期儿童性心理发展也有着重要的意义。精神分析学家认为，这一阶段奠定了个体核心人格的基础。在如厕训练过程中，儿童需要控制肠道运动，只有在适当的时间和地点才能排泄。大便显然成了儿童身体的一部分，代表着他的第一份礼物——他可以通过排泄来表达对周围环境的积极顺从，通过保留或抑制来表达不服从。在回应他人方面，儿童可以服从、反抗或学会在保持自主性的同时挑战权威。在后来的一篇论文中，弗洛伊德详细探讨了基于此阶段产生的各种人格类型。[②] 比如，如果儿童在享受玩弄排泄物带来的快感时总被父母严格管制，他可能会对这种被禁止的快感形成防御，这种防御在个体成年后可能会以强迫性秩序、强迫性整洁的形式表现出来。如果父母总是强迫儿童排便，也会为个体成年后不断创造快感埋下隐患。而成年后的吝啬可能源于儿童期的“憋便”行为。

儿童性心理发展的第三阶段是性器期。四五岁的儿童开始把注意力集中在生殖器上。性别开始彰显其重要意义。与异性接触可能会引发儿童的好奇心。儿童可能喜欢手淫或能够唤起性的情境，比如，洗澡或者坐在成人的膝盖上来回摩擦。弗洛伊德认为，在此阶段之前，不同性别的儿童性心理发展大致一样。从这个阶段开始，儿童性心理发展的道路将变得不同。男孩对母亲的感情可能会因手淫引起的情欲而增强，他渴望与母亲亲密接触，比如，晚上睡在母亲旁边，对她表现出性好奇。

① Freud, S. (1905). *Three Essays on the Theory of Sexuality*. Standard Edition, vol.VII, p.186.

② Munroe, R. (1955). *Schools of Psychoanalytic Thought*. New York: Holt, Rinehart and Winston.

这种对母亲的强烈感情与和父亲的竞争同时出现，变得更为复杂，进而引发儿童的恐惧和敌意。由于此时男孩的兴趣主要集中在阴茎上，而且他对现实依旧自以为是（由幻想决定），他可能害怕失去爱，甚至害怕被阉割。弗洛伊德将男孩的这种心理冲突称为俄狄浦斯情结（Oedipus complex），并认为这种情结的普遍存在并非巧合。“杀父”不仅是古希腊剧作家索福克勒斯（Sophocles）的剧本《俄狄浦斯王》(*Oedipus Rex*）的主题，也是莎士比亚的《哈姆雷特》(*Hamlet*）和陀思妥耶夫斯 42
基（Fyodor Dostoevsky）的《卡拉马佐夫兄弟》(*The Brothers Karamazov*）这两部文学巨著的主题。然而，人类学证据表明，俄狄浦斯情结更可能是某种特定家庭结构的产物，例如，弗洛伊德时期的父权专制模式，尽管这种模式在某些文化中很常见，但并非所有文化都如此。因此，这种观点的出现与弗洛伊德的个人经历密不可分。通过自我分析和释梦，弗洛伊德惊讶地发现，自己对父亲充满敌意和内疚，对母亲则有着近乎色情的迷恋。

男孩处理俄狄浦斯情结的方式，对成年后性模式和情感模式的发展都有着重要影响。认同父亲可以帮助男孩实现令人满意的发展结果。根据弗洛伊德的说法，认同父亲可以帮助男孩内化父母的态度和禁令，这种内化为良心或超我的发展奠定基础，也为男孩成年后恰当的行为模式奠定基础，并可能影响男孩成年后的性关系模式。例如，男孩对母亲产生渴望，同时对父亲产生嫉妒和恐惧，如果两种情感之间的冲突达到极端状态，男孩就可能对母亲产生强烈的矛盾情感。要想缓解这种矛盾情感，男孩可能会将母亲角色过度理想化，以此来压抑对她的性冲动。这种方式可能导致男孩在成人后很难整合感情和性方面的需求，以至于他对待女性的方式只有两种——要么将女性理想化，要么认为女性只适合性行为。在我认识的一位精神病学家身上，这种性模式表现得淋漓尽致。在完美的婚姻之外，他喜欢和妓女发生性关系，甚至在相当长的时间内保持和情妇的性关系。在婚内，他被妻子深深吸引却无法和她发生性关系，因为他把妻子看得无比神圣以至于他认为和她发生性关系是可耻的。

在性心理发展的这一阶段，弗洛伊德对女孩的描述相对粗略，更富有争议性。他认为，这一时期女孩会获得一种关键经验，当她意识到自己没有阴茎时，会感到失落。伴随着女孩慢慢长大，她越来越意识到自己并不是唯一没有阴茎的女性，她的母亲和其他女性都没有，所以在情感上，她开始贬低所有女性的价值。在此阶段之前，女孩就像男孩一样，情感的焦点在母亲身上。阴茎妒羡（penis envy）让女孩开始将兴趣和情感转移到父亲身上。弗洛伊德认为，女孩的怀孕幻想或者掌控、打败男人的欲望，在潜意识层面可能象征着她试图获得缺失的那部分（阴茎）。然而，许多精神分析学家（如琼斯）和其他人对弗洛伊德“阴茎妒羡”的概念给予了负面评论，认为它过于“男权视角”。① 弗洛伊德关于女性心理发展的论述，一
43 直受到女性主义精神分析师的批判。② 他们拒绝接受阴茎妒羡的概念，并认为理解女孩（以及男孩）性心理发展的关键在于文化实践，而不是过度关注生理解剖结构。乔多罗（Nancy J. Chodorow）指出，女孩恨母爱父并不是因为她们对阴茎缺失感到失落和渴望，而是为了实现分离——从与母亲的亲密关系中解脱出来。③ 在这一过程中，母亲也扮演着重要角色，她在不知不觉中向女孩传递对父性文化的支持，提升和理想化父亲的

① Mitchell, J. (1974). *Psychoanalysis and Feminism*. London: Allen Lane.

② Irigary, L. (1985). *This Sex Which Is Not One*. Ithaca, NY: Cornell University Press.

③ Chodorow, N. J. (1978). *The Reproduction of Mothering: Psychoanalysis and the Sociology of Gender*. Berkeley, CA: University of California Press.

形象，并鼓励女孩对“父亲宇宙”的信仰。①

五岁左右，儿童的性心理发展进入第四阶段——潜伏期。在这个阶段，儿童对情感的直接表达开始受到约束。在教育的影响下，儿童内心开始出现羞耻、厌恶、道德和审美理想等相互对立的心理力量。儿童的性本能开始转化为感情。弗洛伊德认为，潜伏期是社会文明发展的必要阶段。儿童开始为了迎合社交要求而学会控制自己的情绪。因此，在这一阶段，儿童对情绪的过分控制也成为导致神经症的重要因素。

潜伏期过后，儿童的性冲动在青春期再次萌发。弗洛伊德把第五阶段称为生殖期或青春期。对儿童或青少年来说，性冲动的满足不再局限于自体性欲，更大程度上涉及异性伴侣。儿童或青少年感官的愉悦和情绪情感的表达无不散发出性的味道，其目标是刺激生殖器（这时候，青春期之前的性模式也可能依然存在，但在青春期性表达的过程中，那些幼稚的性模式基本上扮演着前戏角色——比如，吸吮、肛门刺激等）。在这一时期，儿童期的性心理发展已经结出果实。弗洛伊德认为，性变态（即性快感主要来自口交或肛交而非生殖器接触）是性心理发展固着或退行某个阶段的表现，是由那个阶段性心理发展受挫或过度满足引起的。根据弗洛伊德的说法，神经症只不过是性变态的消极表达。② 当个体固着于性心理发展的某个阶段，而这一阶段的需求因受到压抑而无法直接表达时，它们可能会以神经症的形式出现。该阶段儿童采用的情绪情感模式也会随之转移到成人身上，被成人采纳。比如，如果个体在儿童时期曾感受过兄弟姐妹之间强烈的竞争，那么他很可能在成年

① Chasseguet-Smirgel, J. (1985). *Creativity and Perversion*. London: Free Association Books.

② Freud, S. (1905). *Three Essays on the Theory of Sexuality*. Standard Edition, vol. VII, p.165.

后与同事竞争激烈，甚至在自己的孩子中激起相似的竞争情绪。正如我们所看到的，成人的很多人格特征均以类似方式出现。他们过分强调幼稚的情感模式而不去创造性满足，进而形成不同程度的依赖、乐观、痴迷、创造、叛逆或顺从倾向，以及各种复杂的组合状态。弗洛伊德认为，变态、神经症和人格障碍只不过是同一主题的不同编排形式。

第四章　心理动力学

正如前文所述，弗洛伊德的理论表明人的动力性和目的性概念。弗洛伊德认为，每个人身上都存在一种满足本能需求的基本驱力，它是个体所有精神能量的来源。弗洛伊德强调冲突的重要性，个体非常努力地寻求多种方式来平衡作用于个体内外的各种力量。如果由于外在限制（生活中对重要他人，比如，父母的认同）或内部审查，个体不能获得直接满足，就会产生冲突。这些冲突产生的能量可能会通过其他影响行为的方式（例如，幻想、梦或潜意识）来表达。另外，弗洛伊德的理论强调发展的重要性以及儿童早期经历的冲突和经验带来的持久后果。

在后来的著作中，弗洛伊德的兴趣点从性欲理论、性心理发展理论和潜意识理论转移到社会和哲学问题，开始逐渐认识到自我在个体内在冲突整合过程中的作用。这通常被称为自我心理学（ego psychology）。自我心理学后来成为新精神分析学家重点阐述的对象。

在《自我与本我》一书中，弗洛伊德对早期作品中的观点进行了汇集整理，提出了一系列更为正式的概念。① 弗洛伊德认为精神或心灵是一个能量系统，这一能量系统里充满了

---

① Freud, S. (1923). *The Ego and the Id*. Standard Edition, vol. XIX.

各种相互作用的能量，有些能量之间经常发生碰撞和冲突。弗洛伊德认为这些能量大致可分为三种类型——本我、自我和超我。弗洛伊德将人类最基本和最原始的能量称为本我。本我是所有本能冲动的源泉，植根于人类的生物学特性。来自本我的能量具有动力性，无论采用哪种方式（实际行为或幻想）释放，都会让个体体验到快乐。如果本我能量的释放受阻，即来自本我的冲动没能通过行动或幻想获得满足，那么个体就会产生紧张感。根据弗洛伊德的理论，婴儿完全被本我的冲动支配，如果婴儿的需求得不到满足，就会产生紧张感。婴儿会不
45 停地尖叫，直到乳房或奶瓶塞进嘴巴或湿尿布被换掉。一旦需求得到及时回应，紧张的情绪就得以缓解，婴儿又会回到满足状态。

随着年龄增长，儿童的知觉和运动能力也随之发展，儿童开始能够内化或建构有关外部世界的概念。此时，儿童不再是一个被动的刺激接受者，开始主动作用于这个世界。儿童在获得快乐的同时，现实原则开始浮现并影响儿童的经验和行为。自我开始成为儿童连接个体内在和外在世界的中介。和本我一样，自我的目标也是获得快乐。因为自我是个体内、外世界的反映，所以它受现实条件的约束，总是担心外在现实不能满足内在需求。自我拥有的力量代表一个人对现实的认知和觉知的能力。作决定时，自我会综合考虑过去事件的影响和未来可能产生的后果。例如，在某些情况下，获得即刻满足可能会危及生存，因此在这样的情况下，自我采取的最好办法是延迟满足。比如，今晚你很想外出，但却选择了暂时不外出，因为这样做可以让你节省一些钱，这些钱可能会让你在未来度假时拥有更美好的时光。从这个角度来看，尽管本我和自我都是为同一目的（获得快乐）服务，但有时因为延迟满足，自我与本我之间可能会产生冲突。

婴儿在长大过程中，父母、其他成年人，有时甚至是年长一些的哥哥姐姐通常会以特定的方式塑造婴儿的行为。最初，这种塑造更像是他人通过强迫或惩罚等方式对婴儿实施的直接控制。随着婴儿慢慢长大，他开始将自己和世界中的重要他人区分开。儿童在正常发展的过程中，会对父母或生命中扮演父母角色的其他成年人产生认同。他们开始模仿成人，并将成人的价值观内化直至成为自我关键人格的一部分。正如上一节所讨论的，儿童在俄狄浦斯阶段就已经开始内化父母的禁令和要求。那时候，儿童的超我或道德良心已经开始形成并得以发展。发展出超我和道德良心的儿童已不再需要他人时时控制，因为他们已将他人的要求和标准纳入自我认同体系中。儿童对自我的控制开始由内及外。与此同时，作为道德良心的超我成为了儿童内在冲突的重要来源，因为西方社会的父母对儿童提出的要求往往与儿童的本能需求背道而驰。

需要注意的是，弗洛伊德并不认为本我、自我和超我的运作过程是割裂开的。相反，他认为，三者是相互作用的力量， 46
一起支配个体的行为：本我源于个体的本能和遗传素质；自我和超我具有学习功能，自我学习支配行动和经验的现实原则，超我同化个体所处的文化环境和家庭环境的关键价值观。前文已经叙述过，要想读懂弗洛伊德，需要克服一个问题，那就是在将德语翻译到英语过程中，很多词语的意思可能会发生变化。das Ich 是弗洛伊德使用的德语词汇，英文翻译者通常将其翻译为 ego（自我）。das Ich 是德语中的一个普通的人称代词，字面意思是“我”，与 ego（自我）一词有着完全不同的含义。因此，这种翻译不符合标准的科学规范。德语中的“自我”也不像英语中的“自我”一样，它没有表达出任何自我中心、自我重要性的含义。弗洛伊德使用 das Ich 一词，本来想坚定地将 I（我）锚定为关于心智方面的自我意识。弗洛伊德最初用

das Es 来描述“本我”（id）。das Es 的字面意思是“它”，“它”有效地表达了一种冲动，这种冲动既可以指导我们的外部行动，有时候又无视我们的意识和意图。贝特尔海姆认为，英语中 id 一词把德语中 das Es 想要表达的意义夸大了。在德语中，儿童（das kind）一词是中性的，不带有任何性别色彩。

> 几乎所有德国人都有这样的经历，在他们生命的早期，用中性人称代词 Es 来称呼。这一事实赋予了 das Es 某种特殊的含义。das Es 总会勾起德国读者这样的回忆——在他学会压抑性冲动、攻击性冲动和其他社会冲动之前，在他因自己拥有这些冲动而感到愧疚或羞耻之前，在他有能力解决这些冲动之间的矛盾并将合乎逻辑的秩序内化之前，他被这样提到和称谓，整个人被“它”（das Es）支配。德国人的这些记忆，即使没有被明确意识到，也让他们对弗洛伊德产生了共情，尤其当弗洛伊德用 das Es 这个词来描述潜意识的时候。[①]

“超我”的德语是 Uber-Ich。这个德语词汇能更好地表达超我是一种“控制机构”，而这一控制机构同时又与自我有着强烈的联系。弗洛伊德的英文翻译者将其翻译为 superego（超我）。正如贝特尔海姆所言：“弗洛伊德使用了一个日常词汇，让我们感到活力四射，而英文翻译呈现给我们的是一种死气沉沉的语言风格，在应该充满活力的时候却散发出咬文嚼字的刻板气息。”贝特尔海姆认为，在对弗洛伊德的观点
47 进行表述时，英文翻译者倾向于采用更抽象、更晦涩的科学

① Bettelheim, B. (1982). *Reflections: Freud and the Soul.* The New Yorker, March 1st, p.83.

和医学风格。比如，Mutterleib（母亲的子宫）被翻译成“子宫”（uterus），用以描述灵魂结构的语句被翻译为“精神结构”（mental apparatus）。这种翻译方式，经常不能还原一些原始概念蕴含的情感意义。当弗洛伊德小心翼翼地，用严谨、优雅的语言来表达灵魂的不确定性时，精神分析的本质却因翻译的失真而被人误解。贝特尔海姆声称，译者偏见带来的负面影响之一就是我们很难接触到弗洛伊德的真实观点，甚至距之甚远。而这些观点很容易形成系统的理论，用于探索他人的行为，成为帮助我们洞察自己行为经验的生活化工具。当然，我们需要注意，在阅读弗洛伊德的译作时，我们很难把握他最初想表达的真实观点，很难准确捕捉他思想的核心与精髓。

正如前文所叙述的那样，来自本我、自我和超我的不同力量往往会发生冲突。① 例如，青少年可能会感觉到蠢蠢欲动的性欲望（本我冲动），并希望通过手淫来缓解这种冲动。但他可能被教导过，手淫是邪恶的，甚至可能会对身体造成伤害。因此，在这种情况下，来自超我和自我的冲动就会发生冲突。

在后来的理论中，弗洛伊德指出，驱力冲突的重要后果之一是它会引发个体的焦虑体验。虽然这里将德语 Angst 翻译为 anxiety（焦虑），但它原本想表达的可能是一种更普遍存在的恐惧和痛苦感，而不仅仅像焦虑所表达的那样，只指向未来可能发生的事情。自我是个体的知觉和认知过程，任何冲突都能诱发自我出现，因为自我要平衡来自本我的本能需求、来自超我的道德需求和隐藏在个体所处环境中的危险。因此，自我成为了焦虑的核心。

① 在这里，笔者继续使用“自我”“本我”和“超我”等术语来描述人格结构，而不采用弗洛伊德的德文术语，这是因为英文译法已经成为现在标准译法，如果擅自修改可能会误导读者。

为了减少焦虑，自我试图缓解冲突，并以任何可能的方式整合个体内部的各种力量。在弗洛伊德的著作中，对自我避免冲突的防御过程描述得零散而不系统。例如，在《梦的解析》中，弗洛伊德认为，潜意识的意义可能以扭曲的形式表达——移置或象征化——以避免与“稽查员”或超我产生冲突，进而引发焦虑。自我为解决内在冲突而产生的防御机制与之类似。
48 尽管在后来的一些著作中，弗洛伊德直接讨论了防御机制。[①]然而，对自我以及防御机制进行更为系统的描述，则是后来的精神分析学家，特别是弗洛伊德的女儿安娜所做的事情。尽管防御机制是惯用叫法，但这种叫法可能有点过于严肃。防御其实是一个过程，一种可以避免冲突的手段。防御过程没有固定的数量要求，而且由于防御机制是无形的，加之其本质的抽象性和概念化的特点，多个防御过程之间的区别并不总是很明显，而且一种防御过程可能有不止一种表达形式。安娜指出，她的父亲提出了防御机制的九种类型。在《自我与防御机制》（*The Ego and Mechanisms of Defence*）一书中，安娜又添加了五种以上的防御机制类型。[②]除安娜以外，其他分析学家也对防御机制作出了进一步贡献。

在所有防御机制中，最普遍和最重要的是压抑。压抑帮助个体将某种些令人不安的冲动排除在意识之外。早在1895年，弗洛伊德和布洛伊尔一起研究癔症的时候，弗洛伊德就用压抑来解释患者的症状。或许你还记得《癔症研究》中记录的帕彭海姆的案例——因看到同伴的狗从同伴的杯里舔水喝，她感到

---

① 尤其要参考以下资料：Freud, S. (1923). *The Ego and the Id*. Standard Edition, vol. XIX. Freud, S. (1926). *Inhibitions, Symptoms and Anxiety*. Standard Edition, vol. XX.

② Freud, A. (1936). *The Ego and Mechanisms of Defence*. Translated by C. Baines (1966). London: Hogarth Press.

厌恶和恶心，导致她像患了恐水症一样不能喝水。《癔症研究》中记录的另一个案例，即伊丽莎白（Fraulein von R. Elizabeth）的案例则更清晰地说明了压抑的作用机制。伊丽莎白总是抱怨她的腿部剧烈疼痛，这导致她在相当长一段时间里很难站立或行走。经过与分析师多次讨论，她的故事逐渐浮现水面。弗洛伊德将伊丽莎白的症状与过去发生的两件事情建立起联系。伊丽莎白曾花好几个月的时间专心照顾生病的父亲，之后，她的父亲去世了。疼痛发生的位置恰恰就是伊丽莎白帮她父亲换衣服时，她父亲的腿在她身上放置的地方。最后，伊丽莎白的言语中透露出，这份孝心妨碍了一段可能的重要的关系的发生——那时候她已经开始和一个年轻人交往。第二件事情与伊丽莎白的姐夫有关。几年后，正当伊丽莎白有着强烈的爱情需求时，她姐姐患了重病。在伊丽莎白姐姐的主张下，伊丽莎白曾和她姐夫在树林里散步，而且被她姐夫深深吸引。伊丽莎白很喜欢与她姐夫谈话，几天后她又独自回到了两人散步的地方并做起了白日梦，幻想和姐夫这样的男人建立亲密关系。在分析中，伊丽莎白回忆，当她姐姐去世时，她曾有过这样的想法，即现在姐夫可以毫无顾虑地娶她为妻了。对于伊丽莎白来说，这一切很难出现在意识层面。弗洛伊德认为，正是对这些罪恶想法的压抑引起了伊丽莎白的冲突，而躯体症状正是对这种压抑不满的变相表达——我的身体有话要说。

区分压抑（repression）和抑制（suppression）这两种防御 49
机制非常重要。在压抑中，个体意识不到自己的需求。而在抑制中，个体可能不会采取行动，但他知道自己欲望的存在。正如我们所看到的，被压抑的冲动经过伪装后，可能以幻想、梦和口误等失误行为的形式加以表达。而被压抑的冲动采用的表达方式通常能在原始冲突中找到痕迹。比如，伊丽莎白的腿部疼痛以及她因自己的罪恶欲望而产生的痛苦，源于想要放弃照顾父亲以及期待与姐夫在树林里散步的原始冲突。

精力贯注（cathexis）也是弗洛伊德的英文翻译者创造的新词，意指个体在欲望、关系或目标上倾注的精神能量。个体内部产生冲突的驱力会被反贯注（anti-cathexis）机制检查并压抑。这种压抑会成功阻止冲突进入意识层面，其他的防御机制也可能为它提供支持。

我们已经讲过的另一种防御机制是置换。这种防御机制旨在将不被个体接纳的冲突转换成一个更易接受的目标。安娜的一个案例很好说明了置换这一防御机制。案例的主人公是一个女孩，出生于几个兄弟姐妹中间，深受竞争和阴茎妒羡的折磨。一方面，她很爱自己的母亲；另一方面，她对母亲有着强烈的敌意。这种矛盾引发了她激烈的内心冲突。她担心自己负面情绪引发的淘气或叛逆行为会让母亲生气，进而放弃她或不再爱她。随着年龄的增长，她选择通过置换来缓解内心的诸多冲突——她相信她的生活中还存在另一个重要的女人，她可以将自己内心的仇恨都投向她。

精神分析学家认为，升华（sublimation）是另一种对个体自我调适及文明发展都有重要意义的替代机制。早在1905年，弗洛伊德就在《性学三论》中提到了这一概念。升华以一种既能避免冲突又能促进个体积极适应社会环境的方式，将力比多置换为不带有性意味的行为。因此，根据弗洛伊德的说法，求知欲、对美的欣赏、爱、友谊和创造力都是升华的表现形式。个体采用的升华形式不仅受制于社会环境所允许的发泄方式，还取决于引发重大冲突的性心理发展阶段。例如，口唇期产生的冲突可能被升华为爱演讲或者销售；在肛门期，如果父母对排便训练过分严格，儿童只能用黏土或颜料来创造“杂乱”（粪便）的信息，这个阶段产生的冲突可能被升华为进入银行工作
50 （过分整洁）或成为污水处理员；发生在性器期的冲突可能被

升华为对学术或科学的求知欲（追求权威）。

对于安娜案例中的患者来说，当置换这种处理冲突的防御机制不足以有效处理她不能接受的敌意时，她选择将敌意投向自己。在整个童年期、青春期，以及成年期的生活中，她一直受自我批评、自卑等负面情绪的困扰，而且别人也对她很挑剔。当这也不足以减轻她的焦虑时，她开始将自己的敌意投向别人，认为她生命中出现的所有女人都嫉恨她、排斥她。来自潜意识的驱力与个体内在的价值观相冲突，因而被压抑，个体不得不将这种冲突投放到他人身上，这就是投射（projection）。社会心理学家对投射特别感兴趣。有证据表明，投射背后可能存在某些形式的偏见。① 个体往往会将压抑的欲望投射到自己怀有偏见的目标上，这些目标通常属于某种特定类型或具有特定特征（例如，种族、宗教或生活方式）。因此，很多敌意可能被毫无理由地投向可敬的中产阶级或少数民族。投射往往是一种特别有效的防御手段，因为它可以在一定程度上为个体提供表达冲突的机会。投射者可以光明正大地关注并讨论他人的邪恶行为，并在这样做的过程中获得一定程度的替代性满足，而不必产生内疚感。比如，一个反对色情活动的人认为，为了保护公众免受伤害，自己去看被禁止的电影和书籍是合理的。

折中（compromise）这一防御机制，意指某一行为能够同时抑制和表达令人不安的欲望。芒罗引用了她的一位“女教师”的案例来解释折中这一防御机制。② 一生中的大部分时间里，这位女教师都在照顾年迈且好色的父亲。她被一种紧张性抽搐折磨，这种抽搐表现为挑逗性眨眼。芒罗认为，这种抽搐

① Adorno, T. W., Frenkel-Brunswik, E., Levinson, D. J., & Nevitt-Sanford, R. (1950). *The Authoritarian Personality.* New York: Harper and Row.

② Munroe, R. (1955). *Schools of Psychoanalytic Thought.* New York: Holt, Rinehart and Winston.

象征着她潜意识的性欲冲突。因为抽搐显然给她带来痛苦和折磨，因此在外人看来，她只是受害者，没有任何错误。当然，这种躯体上的症状还给她带来了其他好处。因为抽搐可以降低性吸引力，所以帮助她规避了性卷入的风险。同时，抽搐也扮演了惩罚的角色，以减轻性欲表达给她带来的羞耻感。

我希望，这些例子能很好地表达精神分析所要推崇的观点——欲望引起的冲突在表达时会发生转变，甚至可能变成与之相反的东西。在反向形成（reaction formation）过程中，被
51 压抑的冲动通过向与之相反的方向夸大以骗过稽查官的检查。因此，那种看起来极其温和谦逊的行为，实质上可能是为了表达强烈的攻击性而捏造的假象，因为如果直接表达强烈的攻击性，可能会引起潜意识层面被报复的恐惧或与道德理想相悖的冲突。我们可以通过反应性行为的极端特征来洞察反向形成，这是因为，当人处于非警惕状态下，原始冲动可能会在无意间浮现。我们温和、谦逊的行为方式可能会在不经意间露出顽劣的一面。在某些情况下，反应性行为与原始愿望的直接表达之间可能存在动荡更迭。例如，当个体固着于肛门期，过度整洁的行为和对清洁的过分关注可能会被混乱无序的冲动扰乱。精神分析的特征在于：它允许对立面密切共存，仇恨可能是戴着面具的爱，施虐者本身也可能是受虐狂。

有一种方法可以让夫妻之间停止争吵，那就是让双方都认为“这件事从未发生过”。当然，这种情况是假想出来的，事实上，夫妻双方都不太可能真正忘记这件事。另一种防御机制——否认（denial）意指真正无视现实中令人沮丧的方面。安娜认为，否认是儿童在幻想中（有时在现实中）常用的防御机制之一。弗洛伊德最著名的案例研究之一——小汉斯（Little Hans）可以说明否认这一防御机制及其使用方式。因为非常害怕马会咬他，这位5岁的男孩连家门都出不去。弗洛伊德把

小汉斯的这种行为解释为防御，用以对抗俄狄浦斯冲突引起的焦虑。小汉斯把对父亲的攻击情绪转移到马身上，并加以逆转，因而马成为他焦虑的根源。当然，他这种害怕被马咬的恐惧，也可能源自口唇期性冲动的压抑。在弗洛伊德的建议以及小汉斯父亲的帮助下，小汉斯对马的恐惧情绪得到缓解。但他仍然不得不忍受面对父亲时的自卑感以及母亲对妹妹的关注给他带来的嫉妒感。他的两个白日梦很好地说明了这一点，即他如何通过在幻想中否认现实来达到表达冲突的目的。第一个白日梦：一个水管工走了过来，用钳子把汉斯的阴茎和臀部拧下来，又给他换上更新、更大的（他在面对爸爸时充满了自卑感，他的阴茎很小）。第二个白日梦：汉斯正在照顾自己的孩子（汉斯通过与母亲换位的方式来应对自己对妹妹被母亲照顾的嫉妒感）。弗洛伊德的追随者们认为，游戏和幻想是儿童用以缓解焦虑和冲突的重要手段。①

安娜列举了一个用否认来表达行动和语言的例子。有一个
非常年轻的女孩，当她意识到自己与两个哥哥不同——自己没 52
有阴茎时，她并没有通过炫耀女孩好看的服装来释放焦虑，也没有与哥哥比拼在舞蹈活动中的灵活性。与之相反，她总是通过强迫性地掀起裙子展示她并不存在的器官（阴茎）来否认这一事实（我没有阴茎）。这种否认与以下行为有异曲同工之处——明知东西不在，却故意强调它在（来，我们看看母鸡产的蛋吧！其实蛋早就被农夫拿走了）。

儿童比较喜欢使用否认这种防御机制来处理令人不安的情绪。然而，否认并不是儿童的专属。几年前，我的邻居经常在摆好桌子，打扮好自己后通知我们，她去世不久的姐姐要来

① Erikson, E. (1950). *Childhood and Society*. New York: Norton. Reprinted in paperback (1977) by Triad/Paladin.

喝下午茶。如果成年人总是在语言和行为上表现出这种明确的否认将被认为是精神病，但它的很多衍生形式却被认为是正常的。因为够不到葡萄，狐狸说葡萄一定是酸的，所以它不想要葡萄了。为了满足自身的需求，狐狸对现实进行了重新解释，这就是所谓的“酸葡萄心理”。这种心理可以被看作是合理化（rationalization）的例子。如果个体因为意识到某种行为真正的潜在意义而产生冲突，那么他会对这种行为进行重新解释，以便不再引起内在冲突。

个体还存在另一种更为复杂的否认形式，安娜称之为自我撤退（restriction of the ego）。安娜认为，这种防御机制并非通过否认来避免痛苦，而是直接从可能引发痛苦的冲突情境中退出。她的一位男性患者，曾很喜欢跟她一起画画，但很突然地，他拒绝继续画下去。安娜将此归因于他痛苦地认识到，在某种程度上，她比他画得好。他用拒绝画画的方式来避免这种痛苦。后来安娜观察到，这是他在面对与别人的竞争时惯常采用的一种模式。安娜还举了另外一个例子，一个小女孩第一次参加她非常期待的舞蹈表演。训练的过程中，她爱上了一个英俊的男孩，并开始幻想未来他们可能会拥有的亲密关系。然而，当她跳舞时，这个男孩取笑她舞姿笨拙。从那时起，她开始回避所有与跳舞和打扮有关的机会，开始鄙视自己在舞蹈方面的表现。这次打击之所以能对她产生如此大的影响，是因为这是她童年早期经历的创伤情境的再现——她曾因为无法竞争而承受过剧烈的痛苦。

冲突引起的焦虑也可以通过抵消（undoing）来缓解。往身上撒盐以免除灾难这一迷信习俗，可以被认为是抵消的典型
53 例子。走路时小心翼翼以避开路面上的裂缝或过度洗手都是抵消令人不安的冲动的表达方式。麦克白夫人在睡梦中洗手，象征着她希望以此抵消对国王的谋杀。天主教的忏悔也是抵消制

度化形式的典型例子。

在隔离（isolation）这一防御机制中，冲突被允许进入意识状态，但它的情感意义被剥夺了。由于有隔离这种防御机制的存在，所以在精神分析中，患者只知道其症状的潜在意义是远远不够的，他必须从情感上承认这一点。从极端角度来看，隔离是一种处理过程，可用以描述英国连环杀手约克郡开膛手（The Yorkshire Ripper）的行为特征。对这些杀人凶手而言，杀人带来的冲突通过刻板的仪式化行为得以释放。采用隔离防御机制的杀人犯，能够充分剥离杀人行为蕴含的情感意义，这样不仅可以帮助他冷静地思考手头所做的事情，并且还可以在多次谋杀之间过正常生活。

在某些情况下，认同（identification）也可以作为一种防御手段。安娜认为，认同攻击者是儿童应对压倒性威胁的方式之一。一个孩子很可能会因为害怕阴森的墓地，反而鼓起勇气假扮鬼魂，以便在夜幕降临时他可以通过墓地。精神分析学家贝特尔海姆，曾在集中营里被囚禁了几年，在那里他注意到某些囚犯存在认同现象。有些囚犯不但愿意模仿警卫，而且以警卫为榜样来规范自己的行为和外表，并引以为傲。他们热切地收集警卫的衣服碎片，模仿他们的步伐和姿势，承袭他们的价值观和业余爱好。① 与之类似的还有斯德哥尔摩效应（Stockholm effect）——电视或媒体经常报道的“人质对绑架者产生情感的现象”。1974 年 10 月，一名巴勒斯坦人和三名从荷兰席凡宁根监狱（Scheveningen prison）逃跑的囚犯持枪挟持了几名人质，并把他们关押了一周。人质被解救后，电视台对他们进行了采访，其中一名人质说：“虽然这听起来有些傻，

① Bettelheim, B. (1943). Individual and mass behaviour in extreme situations. *Journal of Abnormal and Social Psychology*, *38*, 417–452.

但随着时间的推移，我们开始喜欢上了罪犯。他们对我们非常好，以至于我们谁也不想告发他们。”当然，与之类似的案例层出不穷。在斯德哥尔摩的一家银行，一名女职员被挟持为人质，在获释时她说，她曾想与劫持她的男子结婚。而在另一起案件中，一名女孩人质自愿保护挟持她的男子，避免警察击中他。①

虽然采用防御机制会让我们脱离现实，但是我们不应该一味地认为防御机制本身是病态的。防御机制经常以某种形式
54 渗透到我们的日常生活中，它可以帮助我们忘记支付烦人的账单，让我们对讨厌的人保持礼貌或者把愤怒情绪转向一个有更少威胁或更无害的目标，比如，猫或者枕头。因此，从某种意义上说，在个体内部存在冲突的情况下，防御机制具有适应性功能。虽然从长远来看，过度使用防御机制本身可能是一个问题而非解决办法，但从短期收益来看，防御机制可以帮助我们改善内部冲突，缓解焦虑。

精神分析最感兴趣的是那些植根于个体特质和过往的防御机制。为了弄清楚它们的意义，我们有必要从几个层次对此进行深入研究。我将引用一个大龄患者的例子来对此作出说明。该患者总是表现出一种特别令人困扰的行为——莫名其妙且偏执地怀疑人们在谈论她，利用她的名字和对她的了解来赚钱。这一行为在她的医生和配镜师面前表现得尤为明显。她认为，曾为她治病（已经去世）的医生策划了一场阴谋——他让她服用一些药片，这些药片对她的喉咙造成了损害，并对她产生了持续性影响。通过多次与她进行讨论，精神分析师了解到这种偏执行为与多年前发生在患者身上的一个事件有关——患

① The Sunday Times. (1974). *Hidden persuaders in hostage war*. Insight report, 3 November.

者的丈夫曾要求她向医生询问医疗账单，尽管她听命行事，但却感觉这件事（与医生接触）给她带来强烈的内心冲突和局促感。通过再次讨论和分析，分析师发现患者早年的成长背景以及她与父亲之间的不良关系，似乎在童年时期就为这种类型的冲突埋下了隐患。首先，患者小时候压抑了对父亲的恐惧和敌意（她要爱父亲，然而又对父亲充满敌意，这种冲突的能量如此之大以至于她在意识层面无法接受）；其次，这种内在的被压抑的冲突改头换面（置换）、先发制人地投射给了别人（别人议论她，对她有敌意），尤其是像父亲一样的人（比如，医生、配镜师）。后来，当她意识到自己只不过是与一个象征专制父亲的人物发生了小冲突时，她又重新振作起来。

虽然按时间顺序对防御机制进行分类似乎有些刻板，但不同的防御机制的确在不同发展阶段表现得更为突出或被认为更恰当。正如我们所看到的，儿童的现实检验能力尚处于初级阶段，因此，对儿童来说，否认是一种相当正常的防御机制。但如果成人经常采用否认这种防御机制，这种幻想式的解决方案将给个体带来更多的忧虑。安娜认为，投射也是年幼儿童惯常使用的防御机制。那些被家长禁止的、可能带来批评和惩罚的行为，被投射到宠物或玩偶身上。当个体心理固着在儿童早期某一发展阶段并习惯使用那一发展阶段惯常采用的防御机制时，这种防御机制可能成为个体成年后用于减少焦虑的特有方式。从某种程度上说，人格差异取决于个体所使用的典型的防 55
御机制——这些防御机制在潜意识层面悄然运作——而自我过程则位于意识层面。

自我心理学为我们提供了一套概念，用于了解、认识和区分个体处理冲突的过程，无论冲突来自个体内部，还是来自个体与外部世界之间。这些概念向我们揭示了行为构成的多维性以及行为背后潜意识动机的复杂性。自我心理学认为，个体外在的行为表现，即便能代表“一丁点儿的自我”，但也不一定是它们看上去的样子。比如，宣誓爱或忠诚可能恰恰为了掩盖相反的事实，儿童的攻击性行为可能是恐惧的产物，过度关注色情制品的危险性可能是为了掩盖被压抑的性欲需求。总之，直接暴露潜意识中想要表达的东西会引发令人不安的冲突。因此，拒绝与他人竞争或拒绝参与某项建设性活动可能是一种防御，用以防止自卑的感觉重新被感知或唤起。即使对于利他主义者来说，利他动机的背后也隐藏着不为人知的秘密。利他主义者通过认同和投射，将自己的希望和欲望转到他人身上，通过帮助他人实现这些目标（如获得希望），满足自己。

第五章　神经症理论

在结束对精神分析的阐述之前，我要费一些笔墨对神经症理论及其治疗实践进行简要回顾。从某种程度上来讲，前面的章节已经对神经症理论做了一些介绍。正如弗洛伊德所言："精神分析的发展就是神经症理论的发展。"①前几章在阐述潜意识、性心理发展和防御机制的运作过程等内容时，用来帮助理解弗洛伊德神经症理论的所有要素均已提及。实际上，弗洛伊德认为，正常人和神经症患者之间并没有严格的界限，他们只存在程度上的差异，不存在本质上的区别。而弗洛伊德关于神经症最重要的论断如下：

> 与传染病等其他生理性疾病不同，神经症没有专门的决定性因素。因此，如果我们试图找出神经症的致病性因素，那将是无谓而徒劳的。一方面，通过简单转换，神经症的症状就会过渡到所谓的正常状态；另一方面，在某些被认为不正常的神经症状态下，我们却发现神经症特有的迹象并不存在或者并不明显。②

---

① Freud, S. (1917). *Introductory Lectures on Psychoanalysis*. Standard Edition, vol. XVI, p.426.

② Freud, S. (1940). *An Outline of Psychoanalysis*. Standard Edition, vol. XXIIL, p.183.

弗洛伊德所引用的用来说明神经症的例子，一部分源自他对患者的案例研究，另一部分来自日常生活中实际发生的事情，这些例子强有力地支撑与说明了上述观点。

成年以后，弗洛伊德开始了科学家的职业生涯。尽管他的大部分时间都用在治疗上，但在内心深处，他仍然是一个寻求真理的人。对神经症患者进行精神分析带给他最大的益处在于，通过分析患者，他越来越清晰地认识到心理机能的发生过程。

在神经症方面，弗洛伊德关注的焦点是精神神经症（psychoneuroses），并将其与现实性神经症（actual neuroses）进行了区分。虽然不太确定，但他推断，现实性神经症是由性活动过度或受挫的生理原因引发，而精神神经症本质上源于某种更深层次的心理冲突。

57 弗洛伊德对癔症（也称歇斯底里，是一种精神神经症）的探索为神经症理论的提出奠定了基础。转换性癔症（conversion hysteria）（现在已很少见）主要表现为躯体性症状，比如，在第四章中讨论过的伊丽莎白的腿部疼痛。焦虑性癔症（anxiety hysteria）的主要表现形式是恐惧反应，安娜·O 拒绝喝水就是最好的例子。

后期弗洛伊德对强迫性神经症（obsessional neurosis）的探索，对精神分析的发展同样也起着非常重要的作用。强迫性神经症的特点在于，个体表现出刻板的、仪式化的强迫性思想和行为，如果不遵循这种刻板的行为或思维模式，个体就产生大量的焦虑。比如，弗洛伊德的一名患者坚持在每天晚上睡觉前完成一系列复杂的仪式，包括移走所有的钟表和花瓶，将枕头和羽绒被摆放成特定的样式。① 在弗洛伊德的案例中，鼠人洛

① Freud, S. (1917). *Introductory Lectures on Psychoanalysis*. Standard Edition, vol. XVI, p.426.

伦茨（Paul Lorenz）也是典型的强迫性神经症的例子。洛伦茨经常被称为“鼠人”，因为他对父亲和女友均有着强迫性的幻想。他总是重复地幻想，将一罐老鼠绑在他父亲和女友的屁股上，这些老鼠啃咬进他们的肛门。

> 他患有精神紊乱症，总是担心他最爱的两个人会发生什么事——他的父亲和他深爱的女人。除此之外，他还意识到自己存在一些强迫性冲动，例如，用剃须刀割喉的冲动。而且，他还创造出了一系列禁令，这些禁令有时与相当不重要的事情有关。他告诉我，他已经浪费了很多年的时间来对抗头脑中的这些想法……

正如本章前文所述，弗洛伊德认为，神经症症状的根源在于潜意识冲突和这种冲突造成的能量阻塞或不平衡。这些症状常常代表着个体对自身不可接受的愿望的防御。但这种防御并不仅仅为了阻止欲望，就像失误行为（弗洛伊德式口误）和梦一样，它们也间接地表达了冲突，尽管这种表达通常以患者意识不到的方式来进行。例如，弗洛伊德的患者伊丽莎白将她对姐夫爱慕受挫的欲望和与姐夫在树林中散步联系起来，她腿部疼痛的症状却使得她很难走路（不能与姐夫散步）。精神分析技术旨在追踪患者症状背后蕴含的潜在意义。就像梦一样，对神经症症状的解析往往由于多因素决定的事实而变得复杂——患者多个潜在冲突可能被编织到一个症状结构中去。比如，弗 58
洛伊德认为，伊丽莎白的腿部疼痛也与她照顾父亲的行为有关，这是另一个她需要压抑自己需求的情境。

尽管症状看起来似乎很讨人厌，但我们必须记住，它们的功能是适应性的，是个体的一种适应方式，用来帮助个体应对无法忍受的情境。另外，它们还可能会给个体带来一些收益。

症状带来的痛苦可能有助于减轻患者的罪恶感。症状导致的躯体上的不便或残疾可能有助于个体有效规避未来可能产生冲突的情境。在弗洛伊德看来，神经症背后潜在的冲突本质上都与性有关。正如他在最后一部作品中所表达的那样，“毫无例外，神经症的症状是……某种性冲动的替代性满足或者为避免这种满足所采取的措施，是一种使两者达到妥协状态的规则。”① 实际上，在对所有患者进行分析后，弗洛伊德发现分析线索最终都指向了个体被压抑的冲突，而这种冲突均与个体童年时期的某种性经验有关。那么，如果真是这样，不同形式的神经症是如何产生的呢？这一疑问引发弗洛伊德重新思考神经症。起初，弗洛伊德认为症状的不同源自患者儿童时期经历的诱奸（seduction）的性质不同，这种不同导致他们产生了不同类型的心理冲突。弗洛伊德认为，癔症源于被动的性伴侣，而强迫性神经症患者则在性生活中扮演更主动、积极、有趣的角色。正如弗洛伊德在写给朋友弗里斯的一封信中所言，“癔症是性休克（sexual shock）的结果，而强迫性神经症是过分追求性快感的结果，这种快感在后来转化成了罪恶感。”②

后来，弗洛伊德承认，最初他对诱奸理论的表述有误。他认为，尽管那个时代“育婴女佣、家庭主妇和家庭佣人”甚为流行难辞其咎，但如此之多的成人虐待儿童（尤其是性虐待）看起来似乎不太可能。③ 弗洛伊德对自我的分析引发了他对儿

① Freud, S. (1940). *An Outline of Psychoanalysis*. Standard Edition, vol. XXIIL, p.186.

② Freud, S. (1899). *The Origins of Psychoanalysis: Letters to Wilhelm Fliess, Drafts and Notes*(1887—1902). Edited by M. Bonaparte, A. Freud & E. Kris (1954). London: Imago, p.127.

③ 值得注意的是，很多评论家例如马森（Jeffrey Masson）曾断言，弗洛伊德由于害怕诱奸理论给他带来负面影响才对它进行了修订。马森还认为，鉴于虐待儿童这一现象的确普遍存在，弗洛伊德的原始理论很可能更为准确合理。请参阅 Masson, J. (1985). *The Assault on Truth: Freud's Suppression of the Seduction Theory*. London: Penguin。

童幻想力量的进一步认识。《性学三论》出版时，弗洛伊德修正了最初对诱奸理论的假设。他现在清楚而真实地认识到，患者潜在的冲突源自他们自己的感觉而非被诱奸。弗洛伊德声称，正如我们所看到的，神经症的根源在于个体生命最初五年性心理发展的变迁。在弗洛伊德看来，俄狄浦斯冲突是所有精神神经症的核心。俄狄浦斯冲突不但使个体产生了压抑不合理欲望的需求，而且为个体埋下内疚和焦虑的种子（如果我拥有不恰当的渴望就会引发恶性后果，所以我不该有不合理的欲望）。俄狄浦斯冲突处理不好可能会给个体成年后处理两性关系带来破坏性影响。

个体之所以出现不同类型的神经症，是由于个体采用了不同的退行和固着模式。压抑是性器期儿童惯常使用的主要防御 59
方式。只有当儿童发展到性器期后期时，他才具备将自我和外部世界（客体）区分开的能力，这时候压抑才成为可能。如果癔症患者具备相当好的与他人交往的能力，这就意味着他退行到童年晚期的发育阶段，这种情况预后良好。强迫症患者表现出的独特模式——固执的、坚持仪式性的、刻板的、僵化的动作模式和过于挑剔的、有序的风格——很容易也很强烈地让人联想到肛门期。对强迫症患者而言，他们批判性和富有攻击性的态度以及对强迫性经验细节性、重复性的叙述，给精神分析带来很多困难。

在后来的著作中，弗洛伊德更强调焦虑在神经症中所起的作用。起初，他认为焦虑是个体被阻断的性欲的变式。后来，他认为焦虑是对丧失（分离），特别是与母亲的分离和阴茎阉割带来的阉割焦虑的恐惧性表达。而丧失恐惧的原型是分娩创伤——婴儿痛苦地从母亲温暖和安全的子宫中剥离出来。弗洛伊德的追随者之一兰克将此作为他理论的核心，甚至认为它的意义和重要性超过性心理发展理论。

正如我们所看到的那样，在弗洛伊德后来的理论中，他对焦虑的看法又发生了变化，他认为，自我要平衡多种需求之间存在的冲突，这种冲突引发了焦虑。自我的任务是平衡个体本能需求的满足与超我的道德约束之间的冲突以及外部世界可能对个体产生的现实影响。根据弗洛伊德的这种观点，精神神经症的不同表现形式就可以简单概括为自我使用的主要防御机制——例如，在强迫性神经症中，自我使用了隔离和抵消；在癔症中，自我有时使用压抑，有时使用置换（比如，将压抑的性欲转换为躯体症状），偶尔也使用隔离。正是由于压抑这一防御机制的存在，癔症患者出现人格分裂现象，表现为人格的不同方面相对独立存在，最罕见和极端的例子是《化身博士》（*The Strange Case of Jekyll and Mr Hyde*）里主人公的双重分裂人格以及《三面夏娃》（*The Three Faces of Eve*）里主人公的三重人格等。[①] 当然，这种观点与弗洛伊德早期关于退行和固着的观点非常契合。个体固着到某个发展阶段就会突出使用某些防御机制，而这些防御机制的表现形式也正是后期这些神经症症状的表现形式。但弗洛伊德后期的理论倾向于强调自我在心理健康和治疗中的重要性，后来这种观点进一步得到了精神分析师的推崇和发展。

60 弗洛伊德认为，焦虑、冲突和压抑是文明生活的根本和内在特征。没有人能避免出生创伤，社会化不可避免也会给个体欲望的满足带来一些挫折，而发展则意味着当个体面临令人不满意的现实时，能找到一种表达自身需求的方法。尽管我们可能背负着焦虑和挫折带来的巨大痛苦，但大多数正常人都学会了以某种方式来应对这些焦虑和痛苦。而神经症患者，或者由

---

① Thigpen, C. H., & Cleckley, H. M. (1974). *The Three Faces of Eve*. New York: Popular Library.

于早期欲求不满或过度满足，或者由于童年时期与重要看护人之间不正常的关系，他们所承担的痛苦要比他们能分享出来的要多得多。他们和正常人唯一的区别（区别的边界是模糊的）在于，他们没找到一种有效的（看起来正常的）方法来应对现实。

当然，绝不是所有的心理障碍都可以通过精神分析来治疗。在下一章我们将看到，精神分析治疗的基本技术之一是移情分析。弗洛伊德认为，在治疗过程中，患者可能会将自己的情感，包括童年早期的情感（冲突的根源所在）转移到分析师身上。通过对这些情感进行处理，患者对症状的见解会发生深刻变化，行为改变就此发生。移情分析对精神神经症来说非常适用，因此精神神经症通常被称为移情性神经症（transference neurosis）。但弗洛伊德认为，移情分析并不适用于第一次世界大战期间他遇到的创伤性神经症，即创伤后应激障碍。因为它们并非源于个体内部冲突的欲望，而是源于某种特定的、压倒性的休克体验。弗洛伊德认为，对于创伤性神经症而言，患者的症状（例如，噩梦、焦虑发作）并不是为了解决潜意识的冲突，而是象征着对休克性事件的重复，是患者尝试掌控休克性事件的行为。

精神分析治疗的有效性基于患者改变的欲望，哪怕只是表面上看起来想要改变也行。这一治疗原则往往将所谓行为紊乱的个体置于精神分析的治疗范围之外。这类人面临的最大的问题不是个人的痛苦经历，而是他们通常将自己或他人置于困境中。这种类型的典型例子是变态人格患者或者人格障碍患者。他们的主要特点是：缺乏道德上的顾虑，没有能力与他人在情感层面开展真正的交流。从表面上看，他们可能聪敏而迷人，但他们的行为却只是出于一时冲动，毫不顾忌由此带来的后果，也毫不在意对自己或他人的影响。事后，他们可能为自己的鲁莽行为道歉，但很少有证据表明他们真的悔改了。有时他们很暴力，但大多时候他们是连续作案而对后果毫不在意的小罪犯。用精神分析对他们进行分析，可以发现这种行为模
61 式的背后是他们"超我发展的失败"——当他还是个孩子的时候，他就无法充分地认同成人，因而他的道德标准和控制能力没能通过内化发展起来。在心理上，他是一个穿着成人服装的小孩。①

各种神经症中，最棘手的是精神病。这个术语包含一组障碍，比如，精神分裂症和强烈的抑郁症，它们的共同特征是缺少现实检验能力——他们不能像正常人一样看待这个世界。在极端状态下，他们可能会出现幻觉或妄想。虽然弗洛伊德并不否认精神病的生理根源，但从精神分析的角度来看，他认为精神病的关键在于自我功能的严重缺失。精神病实际上代表了个体退行到自我尚未充分形成的生命早期发展阶段（如口唇期）。这样的人无法将性欲（力比多）投向他人或外部世界。相反，他又将它重新投向了自我。用弗洛伊德的话说，这是自恋障碍。精神病患者退回并生活在自己幻想的世界中——在那里他能全神贯注地感受到强烈的自我。由于建立治疗关系存在极端困难，弗洛伊德认为（尽管其他分析师并不总是同意他的观点），在这种情况下，精神分析对于他们来说没有任何作用，甚至可能会使他们的病情恶化。

① Bowlby, J. (1944). *Juvenile Thieves.* London: Hogarth Press.

第六章　精神分析的治疗实践 62

这不是一本关于精神分析治疗的书。相反，本书的重点在于阐述弗洛伊德对人性的看法以及这种看法如何影响我们对人类境况的认知。因此，到目前为止，笔者重点描述了精神分析的理论，对它的治疗实践提及甚少。虽然精神分析的理论与治疗实践通常会一起出现，然而，对两者进行区分是非常有必要的。弗洛伊德的理论基于他对患者的仔细观察，反过来，这些理论又影响他采用的治疗方法。但是，在阅读弗洛伊德的临床研究文献时，我们很难不产生这样的怀疑，弗洛伊德真正感兴趣的是治疗过程——这是他观点和想法的来源和试验场，而治愈患者只是他治疗兴趣的附属品而已。

纵观其一生，弗洛伊德的治疗方法随着职业生涯的发展在不断变化和修正。最初，他用到的基本方法是宣泄法——主要目的是鼓励患者回忆和表达那些被压抑和遗忘的情绪，正是这些情绪引发了患者的症状。那时候，宣泄这些情绪是治疗的全部。后来，弗洛伊德将重点转移到揭示患者症状背后的潜在意义，并将这些解释传达给患者，旨在让患者了解自己被压抑的情绪及其采用的独特的防御机制，鼓励患者将潜意识层面不合理的防御机制意识化，并用合理的行动来取代它们。“我们试图恢复患者的自我，将它从限制中解救出来，并把因早期本我压抑而失去的指令还给它。”[1]

对患者来说，接受分析师的解释不仅仅是一种认知上的练习，而且是一种非常重要的处理方法，因为它不但让患者了解到潜意识中存在的防御机制，而且还帮助患者体验与之相关的欲望和冲突。通过重新体验并反复用这种方式对欲望和冲突进行处理，患者学会了将冲突整合到他们的自我功能中。对患者来说，这些欲望和冲突变得可控了。

为了达到这些目的，弗洛伊德尝试开发了一系列治疗技术。
63 如前所述，他曾尝试使用催眠的方法帮助患者回忆被压抑的事件，但很快他就放弃了。因为对许多患者来说，进入深度催眠状态是不可能的，即使能够进入，患者在处理以这种方式收集到的解释性信息时也存在极大困难。随后，弗洛伊德又发展出了集中技术（concentration technique）。这种技术是在伯恩海姆的基础上开发出来的。在弗洛伊德职业生涯的早期，弗洛伊德曾经拜访过伯恩海姆，那时候，伯恩海姆对患者使用这种技术，目的在于促使患者回忆起在催眠状态下他们会忘记的事情。集中技术的具体做法如下：分析师用手按住患者的额头并安慰患者，当压力释放时记忆就会恢复。弗洛伊德发现，这种集中技术在帮助患者回忆方面和催眠一样有效。渐渐地，弗洛伊德又发展出一些方法来深入了解潜意识的意义——我们已经探讨过的自由联想、梦的解析、对口误和日常失误行为的解释等。

当然，患者通常不愿意接受分析师提供的解释。在分析师看来，这种阻抗恰恰是需要进一步处理和分析的材料，可能会为了解患者采用何种防御机制提供特别的见解。

正如前文指出的，弗洛伊德认为，分析中最重要的步骤是对患者进行移情分析。在治疗过程中，弗洛伊德观察到，患者似乎把自己对父母以及生活中重要他人的感情转移到分析师身

[1] Freud, S. (1926). *The Question of Lay Analysis*. Standard Edition, vol. XX, p.205.

上，如果这些情感在过去曾引发患者的情感冲突，那么这种移情就尤为明显。因此，患者与分析师之间的关系是重要的信息来源，通过分析和处理这种关系，可以帮助分析师更好地分析患者早期的情感联结。在分析初期，移情通常会经历一个积极的阶段。患者对分析师表现出极大的钦佩，也可能会非常依恋分析师，甚至达到倾慕的程度。在此之后，移情会进入一个消极阶段（特别是当两者都是男性时），患者很可能变得咄咄逼人并富有批判性。弗洛伊德认为，积极阶段和消极阶段反映了患者早期亲子关系中的矛盾心理。

当然，移情并不仅仅发生在患者身上。前文已述弗洛伊德的同事布洛伊尔对伯莎（帕彭海姆）给予的治疗。波洛克（G. H. Pollock）认为，布洛伊尔似乎突然变得非常不安，以致中断了他对伯莎的分析，这可能是发生了反移情（counter-transference）。①
当然，这也可能是因为布洛伊尔与患者有着相似的经历，这种同 64
病相怜的感觉让他对患者的感情变得复杂。在治疗中，伯莎对父亲的感情是治疗的重要主题。在布洛伊尔对伯莎的治疗过程中，伯莎的父亲去世了。而在伯莎父亲生病期间，伯莎一直全身心地照顾他，因此，父亲的死亡让伯莎悲痛欲绝——她几次产生自杀的冲动。而布洛伊尔的母亲（也叫伯莎）在他 3 岁时就去世了。后来，布洛伊尔的父亲把他抚养大，教育他，他们父子的关系非常亲密。因此，当布洛伊尔的父亲去世时，他也遭受了深深的痛苦，这种痛苦和伯莎的痛苦如出一辙。

一方面，分析师也是人；另一方面，分析师所谓的中立立场，是分析师对抗反移情这一复杂情况的盔甲。因此，对分析师进行分析是培训的重要组成部分。

---

① Pollock, G, H. (1976). *Josef Breuer*. In J. E. Gedo & G. H. Pollock (Eds.).The Fusion of Science and Humanism: The Intellectual History of Psychoanalysis. *Psychological Issues*, Monograph, 34–35.

65

第七章　精神分析的后续发展

弗洛伊德最伟大的成就之一在于他拥有激发他人活力的能力。因此，精神分析并没有停滞不前。弗洛伊德的理论一直被追随者们以多种方式继续发展着。在对精神分析的本质进行阐述之前，本章先对精神分析发展过程中出现的一些主要观点和分歧进行概括性回顾。

成员的决裂

早在20世纪的头几年，弗洛伊德的著作就开始吸引一批对精神分析感兴趣的追随者。而在众多的追随者之中，有一位追随者让弗洛伊德感到尤为满意，他就是荣格。荣格来自瑞士，是一位精神病学家，就职于布勒霍尔兹利精神病院（Bugghölzli Clinic）。荣格对弗洛伊德的理论有浓厚兴趣，并在一段时间内与弗洛伊德保持着书信往来。1907年，荣格从苏黎世前往维也纳拜访弗洛伊德。弗洛伊德不仅被这位著名的心理学家的关注所感动，而且深受其活力和想象的震撼。1910年，国际精神分析学会成立时，经弗洛伊德热切推荐，荣格成为国际精神分析学会第一任主席。那时候，弗洛伊德周围已经聚集了一小群忠诚的追随者，包括艾廷顿（Max Eitington）、阿德勒、亚伯拉罕（Karl Abraham）、兰克和来自匈牙利的费伦齐以及后来弗洛伊德的传记作家——英国的琼斯。次年，荣格和费伦齐陪同弗洛伊德访问美国，弗洛伊德在克拉克大学做了系列报告。然而，就在国际精神分析学会成立不久，学会内部就开始出现分歧，分歧的部分原因在于彼此之间的竞争与嫉妒。例如，阿德勒和其他维也纳分析师对瑞士分析师们的突出地位表示不满。当然，分歧还有另一个很重要的原因，那就是对于小组成员来说，很难在不引起弗洛伊德不满的情况下发展自己的原创主题，而弗洛伊德又不欢迎任何背离他思想的激进想法和观点。因此，能解决这一问题的唯一办法只有分裂。

1911 年，阿德勒成为第一个离开的人。首先，阿德勒不认 66
同弗洛伊德强调性（力比多）是人类行为主要动力的观点，阿德勒强调权力或发展优势在补偿自卑方面的力量。阿德勒认为，优势补偿是人类不可或缺的一部分。个体的自卑源于童年时期感知到的无助。在生命的早期阶段，个体就已经发展出补偿自卑的方法。这些方法构成了个体性格和以后生活方式的雏形，而且反映出成年时期个体应对生活问题（工作、爱情和社会关系）的方式。阿德勒强调，要想获得自尊，个体就需要具备面对现实的能力和勇气。当个体以不切实际的夸张行为来补偿自己的不足或自我概念缺陷时，问题就会出现。当然，个体对自尊的强烈需求也会导致人际关系问题。在追求自尊的过程中，如果过分强调自尊，个体会发现，拥有对他人的掌控能力可能会变得比满足自尊更有趣。这样，冷淡（冷漠）就可能成为一把利器，成为一种用以表达比伴侣更优越的方式。

阿德勒还强调幼儿时期人际关系的重要性。在多子女家庭中，孩子的出生顺序具有相当重要的意义。例如，阿德勒认为，家庭中第一个出生的孩子是“被罢黜的王子”。他曾得到父母全部的关注，但由于弟弟妹妹的到来，他的“王子”地位被取代了。与此同时，更多的责任被强加到他身上，也正是因为如此，他通常在能力和权力方面比年轻的对手（弟弟妹妹）更具优势，这些都为他生活模式的形成创造了条件。相反，第二个孩子必须努力竞争，而最年幼的孩子从来不用担心家人对其感情的缺失而流离失所，但同时他也能意识到其他人的能力比他强，力量比他大。阿德勒指出，在童话中，最小的儿子往往是最幸运的宠儿，即使他能干的哥哥失败了，他也能成功。阿德勒还特别重视父母对孩子的态度，父母往往采取两个极端，要么宠孩子，要么恨孩子，而无论哪种态度都对孩子成长具有极其重要的意义。

阿德勒强调人的整体性。在个体心理治疗中，阿德勒不仅关注患者对自身对抗目前生活状况的自觉意识，也关注其潜在欲望。与弗洛伊德相比，阿德勒不太看重个体情感发展的生物学基础。例如，他提出的男性化抗议（masculine protest）概念就是很好的例子。他认为，女性性格发展中出现的许多重要
67 特征，并非如弗洛伊德所言源于解剖学的差异，而源于传统社会角色给女性造成的社会压力。男性化抗议意指女性对自己的弱势地位作出反应——她们拒绝自己的性别，过分强调男性特征，换句话说，她们更愿意让自己成为一个假小子。

阿德勒不但是一位精力充沛的演说家，而且是一位文笔优美的作家。尽管将阿德勒的思想整合成某种系统连贯的理论并不是一件容易的事儿，但他的作品中所传递的思想以及研究方法已然对其他分析师和公众产生了相当大的影响。阿德勒的观点能吸引公众的普遍关注，这或许并不奇怪，因为阿德勒关注个体的意识过程，而意识过程与生活中人们常说的自我概念更为契合。阿德勒强调对个体意识和自我过程的分析，这成为后期许多精神分析家治疗时关注的焦点。而阿德勒关于社会环境对女性人格影响的观点也为后续精神分析学家的研究播下了兴

趣的种子，这一课题后来得到了霍妮（Karen Horney）的认可并得以发展。

弗洛伊德在演讲中公开批评了阿德勒对他的背叛。他认为，阿德勒的理论观点更多是他思想的翻版，创新性微不足道。这场争吵给新成立的学会造成了分裂，几个成员随阿德勒一起离开。与此同时，弗洛伊德和荣格的关系也进一步恶化，这对弗洛伊德产生了更大打击。最终，弗洛伊德与荣格于 1913 年分道扬镳，自此再也没有见过面。与阿德勒一样，荣格不同意弗洛伊德过分强调“性的重要性”这一观点。在荣格看来，力比多是一种更普遍的生命能量，而性只是力比多的一种主要表达形式。后来，弗洛伊德自己也向荣格的理论立场靠拢，在《超越快乐原则》这本书中，弗洛伊德重新阐述了本能理论，将性本能（与物种保护有关的本能）和自我本能（与自我保护有相关的本能）结合在一起，作为生命的驱力或欲望——而这一点经常不被荣格的拥护者承认。[①] 另外，荣格修改了弗洛伊德关于“个体性心理发展阶段”的理论。和阿德勒一样，荣格认为孩子和父母的关系对于孩子以后的性格发展非常重要，因此我们不应该仅仅关注个体性心理发展。荣格还认为，对个体来说，退行不一定是完全消极的，它可能是个体采用的手段，让自己可以暂时退出冲突，以便以后更好地应对。

荣格拥有超常的想象力，他创造了许多新的概念。例如，他引入了情结（complex）这一术语，意指与个体生活某个重要方面相关的一组情感。他还设计了词语联想测验（word association test），要求患者在一定时间范围内，根据给出的特定词汇展开联想，这些联想可以作为揭开患者情感的线索。另外，荣格提出了人格类型理论，人格类型理论的基础是内 68

① Freud, S. (1920). *Beyond the Pleasure Principle*. Standard Edition, vol. XVIII.

向（introvert）、外向（extraversion），以及个体认知（直觉与感觉）和评价（理性与情感）世界的不同方式。虽然在开始时，荣格试图运用词语联想测验为精神分析寻找更为科学的理论支撑，但他后来的作品却晦涩而神秘，而且他的一些观点引发了广泛的争议。荣格发现，不同文化的神话和艺术中，一些符号之间存在极大的相似性，而且他注意到这些符号有时与患者在绘画和梦境中回忆起的形象也极为相似。这些相似性带给他很大的触动。据此，荣格提出集体潜意识（collective unconscious）的概念，并认为集体潜意识是人类精神生活的基础。他认为，集体潜意识是个体潜意识的最深阶层，代表了现代人类遥远的祖先所积累的经验的残留。荣格把从集体潜意识中衍生出的符号称作原型（archetypes），它们代表人类生活中提炼出来的普遍核心经验。虽然荣格最初提出"原型"这一概念仅仅为了回应某些特定的、相似的图像，但他提出的"集体潜意识"概念却在无意中回应了法国生物学家拉马克（Jean-Baptiste Lamarck）提出的关于遗传的争议性观点——在生命过程中获得的特征可以遗传。

荣格采用的治疗方法和他的理论一样激进而富有创新性。他特别关注患者生活中意义的重要性。患者对自己的存在有何感想？她的存在有什么意义？相比弗洛伊德，荣格对患者的现在和未来（而不是已逝去的童年）更感兴趣。在荣格的著作中，他采用哲学的思维方法，深入探讨道德和宗教问题。在荣格看来，道德和宗教问题与人类的精神生活密不可分。相比弗洛伊德，荣格更愿意明确地接受精神生活的道德本质，这一立场在本书后文会有进一步的介绍。荣格的治疗方法很灵活，可以满足患者的个别需求。荣格的理论和治疗都强调意识与潜意识的平衡——个体在意识生活中越强调个性的某个特征，潜意识中表达与其相反特征的需求就越强烈。荣格开发出的特殊治疗方法——个性化，旨在让患者专注于潜意识层面的内在力量，通过将这些内在力量引入意识层面，进而更充分地开发自我潜能。这是一种适合成年患者的治疗方法，通常对致力于开发内在资源的创造性个体有不可抗拒的吸引力。

前文我们已经讨论过，由于过度依赖内省和自我分析，精神分析可能会剑走偏锋。但幸运的是，阿德勒和荣格的理论重 69
点与弗洛伊德的精神分析略有不同。阿德勒是犹太人，个子矮小，在现实生活中野心勃勃，却又非常自卑。[①] 荣格性情沉闷，非常博学，对神秘主义充满热爱，他的作品体现了对弗洛伊德过分强调性的厌恶。荣格的父亲是瑞士改革教会中的牧师，也是一位热爱神秘主义的人。因此，阿德勒、荣格、弗洛伊德对人性的不同感知以及他们理论之间的冲突，似乎也可以归因于其人格和成长背景的差异，当然我们可以对这种归因保留异议。

后来，在 20 世纪 20 年代，兰克和赖希（Wilhelm Reich）也离开了。兰克是弗洛伊德早期圈子中的关键人物。虽然他没受过医学训练，却是一个受过良好教育和有教养的人，弗洛伊德对他非凡的能力极度认可。《出生创伤》(*Birth Trauma*）这本书最终导致兰克和弗洛伊德的分裂，事实上，这本书代表了弗洛伊德出生创伤观点的延伸。兰克观察到，焦虑的生理症状类似于出生过程中发生的生理变化。因此，兰克将出生创伤看作是人类经验的核心。出生创伤提供了联结与分离之间对立的原型，这种对立在生命的不同阶段都有所反映。一方面是对生——分离的恐惧，让我们会因为“自我肯定会远离安全和其

---

① Jones, E. (1953).*The Life and Work of Sigmund Freud*. London: Hogarth Press. Abridged by L. L. Trilling & S. Marcus (1964). Harmondsworth: Penguin, pp.397–402.

他一切美好的东西”而恐惧；另一方面是对死——联结的恐惧，这会导致我们丧失个性和自由。

兰克从这个角度重新诠释了人类发展的精神分析。断奶变成一个与母亲分离的问题，而生殖则成为男性通过性行为重新进入母体的一个象征性机会。俄狄浦斯冲突作为人格发展中的核心问题渐渐被取代。攻击性成为一种彰显个性的方式。例如，通过与父母作对，青少年发展出自我意识。兰克后来的理论中出现了一个非常关键的概念——意志。意志是人格中综合的、自我肯定的力量。个体通过意志和反意志（对自己和他人说“不”的能力），在联结和分离的需求之间取得微妙的平衡。神经症的核心在于联结和分离整合失败。因此，在治疗中，兰克强调分析师不能鼓励个体被动和依赖。最后，兰克还通过简短的治疗试验，对治疗次数进行了限定。

兰克的观点在精神分析圈之外得到了一些认可。它们以戏剧的形式应用于再生（rebirthing）技术中。再生技术指在一
70 个黑暗的房间里，在心脏跳动和体液循环录音的背景下，人们尝试重现出生经历。这一过程可能涉及过度换气（即快速、沉重地呼吸）或向个体施加类似子宫壁收缩的压力。再生技术的拥护者相信，重温出生这一经历有助于驱除个体原生的分娩创伤。

在这一时期，另一个精神分析的背叛者是赖希。他的职业生涯的确丰富多彩。赖希在1919年遇见了弗洛伊德，并对弗洛伊德本人及精神分析都产生了浓厚的兴趣，并很快成为维也纳精神分析学会一名精力充沛的成员。虽然赖希的思想很有独创性，但却过于简单。赖希的看法不切实际又有些偏激，导致他常常难以与人相处。赖希在接受不同精神分析学家的训练时，至少中断了三次。弗洛伊德因此拒绝继续为赖希提供训练，赖希感到非常懊恼。几年后，赖希去了柏林，而后又

从柏林搬到斯堪的纳维亚（Scandinavia），最终定居在奥斯陆（Oslo）。无论赖希走到哪里，他总能吸引一批忠诚的追随者和尖刻的评论者。

最终，赖希的观点与弗洛伊德的精神分析及其他正统的精神分析背道而驰。最初，赖希的兴趣主要集中在性的自由表达这一问题上。后来，他又将兴趣转移到社会对性格的影响，尤其关注社会对力比多需求的约束性影响。这种社会压力和本能之间对立的观点与弗洛伊德的观点并不相同，弗洛伊德在 1930 年末出版的著作《文明及其缺憾》中对两者之间的关系进行了论述。① 在赖希的理论中，最能被其他分析师借鉴和接受的内容是他提出的“性格盔甲”（character armour）的概念。赖希认为，由于焦虑个体会出现持续的能量阻塞，而这种能量阻塞会导致相对永久的肌肉紧张，如果这一现象发生在童年期，那么这种影响就更明显了。赖希认为，性高潮是释放受阻能量的最重要方式，在能量释放方面起着至关重要的作用。在动荡不安和不循规蹈矩的人生的最后几年，赖希一直在寻找测量和创造生命能量的方法。他发明了一种能量盒子，声称这个能量盒子能积累生物能量，这些生物能量对于坐在这个盒子里的人（甚至任何有机体）非常有益。他甚至声称这个能量盒子可以部分治疗癌症。除此之外，他可以控制能量盒子里的天气变化，通过点式蓄能器制造雨水，以增加盒子的水蒸气含量。与标准的精神分析实践不同，在治疗中，赖希直接参与患者的成长。他认为治疗最根本的问题在于，让受阻的能量再次流动，而实现能量流动最关键的办法是帮助患者提高性表达能力。他鼓励患 71
者手淫，用按摩的方式打破身体的“盔甲”。据报道，他甚至与一些患者发生过性关系。

---

① Freud, S. (1930). *Civilization and its Discontents*. Standard Edition, vol. XXI.

由于赖希的一些观点过于独特和偏激，赖希臭名远扬，最终被瑞典和挪威驱逐出境。后来，赖希定居美国。在20世纪40到50年代，由于赖希在纽约担任副教授，加之他出版书籍，治疗患者以及销售他发明的能量盒子，他赚了一些钱，变得相当富有。随后，赖希与美国食品和药品管理局发生了冲突，因为后者反对在洲际航线上运输一种据说可以治愈癌症的设备。赖希偏执而浮夸地驳斥了这些指控的非法性。由于赖希拒不服从法院的裁决，他被判处有期徒刑两年。在监狱的“乡村俱乐部”度过了几个月后，赖希于1957年死于心脏病。尽管赖希的一生思想活跃、颠沛流离、动荡不安，但他吸引了无数的追随者和学生。赖希的崇拜者之一——英国的尼尔（A.S. Neill）创办了夏山学校（Summerhill School），这是第一所完全以儿童为中心的学校。此外，赖希还留下了一笔丰富的遗产——在欧洲和美国都很活跃的生物能量运动。这个运动的重点在于通过按摩和体育锻炼来刺激能量流动，缓解肌肉阻碍和紧张。

儿童分析

近年来，一些不那么激进但影响深远的精神分析运动已经悄然发生，并获得一定发展。在英国，运动的重点工作之一是将精神分析实践扩展到儿童身上。在弗洛伊德生命的最后一年，他移居到伦敦，他的小女儿安娜陪着他。无论是私人生活还是职业发展，安娜一直是父亲忠实的支持者。与正常的精神分析实践不同，弗洛伊德亲自为她分析。弗洛伊德称安娜为“忠诚的安提戈涅”（faithful Antigone）。[①] 罗森（Paul Roazen）

① 安提戈涅是古希腊神话中的一个人物，为俄狄浦斯之女。——译者注

说，安娜对父亲显然很忠诚，并且嫉妒他生命中出现的任何其
他女人。[①] 安娜曾当过教师，每天接触和观察儿童，加之她与
父亲的特殊关系，让她对促进儿童发展的精神分析技术产生了
兴趣。最初，安娜采用正统的精神分析法进行研究，后来她发
现儿童和成人存在巨大差异性，因此她需要新的、不同的研究
技术。安娜只研究年龄足够大的儿童，因为他们可以表达自己
的想法，并给予她一些支持。安娜的第一项任务是激发儿童的 72
兴趣，使他们相信安娜对他们有潜在价值。安娜对儿童的梦和
幻想予以解释，并采用移情分析技术来分析儿童——尽管只能
把安娜与儿童的关系看作是儿童与父母情感关系的延伸，而非
再现。后来，安娜引入了一种特殊而极具创新性的方法——元
心理学档案（metapsychological profile），来帮助分析师系统地
收集诊断评估期间有关儿童的所有相关信息。元心理学档案本
质上讲求信息的整合，需要考虑个体本能的表达模式以及个体
为处理冲突而采用的防御机制。在英国定居后，安娜建立了汉
普斯特德诊疗所（Hampstead Clinic）和托儿所，在那里，她为
第二次世界大战期间英国和德国的孤儿以及其他儿童进行心理
治疗。

其实，早在安娜和弗洛伊德到来之前，伦敦儿童分析就已经初见端倪。从 20 世纪 20 年代开始，克莱因（Melani Klein）就一直在柏林对儿童进行分析。1926 年，克莱因移居伦敦。就像安娜一样，克莱因没有受过正规的学术或科学训练，但她的方法却非常独特。1927 年，她们曾在精神分析会议上发生过思想的碰撞。她们俩的意见分歧主要围绕克莱因对发展理论所做的修正。克莱因和安娜的一个不同之处在于，克莱因认为儿童发展的不同阶段存在不同的发展任务，而且这些任务的发生时

---

① Roazen, P. (1976). *Freud and his Followers*. London: Allen Lane.

间比弗洛伊德预想得要早。对每个个体而言，心理发展最关键的阶段是生命的第一年。克莱因相信，在这段时间里，儿童甚至可以经历俄狄浦斯冲突，自我和超我功能也明显存在。自我和世界的原始分化引导婴儿将自己的情感投射到她世界中的关键客体上。这些关键客体都有积极和消极的双重品质（例如，好的乳房和坏的乳房），这种双重品质取决于这些客体在个体发展的不同时期扮演了满足客体或让客体沮丧的双重角色。除此之外，克莱因关注的重点不在于性，而在于孩子对攻击性和愤怒的处理，而这些攻击性和愤怒大都由挫折引起的。

克莱因认为，精神分析的主要任务是帮助孩子减少不可避免的焦虑，从而减弱其攻击性。克莱因的研究对象是6岁以下的儿童，她将儿童游戏作为诊断和治疗的媒介。由于恐惧和愤怒是发展的必然结果，克莱因提倡对所有儿童进行分析。然而，安娜反驳说，克莱因的观点只适用于那些表现出特定人格或行为问题的儿童。据报道，弗洛伊德曾声称难以理解克莱因
73 的想法。克莱因遭到了正统精神分析师的批判，因为她把一岁以内婴儿的情感生活看得过于复杂。尽管如此，克莱因的思想给她带来了大量的英国追随者，并帮助她发展出了有影响力的客体关系小组。

克莱因和安娜的另一个不同之处在于，克莱因强调生物驱力的发展。正如我们在第四章中所述，除了儿童精神分析方面所做的工作，安娜还扩展了父亲弗洛伊德关于自我和防御机制的理论，为新精神分析的出现奠定了基础。其他几位精神分析师，特别是哈特曼（Heinz Hartman），已经率先采取了行动，更强调详细分析自我功能。①

① Hartmann, H. (1964). *Essays in Ego Psychology*. New York: International Universities Press.

新弗洛伊德主义

由于纳粹的统治，许多精神分析分析学家陆续离开了欧洲，定居美国，其中比较有名的有弗洛姆、霍妮和埃里克森。在他们的精神分析中，我们再次感受到个人成长经历对理论形成的重要性。对这三个人来说，他们都有过共同的经历——亲眼目睹一个社会逐渐变成极权主义社会。他们不得不打破原来的生活模式，重新开始在异域文化中生活，他们有机会比较两个社会中的典型患者和典型问题。因此，与弗洛伊德相比，这三个人更强调文化背景在个体成长中的重要性就不足为奇了。霍妮对弗洛伊德过分强调个体发展的生物学因素持反对态度，尤其反对生物因素对个体早期性心理发展的决定性影响这一观点。另外，弗洛姆和霍妮都受马克思主义理论的影响。

在个体与社会关系的本质方面，弗洛姆与弗洛伊德、兰克的看法不同。弗洛姆认为，个体与社会的关系本质上不一定是对立的。个体的需求并不与社会割裂，也不完全受社会约束。相反，社会为个体提供了一种媒介，个体可以通过这个媒介获得需求的满足，并依据社会环境来决定需求满足的方式。个体与社会的关系并非一成不变，而是随着历史时期和文化的变化而变化，在本质上它们是互动的关系。社会为个体学会如何满足自己的需求提供条件。以这种方式形成的个体需求，反过来又可能影响和改变个体所生活的社会的性质。对个体来说，最 74
关键的问题是如何与他人及其周围的世界建立联系。

弗洛姆不仅是一位马克思主义者，而且也是一位存在主义者。他对人之为人的核心特征——高阶符号思维能力感兴趣，正是这种思维能力促进了人类自我意识的产生。

> 人是唯一不仅知晓客观存在，而且拥有自我意识的动

> 物。人是唯一不仅具有工具性智力，而且具有理性思维能力的动物，能够用思维来客观地理解事物，认识事物的本质，而不仅仅将其作为满足自我的手段。正是拥有了自我意识和理性思维能力，人类意识到自我的存在独立于自然和他人，同时也意识到自己的无能为力和无知，意识到自己的最终归宿——死亡。①

最终，弗洛伊德把人的生物学基础和存在主义观点进行了整合，为后人研究人与社会的关系提供了非常有用的视角。后来，弗洛姆对这一观点进行了修订和发展，认为人类的生物根源和自我意识能力之间存在基本矛盾。

> 自我意识、理性和想象力破坏了动物性存在的和谐。它们的出现让人变成宇宙中的怪胎。人是自然的一部分，遵从物理法则，无法改变自然，却又能超越自然。作为宇宙的一部分，人被迫与其他生物区分开，成为特殊的门类，但又不得不与其他生物共享住处（大自然）。在偶然的地点和时间，人被抛入这个世界（出生），又在违背自我意志的情况下被驱逐出去（死亡）。人拥有自我意识，能意识到自己的无能为力，也能意识到自己存在的局限性。人永远无法摆脱存在的二分法状态：一方面，即使人想摆脱自己的思想，他也无法做到；另一方面，只要人还活着，他就不能摆脱自己的身体——而正是他的身体迫使他想要活着。②

这种矛盾导致弗洛姆提出了所谓的存在主义二分法（existential

①② Fromm, E. (1974). *The Anatomy of Human Destructiveness*. London: Cape, p.225.

dichotomies）。一方面，人类必须面对“最终都要死亡”这一事实。当我们意识到现在还活着的时候，我们也意识到我们被囚禁在有限的生命期内——总有一天我们会死去。另一方面，人类也面临着选择的需求。我们能意识到，我们当下的选择会影响到事情的结果以及我们的未来。

随着儿童的成长，儿童会逐渐意识到一种内在的孤独感。75
这种个体化（注意，弗洛姆用的术语与荣格用的非常不同）可能是人类所特有的。因此，人们开始寻找不同的方式来和他人建立联系以克服这种孤立感。弗洛姆认为，顺从（conformity）是一种相对普遍的解决办法。

> 在群体中，个体的自我在很大程度上消失了，其目标也隶属于群体。如果我和其他人一样，如果我没有与众不同的感觉或想法，如果我遵循习俗，衣着打扮也遵从群体的模式，我就是安全的，就会从被孤立的可怕经验中逃离。①

弗洛姆认为，另一种更令人满意地建立联系的方式是爱。弗洛姆用一种非常特殊的方式定义了“爱”这个词，爱的意思是“在保持个体完整性和个性的条件下实现与他人的结合，爱使人克服被孤立和分离的感觉，但爱允许我们做自己，保持我们自身的完整性和个性化”。②

弗洛姆扩展了弗洛伊德关于性心理发展的理论，更强调个体在每个发展阶段可能采用不同的建立联系的方式。例如，口唇期个体建立联系的方式是被动的、接受性的。处在这一阶段

---

① Fromm, E. (1957). *The Art of Loving*. London: Unwin, pp.16–17.

② Fromm, E. (1957). *The Art of Loving*. London: Unwin, p.21.

的个体认为，一切美好的东西都在我的身体之外，个体有一种从外部吸纳美好事物的强烈欲望。弗洛姆将这种性格特点称为掠夺型性格。掠夺型个体建立联系的方式充满攻击性，用武力获得他所想要的一切。另外，弗洛姆描绘了个体性心理发展过程中可能存在的性格类型，如肛门期父母要求严格的个体惯常采用建立联系的方式是囤积，弗洛姆将这种性格特点称为囤积型性格或肛门期性格，这种类型的人总是想方设法保存他已经拥有的。囤积型性格的人多疑，与外界建立联系的方式是退缩。市场型性格的个体把与他人建立联系看作是一种交易。他倾向于从“对他人有多大价值”的角度来欣赏自己或其他事物。最后，弗洛姆认为创造型性格是马克思主义和存在主义完美融合的产物。个体通过创造性的工作和创造力与世界联系在一起，个体建立联系的方式是爱，他接受自己作出真实选择的需要，并能认识到自己内在的力量。

在后来的作品中，弗洛姆又对极端的建立联系的方式进行了描述。第一对极端的建立联系的方式为恋生癖（biophiles）和恋尸癖（necrophiles）。前者关注生命和生长，而后者对生活的看法是消极的——人是腐朽的。[①] 迷恋腐朽和死亡事物的个体常常通过迷恋机械来展露自己。例如，听音乐时，他们感兴
76 趣的很可能是立体声；拍照时，他们感兴趣的是相机零件。第二对极端的建立联系的方式是拥有型人格和存在型人格。[②] 对拥有型人格的人来说，生命需要用财产来衡量——物品、财富和地位；而对存在型人格来说，生命的质量取决于经验和意识的充盈性。

---

① Fromm, E. (1964). *The Heart of Man: Its Genius for Good and Evil.* New York: Harper and Row.

② Fromm, E. (1976). *To Have or To Be?* New York: Harper and Row.

尽管如此，弗洛姆也强调社会环境的重要性，他认为，个体并不存在于真空中。个体所处的社会环境会鼓励某些类型的建立联系的方式，而不鼓励其他类型。每一种文化都有其集体潜意识。生活在其中的成员不仅受明令禁止的影响，也受被鼓励的正常和合理行为以及共同的言论和思想习惯的影响。

和荣格一样，弗洛姆在治疗中强调挖掘患者的生命意义，旨在帮助患者找到一种与他人和世界建立联系的满意方式。但是，想要实现这一目标，仅仅通过满足社会和他人的要求而获得生命的意义远远不够。对个体来说，寻找自身存在的意义是不可避免的个性化尝试。弗洛姆的人本主义结论是："生命本身并没有任何意义，只有当人们通过展现自己的力量来赋予其意义时，生命才有了意义。"①②

霍妮在其早期发表的德文论文中对弗洛伊德将个体性心理发展的重点放在生物学方面提出了批评，她尤其不赞成弗洛伊德关于女孩生理解剖学特征影响其心理的看法（阴茎妒羡）。1932 年移民到美国后，霍妮开始发展自己的思想，最终出版了 5 本书，并倡导了一场精神分析运动。阿德勒对霍妮作品的影响是显而易见的，霍妮也相当赞赏和认可弗洛姆的作品。出于对自我发展概念的兴趣以及所秉持的"一旦克服神经症障碍，人就能自我成长"的乐观信念，霍妮也期待并使用罗杰斯（Carl Rogers）和其他人本主义心理学家的方法。

通过与弗洛伊德的理论进行比较，我们可以比较清楚地了解霍妮采用的研究方法。和弗洛伊德一样，霍妮也承认患

① Fromm, E. (1947). *Man for Himself.* London: Routledge and Kegan Paul, p.45.

② 如果你对弗洛姆的观点感兴趣，请阅读"心灵塑造者：心理学大师及其影响"丛书《埃里克·弗洛姆：人类处境的探索者》。

者的症状由潜意识的情绪和情感决定。在提出“神经症人格”（neurotic personality）这一概念的过程中，霍妮也发现童年经历和防御机制对个体产生了很大影响。而霍妮与弗洛伊德观点的分歧在于，虽然霍妮承认精神官能症在影响人的个性方面可能会发挥些许作用，但她反对弗洛伊德过分强调生理过程和性驱力。霍妮认为，弗洛伊德的立场没有充分参考人类学的新发现——人类社会生活具有可变性。她质问，在多大程度上，人
77 格可以被看作是一种普遍现象？她在大萧条时期移居美国的经历强化了这一立场。在她看来，美国患者更关心的是工作和经济前景，而不是性问题。美国社会的发展似乎带来了一系列新问题，这些新问题与弗洛伊德维也纳的中产阶级患者遇到的问题有所不同。因此，霍妮认为，必须基于个体所处的特定的文化背景来看待个体的神经症问题。在霍妮看来，神经症冲突的重要根源是人际关系，尤其是孩子和父母之间的关系。俄狄浦斯情结并非普遍存在，也并非仅仅源自性欲望和性抑制，而是由家庭关系中一种更普遍的冲突所造成的，例如，孩子因父母的拒绝而感到焦虑时，俄狄浦斯冲突也会出现。有时候，霍妮甚至对弗洛伊德的观点持反对态度。在她看来，性问题更有可能源于关系困难，而非其他。她也强调后天经验对个体人格发展的影响，她认为，神经症症状不仅仅是幼儿期冲突的重演，也可以被个体当下所处的社会环境所影响和改变。

霍妮作品的重点在于揭示神经症人格的本质。她认为神经症的根源在于儿童与父母早期的互动经历。如果这种互动是消极的——也许因为父母本身就存在神经症困难，而且不能满足儿童对情感和认可的需要，那么儿童很可能感受到敌意。但是，儿童也许害怕表达这种敌意，因为这种表达有可能会受到父母的惩罚，或导致父母撤回对儿童的爱。这种观点为霍妮提出的基本焦虑（basic anxiety）奠定了基础。后来，基本焦虑成

为神经症人格障碍的核心。个体在应对与他人的关系和生活状况时，为缓解各种焦虑而制定的策略构成了神经症的倾向性。霍妮勾勒出了人类常用的十种应对策略，并进一步将其分为三类。第一类普遍的应对策略是“向他人靠拢”，例如，不加区分地寻求他人的喜爱和认可，或者试图寻找伴侣作为自我的保护者，或者让位于他人，限制自己的需求以免与他人发生冲突。第二类普遍的应对策略是“击败他人”。通过获取比他人更高的权力或变得比他人更好来消除自己感受到的威胁。持这种模式的个体对权力和获得他人的钦佩充满渴望，过分追求完美，以确保自己的造诣比任何其他人都要好。第三类普遍的应对策略是退缩，即“远离他人”。持这种应对方式的个体通过表现出自给自足和超然的状态，解除对他人的依赖，并以此作为缓解焦虑的方式。

霍妮强调，这三类应对策略与不同形式的神经症应对类型 78
并非一一对应。同一个体在不同场合可能使用一种以上的应对策略。这三类应对策略甚至可以同时存在，成为制造更多内在冲突的来源。正是这些冲突导致神经症的各种症状，如恐惧、抑郁、酒精成瘾等。①

当然，霍妮描述的这三类应对策略，并没有超出社会允许的正常行为准则范围——我们大多数人在不同的时间会求助于其中一类或几类策略，以此应对困难情境。那么，为什么有些人会被视为神经症患者呢？霍妮指出，当个体对这些策略的使用“几乎成为对人类价值观的讽刺”时，就可以被定义为神经症倾向——他们没有自由，缺乏自发性，不知道生命的意义，他们在追求安全和解决所有问题时，或多或少都有些绝望。当然，如果个体经常出现一些刻板的行为表现，也会被归结为神

① Horney, K. (1962). *Self-Analysis.* London: Routledge and Kegan Paul, p.69.

经症，比如，强迫性行为或行为僵化，而且不论外界环境如何变化，他们采用的行为方式几乎都是亘古不变的。

神经症人格的基础是自我体验的混乱。霍妮认为，由于存在基本焦虑，儿童开始认为自我和自己的情感卑劣而毫无价值。这种自我排斥（self-rejection）可能会因指向自己而被压抑，而这种压抑反过来又加剧了个体对自我的敌视感。此时，源自自我的消极体验和理想化自我之间的矛盾逐渐崭露头角。对于神经症人格的个体来说，理想化的自我形象建立在他人，特别是父母的戒律和价值观基础之上。这就导致他必须通过获得他人的喜爱和认可才能建立自我。但是，正如霍妮所言，这种自我形象的建立方式不仅不能刺激和促进个体的自我发展，反而成为一种阻碍。因为如果儿童一直否认自己的感觉，对他来说，自我发展将成为一种永远都无法实现的理想。

霍妮认为，神经症人格的焦虑和冲突通常源于自我否认，她进一步论述了神经症患者用来防御焦虑和冲突采用的辅助办法。第一，他们会将生活刻板地划分为不同部分；第二，他们忽视行为蕴含的意义，例如，即便某些行为与理想化的自我形象之间存在冲突，个体也不予理会；第三，他们采用难以捉摸的方式来保护自我，比如拒绝被牵制或自我承诺，采用合理化或冷嘲热讽来为自己的行为辩护。当然，在霍妮看来，神经症人格最常用的防御办法是外化（externalization），意指个体把情感和欲望都投向他人的倾向。一旦被投射，他人的态度和行为就成为神经症患者关注的焦点——他或她专注于“改变他
79 们，改造他们，惩罚他们，保护自己不受他们的干涉或给他们留下深刻的印象”。[①] 生命通过他人存在，而非自己。

霍妮认为，心理治疗的目标是帮助患者获得他们需要的

① Horney, K. (1945). *Our Inner Conflicts*. New York: Norton, p.117.

洞察力，以便他们可以改变自己采用的神经症策略，表达他们成长的潜能和能力。霍妮倾向于使用传统的精神分析技术，比如，自由联想和梦的解析，但她对患者的态度与传统的精神分析有根本不同。霍妮认为，精神分析师放弃中立立场是完全合理的，这样便可以在患者需要的时候给予鼓励或同情。霍妮也认为，移情分析是一种手段，可以了解患者目前与他人建立关系的方式以及患者婴儿时期与父母的关系。在《自我分析》（*Self-Analysis*）一书中，霍妮提出，即使没有精神分析师的帮助，个体也能克服阻力，分析自我。①

霍妮的作品详细描述了神经症这一人格类型的特点。霍妮的作品之所以能够获得读者的迅速响应，可能是因为她很好地描述了大多数人的自我体验以及与他人交往过程中曾经历过的情感和行为。然而，霍妮的观点却以某种教条主义的方式呈现——“要么接受，要么保留”。与其他新弗洛伊德主义者和弗洛伊德本人不同，霍妮很少为自己的观点提供大量支持性或实质性证据。这在一定程度上减弱了霍妮对精神分析发展的影响。霍妮提出的观点与其说是心理学理论，不如说是对神经症过程的一系列描述性介绍。

在接受了艺术家的训练并在欧洲各地游历了一段时间后，埃里克森最终定居在维也纳，成为一名教师。在维也纳，埃里克森接受了安娜对他的分析，并成为一名儿童分析师。第二次世界大战之前，埃里克森移居美国，开始传播精神分析思想。埃里克森尝试对弗洛伊德的理论进行阐释和扩展，他的扩展和补充极大地丰富了精神分析的内容，扩大了精神分析的影响范围。

和其他新弗洛伊德主义者一样，埃里克森对“社会环境对

① Horney, K. (1962). *Self-Analysis*. London: Routledge and Kegan Paul, p.69.

人格发展的影响”这一理论观点特别感兴趣。到美国后不久，埃里克森进行了两次人类学实地考察，研究苏族（Sioux）和印第安尤罗克（Yurok）部落儿童发展的传统模式。埃里克森的观察使他确信，人格建立在个人成长的社会文化模式基础之
80 上，这一模式反过来又与该社会赖以生存的经济和地理环境有关。因此，苏族人养育子女的方法培养了儿童慷慨而勇敢的个性，这种个性与大平原狩猎和游牧部落的传统非常契合。相比之下，尤罗克人依赖捕鱼，在祖先开辟的地方一起过着集体生活。他们的文化模式和养育子女的方法强调照顾、干净和获得财产。埃里克森并不认为社会环境、养育孩子的方式与人格之间存在直接的因果关系，而是认为“身体、心理和社会模式可相互同化、相互放大……”。① 埃里克森强调，只有把个体的行为和经验放在其发生的特定时间和文化背景下分析，才能得到恰当的解释。

在后来的著作中，埃里克森通过详细分析路德（Martin Luther）和甘地（Mohandas K. Gandhi）的心路历程进一步阐述这一主题。②③ 埃里克森最感兴趣的地方在于，路德和甘地为什么能对后人产生如此大的影响？埃里克森的心理传记技巧——对个人和文化呈现出的复杂而微妙的特质进行描绘的能力——似乎得益于他的艺术能力以及精神分析技术。

埃里克森强调，人格研究必须采用整合的视角。要想理解行为或经验的意义，不仅需要考虑这种行为或经验发生的文化背景，而且还要考虑与之相关的生理因素和自我过程，这

---

① Erikson, E. (1950). *Childhood and Society*. New York: Norton. Reprinted in paperback (1977) by Triad/Paladin, p.41.

② Erikson, E. (1959). *Young Man Luther: A study in psychoanalysis and history.* London: Faber.

③ Erikson, E. (1969). *Gandhi's Truth*. London: Faber.

些因素都是形成个体人格的一部分。只有和其他因素结合在一起分析，每种因素才会彰显其意义。这一观点不仅为埃里克森的《儿童期与社会》(*Childhood and Society*)(1950)一书提供了理论依据，而且也为他对同一性(identity)的研究提供了帮助。在埃里克森看来，“在我们这个时代，同一性的研究同样变得富有挑战性，就像弗洛伊德时代对性的研究一样”。① 埃里克森对决定同一性的各个过程进行了探索。他认为，同一性的形成取决于个体的拒绝和否认过程，也取决于个体对自我的身份认同。青春期是同一性发展的关键期。他认为，个体在这一阶段出现的许多明显特征——紧张的人际关系、小群体、理想主义——都反映了个体对同一性的关注。对青少年来说，从有压力的环境中解脱出来去探索可能的身份是非常重要的，埃里克森将其称为心理社会暂停(psychosocial moratorium)。否则，同一性混乱的风险就会增加，个体有可能会过早整合，导致后来出现同一性危机。

从埃里克森对整合的关注可以看出，埃里克森对个体的自 81
我功能非常感兴趣，他认为，自我是组织经验和指导行为的内在综合。② 然而，与其他精神分析学家不同，埃里克森并不关注自我可能采取的防御机制，而是关注促进个体健康的自我发展的过程。他强调游戏对儿童人格发展的重要性，认为游戏是人类发展各项能力的雏形。在游戏中，儿童通过反复实验和计划来掌握现实。③ 通过游戏，儿童可以锻炼自己的想象力，体验新的角色和技能。除此之外，游戏还可以帮助儿童内化社会

① Erikson, E. (1950). *Childhood and Society*. New York: Norton. Reprinted in paperback (1977) by Triad/Paladin, p.256.

② Erikson, E. (1968). *Identity: Youth and Crisis*. London: Faber, p.154.

③ Erikson, E. (1950). *Childhood and Society*. New York: Norton. Reprinted in paperback (1977) by Triad/Paladin, p.199.

文化中的模式和符号，使之与儿童增长的身体技能和社会表达能力相协调。

埃里克森对自我心理学最大的贡献在于，他借由生命周期（life cycle）概念提出了毕生发展观。他认为，个体从出生到死亡要经历八个阶段。每一阶段个体都要面临某种成长危机或转折点，危机的解决为儿童发展新的自我力量打好基础。每个阶段危机的解决都可能发展为对立的人格倾向。例如，在肛门期，个体面临的危机是自主（autonomy）对羞耻和怀疑（shame and doubt），青春期个体面临的危机是自我同一性（identity）对同一性混乱（role confusion）。在这些危机的相互作用中，个体自我的模式逐渐产生，最终成为个体人格的一部分。

埃里克森的著作扩大了精神分析的影响范围，引起了历史学家、心理学家及其他学者的注意。他的作品不仅使用了案例和插图的生动方式，而且说明了精神分析如何引领我们理解个人和文化。①

精神分析的其他发展

上文简要回顾了精神分析的主要发展脉络。精神分析还在继续发展，这些发展保留了弗洛伊德式精神分析的基本方法，但对精神分析的某些部分进行了实质性修改。

第一点修改是关于“个体精神生活的主要驱力”。弗洛伊德认为，这种驱力是本能，特别是性。在英国，研究者却采用了一种截然不同的思路，他们认为这种驱力是“客体关

① 如果你想了解有关埃里克森的理论，请阅读“心灵塑造者：心理学大师及其影响”丛书《埃里克·埃里克森：人类毕生发展的探索者》。

系”（object relations）。“客体关系”这一术语最初是克莱因在20世纪50年代提出的，至今仍有广泛的影响力。术语中“客体”一词指个体情感指向的对象。这个群体——最初包括温尼科特（D. W. Winnicott）、费尔贝恩（W. R. D. Fairbairn）和鲍尔比认为，我们主要的心理需求是与他人建立关系（也就是说，我们的基本需求是寻求他人，而不是寻求快乐）。正如戈麦斯（Lavinia Gomez）所言，我们“本质上是社会性的，我们与他人接触的需求是首要的，不能用其他需求来解释”。[1]鲍尔比在揭示情感依恋的重要性方面具有极大的影响力，而且他还阐释了童年早期的关系剥夺对个体人格形成具有的破坏性影响。[2][3] 82

在美国，科胡特（Heinz Kohut）则把注意力集中在自我体验困难或紊乱方面。[4]他认为（像霍妮一样），自我体验困难的表达方式有很多种，例如，对他人钦佩的无止境需求，对拒绝或批评过于敏感或对他人不现实的理想化。科胡特认为，自我体验困难的根源在于，在自我发展的早期阶段，个体需要完成不可避免的转变，从一个幼稚的自恋状态——在那里我们体验到自己是世界的中心——转变到日益意识到我们的孤立与无助。父母可以通过共情和反应来支持处在这一转变阶段的儿童，父母也可以通过成为儿童的理想化榜样来帮助孩子，这样，儿童和父母在一起时能感到身份认同和放松。在父母的支持和鼓励下，儿童发展出成熟的抱负和自我理想，这为以后赋

---

① Gomez, L. (1997). *An Introduction to Object Relations*. London: Free Association Books, p.2.

② Bowlby, J. (1971). *Attachment*. Harmondsworth: Penguin.

③ Bowlby, J. (1979). *The Making and Breaking of Affectional Bonds*. London: Tavistock.

④ Kohut, H. (1977). *The Restoration of the Self.* New York: International Universities Press.

予自己生命意义的能力提供了坚实的基础。如果没有足够的支持，个体可能仍然是脆弱的自恋者，并且很有可能用以下方式来面对问题：要么是伴随着自卑感的盲目幼稚和自大浮夸（我是宇宙的中心），要么把他人理想化，以便在生命中找到所谓的支持。科胡特是一个很有趣的人，他明确地指出，移情和内省是精神分析研究的主要方法，而且他在治疗中也采用这两种方法。鉴于科胡特极力推崇和使用移情和内省，他的观点在分析师中引起了相当大的争议。科胡特认为，自我体验紊乱的表达形式及应对方式将伴随着患者与分析师的移情关系而日益凸显。但科胡特强调，移情不仅对个体的早期发展很重要，而且具有非常大的治疗价值。然而，其他分析师担心，过度移情可能会破坏对有效分析至关重要的中立立场。

83 分析师与患者之间的关系应该是什么样的，对此，精神分析学家一直存在分歧。尽管弗洛伊德坚持严格中立的立场，以鼓励患者将潜意识和童年期的情感转移到分析师身上，但他对自己治疗的一些描述也表明，他曾积极参与治疗过程。① 从整体来看，今天的精神分析师可能比弗洛伊德时代的精神分析师采取更中立的态度。他们不愿意争辩，不愿意提供同情或谴责，不愿意分享任何有关自己的信息，因为他们害怕破坏患者对他们的移情，但这种中立立场到底要走多远，能走多远，究竟多有效，仍然存在相当大的争议。一些纯粹主义者反对任何事物对严格中立原则的入侵与破坏。② 他们把患者提出的所有问题都还给患者自己。如果分析师在治疗期间没有及时出现，甚至在治疗期间睡着了，其结果不是分析师向患者道歉，而是

---

① Doolittle, H. (1956). *Tribute to Freud*. New York: McGraw-Hill.

② Brenner, C. (1976). *Psychoanalytic Technique and Psychic Conflict*. New York: International Universities Press.

将其看作探究患者对分析师过失反应的很好契机。虽然这种态度可能需要相当大的自律，有时还会给分析师带来压力，但纯粹主义者认为，只有这样才能取得最好的治疗效果。正如布伦纳（Charles Brenner）所指出的那样，对失去亲人的患者表达同情，可能使他更难表达对亲人逝去的快乐或怨恨，或对逝者的负面感情。① 但其他分析师认为，过于冷静的态度可能会破坏而不是促进治疗，因为患者可能会对分析师不人道的冷漠感到特别不安。② 有些人主张建立治疗联盟，在这种治疗联盟中，部分互动以更接近正常人沟通的方式进行，旨在为患者提供足够的承诺，让他们接受分析师在治疗工作中保持中立的必要性。

与此同时，在与美国隔海相望的法国，一项颇有争议的事正在发展，而其他地方的精神分析学家基本上忽视了这一进展。这一进展源自拉康（Jacques Lacan）的尝试。拉康从结构主义语言学和符号学的角度重新解读了弗洛伊德的理论。拉康以其华丽的风格和非正统的方式吸引了相当多的关注。拉康的文章中有对别人的恶意中伤，偶尔也有惊人的见解。③ 对拉康来说，精神分析本质上是一种理解他人而不是治疗他人的工具。鉴于拉康的医学背景，拉康坚决反对把精神分析看作一个医学专业，认为精神分析类似于拓扑学和人类学，是一门理解人类处境的学科。精神分析可以帮助我们了解自己，发现有关人类和社会的普遍规律。在法国，拉康也反对人们将精神分析 84
专业化。他认为，训练中的精神分析师是否作好实践准备，是

① Brenner, C. (1979). Working alliance, therapeutic alliance, and transference. *Journal of the American Psychoanalytic Association (Supplement)*, *27*, 137–157.

② Greenson, R. R. (1967). *The Technique and Practice of Psychoanalysis*. New York: International Universities Press.

③ Lacan, J. (1977). *Ecrits: A Selection*. Translated by A. Sheridan. London: Tavistock.

一个与分析师自己的心理成熟度有关的问题。而准备得好与坏，只能由专业的分析师来评估，没有一套正式的标准。拉康的工作重点在于揭示潜意识的语言及其结构。拉康深入研究了自我心理学的发展，认为自我心理学淡化了精神分析的主要成就，因为精神分析的主要成就在于对潜意识和性的力量进行阐述，并坚持认为人不受理性的控制。拉康把精神分析疗法看作一种试图通过语言来解放患者的尝试。不管精神分析把自己看作是一种治愈疾患，形成机制的工具，还是对患者进行深入解释的工具，精神分析都只有一个中介——患者的语言。①不幸的是，与弗洛伊德作品的可读性相反，拉康作品使用的词汇比较晦涩，难以理解。拉康甚至为自己辩护，潜意识本身具有的神秘性证明他在措辞中故意含糊其词是有一定道理的。拉康广泛使用文字游戏和双关语并不仅仅是率性而为，因为它们也反映了潜意识本身的特点。当然，是否有必要运用潜意识的语言来分析其运作模式，本身似乎就是一个有争议的问题。弗洛伊德不赞成这样的方法。甚至连拉康最忠实的追随者也认为拉康文字的深沉和隐喻对于理解拉康思想来说是一种妨碍，“他的作品故作神秘，用一种不容易破译的音乐句法”。②另一些人则认为拉康的作品具有本质模糊性，试图总结拉康的思想似乎是一项不太容易的事业，就像试图翻译某些诗歌一样。③④这种神秘作品蕴含的思想似乎不太可能产生持久的价值。

① Lacan, J. (1968). *The Function of Language in Psychoanalysis*. Baltimore and London: The Johns Hopkins University Press, p.9.

② Lemaire, A. (1977). *Jacques Lacan*. Translated by D. Macey. London: Routledge and Kegan Paul.

③ Wilden, A. (1968). *The Language of the Self.* London: The Johns Hopkins University Press.

④ Boutonier, J. (1950). In a review of the republication of *Lacan's Propos sur la Causalite Psychique*, 1947.

在人格理论和治疗方面，还存在其他的发展，这些发展虽然植根于精神分析，但已经坚定地走出了困境。例如，莱因起初是一名精神分析师，但他受到存在主义思想的巨大影响，开始专注于个体成长经历和人际关系的复杂性。莱因认为，个体的自我意识源自他人的评判。然而，我们不可能永远知道他人的真实想法，因此我们只能推断。他相信，在我们需要他人以及与他人沟通产生的挫败感中，许多不满的种子渐渐发芽。在后来的作品中，莱因将注意力集中在研究子宫内生活对个体超越排名的影响。母亲的情感状态——她的拒绝或接受——通过 85
建立的共鸣装置传达给她的胎儿，从而为其以后的生活定位奠定基础。

精神分析的发展模式

在精神分析的发展过程中，出现了一些与弗洛伊德最初的思想相悖的观点，这些观点的发展模式可分为三大类。

1. 很多分析师通过强调生命周期其他阶段的重要性来反对弗洛伊德过分强调生命前五年的观点。比如，克莱因强调出生第一年的重要性，兰克强调出生顺序对个体发展的影响，荣格强调个体发展不仅停留在生命前五年，在成熟的岁月里个体人格也在发展。

2. 其他理论家，如阿德勒以及其他秉持新弗洛伊德主义的研究者，一直聚焦于纠正弗洛伊德对性欲和潜意识动机的过分关注，并强调意识和自我功能的重要性。这一发展有多种形式，一些人，比如安娜和哈特曼，一直在扩展弗洛伊德关于防御机制和自我的原始思想，而另一些人，如弗洛姆，则将注意力更多转向了生存立场，并从存在主义视角来看人类存在意识的能力对人格发展产生的影响。

3. 还有一些分析师更关注社会文化对个体人格的影响。例如，霍妮和弗洛姆在这方面很活跃。

秉持新弗洛伊德主义的精神分析学家在精神分析方面的发展模式不单单归为以上某种类型。例如，埃里克森对精神分析发展做出的贡献在以上这三大类均有体现。埃里克森不仅关注自我的重要性，而且一直在探索自我的力量及其防御机制，除此之外，埃里克森还将个体的自我发展阶段从童年期扩展到老年期。埃里克森的理论在本质上也主张心理的社会化立场——他探索社会化环境及其与个体的互动在塑造个体人格发展方面的复杂方式。

虽然弗洛伊德理论的这些发展模式侧重点不同，使用的概念不同，但它们存在一些共同的特征。例如，所有这些理论的提倡者都强调人格发展是动态的，具有动力性。他们都承认个
86 体的行为是目标导向的，并受制于影响人格和行为的复杂因素带来的冲突。他们都认为行为和经验受潜意识动机的影响，童年的经历和发展对成年人的人格有重要影响。如果前人没有分门别类地对精神分析的发展模式进行评价，那是因为它们在认识论上的地位基本相似。第二部分对精神分析的实质的一般评价也适用于它们。

尽管如此，不同理论视角的存在使人们对精神分析的价值产生了怀疑。这些不同理论的内容怎么可能全都是正确的呢？当然，这些理论的许多不同源于术语或表达方式的不同，也就是说，尽管它们的表达方式看起来差异很大，但似乎表达了同样的内容。或者，差异可能源自理论的重点不同，或者不同理论只是详细阐述某些不同主题而已。比如，弗洛伊德强调或详

细阐述了潜意识动机和性欲理论，因为对他来说，这是人格理论的重要方面，是最核心但发展最不好的方面。但这并不代表弗洛伊德没有意识到意识功能的重要性。有些理论方面的差异看起来更为基础，即使是这样，也未必意味着这两个理论中只有一个是正确的。因为对这些理论的评价必将以人类命运共同体为前提。当然，个体本身比理论存在更多的差异性和多样性，这样理解似乎更为合理。虽然某一理论对解释某个人来说可能很适合，但它可能与另一个人无关。因此，理论之间可能存在矛盾，但每个理论都有各自的价值。从另一个角度来看，这一问题可能源自理论家过度概括的倾向，他们通常认为，从某些特定的人身上得出的理论必然也适用于全人类。

第二部分　精神分析的本质

在介绍了弗洛伊德精神分析的各部分之后，我们来了解精神分析的本质。第二部分的章节不仅会分析弗洛伊德理论的各种观点，而且还会批判性地对基于这些观点的学术研究进行回顾。另外，各章节还会专门探索他人对精神分析的批判性评价以及精神分析对我们理解他人产生的影响。

虽然很多研究只是评价了弗洛伊德的观点，但评价本身就已经在更广泛的角度上扩展了精神分析的方法和内容。因为，正如我们所看到的，尽管精神分析源自弗洛伊德时代，但该理论不仅映射出了精神分析方法的实质，而且对当今社会仍有着不可估量的影响。正如比利格（Michael Billig）所言："弗洛伊德是精神分析领域的领军人物。后来的著作要么是与他争论，要么只是对零散问题进行个性化整理。"①

第八章指出，弗洛伊德精神分析的主要贡献在于它的整合功能（integrative function）和语义功能（semantic function）。整合功能是指，精神分析至少在某种程度上让我们对精神生

① Billig, M. (1999). *Freudian Repression: Conversation Creating the Unconscious*. Cambridge University Press, p.5.

活的不同来源（生物学方面、社会环境方面以及早期的童年经验）加以思考和关联，它还为我们提供了一种将不同来源之间的冲突概念化以及解决这些冲突的方法。语义功能是指弗洛伊德的概念和方法能帮助我们理解心灵的语言——通过渗透到意识之下来获取行为的意义。贝特尔海姆对童话的解释很好地说明了这一点。虽然精神分析能为我们理解行为提供非常多的解释，但精神分析的有效性究竟如何？不管在什么情况下，能不能用“有效性”这样的概念来评价“精神分析的解释效力”？这是第十一章要讨论的问题。

第十章的核心目标是评价弗洛伊德在科学上的贡献。这是
88 一个至关重要的问题，因此，这将是本书中篇幅最长，而且在许多方面最晦涩、最难阅读的一章。当然，这也在意料之中。尽管弗洛伊德声称自己的理论是从他的临床观察中得出的，但实际上，临床观察对他理论的构建起到的作用相对较小。尽管弗洛伊德认为儿童早期性心理发展是精神分析的核心，但他并没有对儿童进行正式观察。第十章还探讨了弗洛伊德理论的复杂起源——基于时代的思想观念，弗洛伊德自己的生活经验以及他的自我分析。他的贡献就在于，他详细阐述和整合这些不同来源的材料，并使之成为一个连贯的理论。

弗洛伊德的理论究竟怎样才能得到验证？精神分析流派的分析师们一直不愿意以某种令人满意的实证主义方式来陈述这个问题。尽管如此，这并不妨碍心理学家和其他研究人员广泛使用实验法、问卷调查法、观察法和人类学研究法等收集数据的方法进行成千上万个相关研究。本章对与弗洛伊德理论有效性相关的问题，尤其是与弗洛伊德核心理论相关的议题进行了广泛回顾和整理。最后，本章就“弗洛伊德表达观点的方式是导致它们难以甚至不可能接受科学的检验”这一关键问题进行了讨论，这引出了另一个根本性的问题——精神生活现象究竟

在多大程度上能经得起科学的检验?

第十一章直接讨论这个问题——为什么精神生活是一个很难调研的课题?该章描述了“精神生活”这一关键主题。精神生活——我们对自己以及周围世界的感知和思考方式——本质上由意义构成。这一章的主要观点如下:运用科学方法来研究意义本身就存在问题。因为精神生活源自人脑的建构,它不像物质一样独立存在于这个世界上。因此,精神生活没有精准的定义,它取决于观察者的角度,具有可变性,而且总是愿意接受协商。而协商本身就是社会生活和心理治疗的本质特征。第十一章指出,真正的心理科学需要的是一种解释学视角。这种视角认为,行为和经验不是客观的事实,只有通过解释,行为和经验的编码意义才会浮现。弗洛伊德的特殊贡献在于他采用了一种深度解释,这种解释旨在对即便是我们自己也无法解释清楚的事件进行意义挖掘。

所有的理论都源自理论家对个人和特定社会背景进行的意义建构。第十二章和第十三章以弗洛伊德为例,探索理论与创建者之间的关系,理论发展与理论起源的知识和文化背景之间存在的双向互动。

第十二章采用心理生物学方法对弗洛伊德及其理论观点进 89
行研究。这种方法试图将精神分析中的关键主题与弗洛伊德童年和成人时期的成长经历以及他生活和工作的文化环境建立起联系。这种方法提醒我们,许多精神分析存在特殊性而非一般性。正是精神分析起源的个性化使得某个心理动力学观点可能会引起一些患者(或读者)的共鸣,而其他人则没有这样的感觉。比如,俄狄浦斯情结这一概念,对一个在父权家庭中长大的人来说可能非常重要(弗洛伊德就是这样的),但未必适用于今天的父子关系。

第十三章的研究重点从个人转向社会。该章的开篇批判性地回顾了弗洛伊德的后期著作。弗洛伊德推测了社会及制度的起源，个人与社会之间关系的动力性和动态性。然而，第十三章的重点在于探讨弗洛伊德有关人的概念对当今文化的影响。弗洛伊德的精神决定论和潜意识需求理论可以帮助我们理解人的责任感。精神分析认为，道德选择可能仅仅是婴儿潜意识需求的反映，其目的是宣扬道德相对主义。这一章总结说，道德真空的产生可能是文化进程中的必经阶段，但的确也是需要超越的一步。

第十三章提出了一个问题：弗洛伊德及其精神分析究竟对我们今天的生活有多重要？尽管在评价弗洛伊德的理论的过程中出现了很多批评和负面的声音，但这些负面评价也成为精神分析在公众中具有持续影响力的原因之一。因此，笔者试着从弗洛伊德的理论中筛选出有价值的和可以舍弃的。我们得出的一个结论是：精神分析存在一定的局限性。如果精神分析能试着汲取生物学和心理学一些相关的、有见地的研究，那么精神分析对人性概念的理解就会更加丰富。通过分析“爱因斯坦和弗洛伊德对战争原因的差异反应”，我们可以发现，弗洛伊德的精神分析在解决现实社会问题方面的确存在严重的局限性。

然后，第十三章又讨论了另一个关键问题——如果弗洛伊德的理论行不通，那么我们能用什么来代替它呢？我们怎样才能超越它呢？第十三章简要探讨了两种可能的方法。一种方法是辩证心理学思想。这种思想接受构成经验自我的意义具有不断变化的本质特点，承认精神生活的不同起源（生物学方面、社会环境方面和早期的童年经验）并探讨它们之间相互作用的必要性。精神分析认为，精神生活对我们的日常生活影响巨
90 大，并且精神分析为我们理解这种影响提供了有力工具。而辩

证心理学的目标恰恰也是为我们提供探索和丰富自我意识的方法和手段。另一种方法是找到一种更为基础的理论，来帮助我们理解解释人类行为的基础理论框架。借助这样的基础理论框架，我们可以更好地理解自己。

91 第八章　整合与解释

我认为，精神分析在帮助我们理解社会行为和经验方面最重要的两个特征是，它提出的整合功能和语义功能。

精神分析把每个人看作一个整体模型。这个模型涵盖了个体行为和感受的诸多不同来源。整合功能可以帮助个体将来自不同方面的、需要整合的信息进行概念化集成。因此，生物和环境以及重要他人的影响，就构成了本我、自我和超我的力量。精神分析关于人类境况的核心观点是，我们在儿童时期经历的一切，在我们成年时仍然存在。精神分析还为我们提供了一些概念和方法方面的工具，旨在帮助我们深入了解个体整合背后的多个决定因素、多个意义及其之间的相互作用。防御机制有助于我们了解自己内部冲突力量的多种整合方式。它们不仅适用于理解经由欲望或挫折带来的冲突，还能帮助我们理解与人类生存本质相关的问题的解决办法。例如，分析师很可能倾向于把面对肉体和精神死亡时个体对来世的信仰，看作是“否认”——一种解决和防御冲突的方式，所有人都会以某种形式来面对这种冲突——渴望生存与最终死亡所带来的意识层面的冲突。

精神分析的语义功能指精神分析在帮助我们破译心灵语言方面，以及在帮助我们理解并意识到潜在意义的丰富性和复杂性方面所起的作用，正是这些潜在意义的丰富性和复杂性构成了我们行为和精神生活的微妙性甚至相悖性。在前面章节，我们已经列举了非常多的例子，梦、幻想、失误行为、口误、生活中象征性语言的使用都隐含新的意义。精神分析的语义功能让我们以一种新的方式聆听精神病患者的喋喋不休，以一种新 92
的视角看待幼儿对身体机能的关注、他们玩耍的本质，以及他们说话的内容。

精神分析教会我们，认识事物时需要透过外显看本质。一个人选择成为牙医，可能不仅仅是兴趣和能力在起作用，恰当的社会背景、恰当的时间和恰当的地点，这些因素也很重要。当然，我们还要寻找选择潜在的心理意义。例如，这是一个多么好的机会，它可以让个体在不伴随内疚的情况下表现出攻击行为。当然，这并不是说所有牙医都遭受到压抑的攻击性的折磨，也并不意味着所有牙医都是牙医的子女，只是因为这可能是影响个体职业选择和促进职业满意的因素之一。

精神分析还教会我们，要用非理性的逻辑思维来看待问题。对立面的矛盾性共存，是人类行为的共同特征。从精神分析角度来看，这种特征很容易理解。残酷与基督教理想的奇特结合，是宗教裁判所牧师和猎巫者（witch hunters）的特征，乍一看似乎自相矛盾，然而，从精神分析的角度来理解，便会发现这个组合很有意义。通过证明他们的行动是在追求更高的理想，攻击性甚至性冲动就可以在没有道德良心冲突的情况下表达出来。比如，巫婆，总因为其放荡、恶毒的思想和行为而被谴责，然而，如果个体频繁指控巫婆则意味着投射。从这个角度来看，巫婆的存在实际上为巫婆的指控者折磨和指控巫婆提供了合理理由和机会。对于指控者来说，检查身体的普遍方法——在裸露身体的每一处检查是否有针刺的痕迹，也被看作是一种妥协或象征性的满足。

除了对行为进行研究，精神分析还为我们看待文化的各个方面开辟了新的视角。神话和童话的功能就是很好的例子。精神分析学家认为，神话和童话的普遍吸引力往往在于它们象征着人类在正常发展过程中普遍经历的基本冲突、感情和欲望。古代神话中充斥着杀父、阉割、乱伦，以及吞食龙和怪物的口唇期攻击性的故事情节。“俄狄浦斯”这一主题不仅出于神话，很多情节也源自神话。在古希腊神话中，克洛诺斯（Kronos）受母亲怂恿阉割了他的父亲乌拉诺斯（Uranus），并预言会被自己的孩子推翻，因此，孩子一出生便被他吞了下去，只有宙斯在母亲的帮助下幸免于难。最终，宙斯成年以后逼迫父亲吐出自己的兄弟，并率领众兄弟推翻了他。正如弗洛伊德所言：

> 每个民族的神话，都不乏描写父女之间以及母子之间不正当男女关系的例子，其中以希腊神话最为明显。王室
> 93 族谱演化的复杂性，不亚于宇宙学，很多情况下，是建立在乱伦基础之上的。你认为这些传说是基于什么目的而创作的？是为了把神明和国王当作罪犯？还是为了把人类的憎恶钉在他们身上？不，答案与此相反。乱伦的愿望是人类进化的原始愿望，而且这种愿望没有被人类充分克服。因此，当大多数人已经到了不得不放弃这种愿望的地步时（受制于伦理和道德良心），他们选择将实现这种愿望的使命投射给众神及其后代。而且我们惊奇地发现，在个体的童年时期，乱伦的愿望仍然存在并运作着，这与历史和神话故事带给我们的启示完全一致。①

① Freud, S.(1926).*The Question of Lay Analysis*. Standard Edition, vol.XX, pp.126–127.

童话的主题和形象也能反映儿童精神世界蕴含的意义。在童话中，年纪较大的人物通常有着截然相反的性格特点——邪恶的女巫或丑陋的继母与仙女教母、邪恶的巨人或妖魔与仁慈的国王——这可能象征着儿童心中父母矛盾的形象。年轻人和老年人之间充满敌对情绪的主题也很常见——白雪公主与她的后母——王后之间的抗争，汉塞尔（Hassel）和格莱特（Gretel）与巫婆的抗争，杰克与巨人的抗争。通常，年轻英雄胜利的标志是砍下食人魔的头。难道从这个象征阉割的动作中看到一个象征阉割的姿态会太不切实际吗？另外，残害的主题也经常出现在童话中。在《白雪公主》这个故事中，邪恶的王后命令猎人们去杀死白雪公主，挖出她的肺和肝脏，以便王后可以吃掉它们。在《灰姑娘》的故事里，丑陋的继母和她的女儿们为了穿上金色鞋子而削下脚趾头（王子注意到她们袜子上的血迹）。[①] 童话中这类事件不少，这至少表明，对儿童来说，切割器官的想法并不陌生，阴茎妒羡和阉割焦虑在儿童的世界中并不是异常现象。即便豌豆很小，藏得很隐蔽，没有人可以看到它，公主也能感觉到它的存在，代表了女孩对阴茎缺失的否认，它表明无论如何，即使没有人能看到，她也能感觉到阴蒂（豌豆）在那里。

童话中口头攻击的频率也值得我们注意。例如，《三只小猪》中大灰狼对小猪的威胁，《小红帽》中大灰狼对小红帽的威胁。另外，吃东西会导致恶果也是常见的主题——白雪公主吃了毒苹果，汉塞尔和格莱特在糖果屋的经历就是两个典型的例子。在过去几代儿童的脑海中，这些难道不会唤起潜意识的共鸣？当咬着乳房时，婴儿会产生担心乳房被收回的恐惧吗？ 94
至少，这可能意味着儿童越来越意识到需要控制自己的欲望。

---

① Grimm, J., & Grimm, W. (1968). *Fair Tales*. London: Hamlyn.

这样的解释并不意味着神话和童话的作者在设计神话和童话时对其隐含的意义有任何自觉的意识，只是像自然选择一样，历代流传下来的故事之所以如此，是因为它满足了那些听到它的人的潜在的意识冲突和情感。

贝特尔海姆在他的敏感性著作《魔法的使用：童话的意义和重要性》(*The Use of Enchantment: The Meaning and Importance of Fairy Tales*）中提出，童话不仅表达了儿童最原始的潜意识冲突，而且还帮助儿童接受这些冲突。[①] 童话主题的变换标志着儿童成长的方向。例如，需要超越依赖走向独立，从快乐原则到现实原则的转变，接受分离，把感情从父母转向合适的伴侣。其中，俄狄浦斯情结（恋母情结）和婴儿性意象是常见的主题。比如，《杰克的豆茎》(*Jack's Beanstalk*）这一童话讲到，在杰克睡觉的时候，他用牛换来的豆子从地面上长出来，像阴茎一样径直长到空中。杰克爬到豆茎顶端，在城堡顶部发现了可怕的巨人，如果巨人抓住杰克，就会把他吃掉。但是，杰克在巨人妻子的帮助下，成功地战胜了巨人，偷走了他的魔法财产并最终逃脱。这位巨人的死亡是由杰克砍断像阴茎一样的豆茎造成的。贝特尔海姆认为，在不同的故事中，有多种方法可以帮助孩子解决俄狄浦斯冲突，并发展出成熟的人际关系。童话中另一个常见的主题是整合或一体化，即人格的各方面之间需要合作。这种主题认为，自我的主动性很重要，但来自本我的帮助以及聆听超我的声音也很重要。不管怎样，由于童话的主题都是用符号和图像来表达的，所以儿童可以将它们存储在脑海，但不一定能够用语言表达出来。尽管如此，每个儿童都可以从故事中获取他需要的资源。

---

① Bettelheim, B. (1976). *The Uses of Enchantment: The Meaning and Importance of Fairy Tales*. London: Thames and Hudson.

也许你可能会觉得上面的解释太牵强。如果是这样的话，我会再次强调先前提到的一点，儿童的经验和世界以及潜意识的运作，与一般成年人意识层面的世界有着质的不同。儿童的身体功能和来自世界的具体形象（而非文字和抽象思维）支配着儿童的经验，使其情感的表达更加丰富多彩。儿童的经验以自我为中心（皮亚杰所认为的儿童对世界的认知方式），以他们的自身感知和想象为中心。对儿童来说，幻想和现实一样重要，故事书中的巨人不仅仅是一堆由不同颜色和形状构成的 95
物体，而且很有可能，就像住在隔壁的独眼男人一样真实而可怕。如果不是这样，我们如何解释神话和童话中出现的主题和形象，为何被成年人有意地驱逐出现实？

精神分析不仅可以解释童话和神话中出现的主题，还可以解释小说和戏剧——解释莎士比亚著作就是很好的例子。而且，精神分析对这些创作的解释与我们在日常生活中对自己和他人的解释并无多大不同。然而，这并不意味着精神分析的语义贡献是无效的。如果人们在日常生活中或者作家在写作过程中缺乏解读心灵的语言，这将是令人惊讶的。精神分析的特殊贡献之一在于，它倡导的解释深度以及它为心灵语言提供的系统表述。还请记住，弗洛伊德的思想已经被我们的文化所吸纳，它已经成为我们用于分析和解释世界的有力武器。

笔者认为，除了提供有关人精神世界全面、完整的概念之外，精神分析的主要价值在于其语义价值——解释行为和语言背后蕴含的意义。精神分析显然有能力提供这样一种解释，来揭示人类复杂而有差异性的行动、经验和思想背后所蕴含的意义。然而，最关键的问题是，我们如何确保精神分析提供的解释是准确的？根据精神分析，即使是最直接的行为背后也可能隐藏着多样和复杂的意义，因此，行为可能如它表面看起来那样，也可能具有与之完全相反的意义。一个行为背后可能同时牵扯两三件事情。我们怎么才能知道行为的真正含义呢？例如，我们如何知道，一个富有敌对性的行为是攻击性的直接表现，是对其他目标的攻击性转移，还是一种潜在喜好或欲望的反向形成（由于某种原因，直接表达攻击会引起冲突）？

不幸的是，答案并不那么容易找到。密切关注行为可能会对解释有所帮助。比如，在上面提到的攻击性例子中，如果攻击性表达是一种反向形成，那么攻击就有可能过头或有人为的
96 痕迹。因此，行为中可能存在与攻击性姿态不一致的方面或细微之处。我们仔细观察这些不一致的方面和细微之处就能确定这种表达是不是反向形成。因为个体潜在的真实感觉可以通过小动作、用词或在当事人放松（比如，疲倦或者喝了几杯酒）的时候表达出来。正如前面章节所讲到的，分析师可以借助梦的解析、自由联想等多种方式来寻找更多、更深层次的线索。而分析师的任务是找到某种一致的模式。因为单凭一个行为来确定行为的意义通常是困难的甚至是不可能的。从与行动和经验总体模式相一致的角度来看，任何解释都不过是一个工作假设，其正确与否取决于该解释是否与个体整体的经验模式相一致。

这种分析程序绝不是精神分析独有的。在日常生活中，我们不断地通过感知模式来理解情境。精神分析的优点在于它扩大了我们对情境的理解能力。在这种能力的帮助下，我们更容易理解日常感觉和行为背后的模糊性。如果我们理解“移置”的概念，并且我们知道约翰刚刚和他的女朋友吵完架，那么约翰看似无缘无故地拍了妹妹的头这件事情就变得容易理解了。安东尼娅（Antonia）在混乱无序和强迫性秩序之间来回摇摆，这种行为看起来好像很奇葩，但如果我们认识到这种人格特征源自残留的肛门期冲突，那么这种行为就容易理解了。一方

面，个体在儿童期能在脏乱中体验到愉悦的感觉，于是不想摆脱这种愉悦的状态，保留了脏乱和无序的状态；另一方面，个体又迫于外在需要（父母、他人等社会环境的要求）必须在适当的时间和地点做恰当的事情，因此发展出了强迫性秩序感。

当我们使用精神分析的概念，并用它们来感知行为模式时，会遇到的一个困难是，该模式中的许多部分和联结不可避免地存在多种解释。还是以前面讲到的拼图类比法为例，如果把对个体行为或经验的解释比作拼图块，把对行为或经验的感知比作最后完成的拼图，那么我们将发现许多拼图都有不同或各异的形状。这不仅使将它们组合在一起的任务变得非常困难，而且使我们很难确定最终得出的模式是否准确而恰当。

解释是一种技巧，一种艺术，而不是将一种意义与一种表现形式相匹配的机械化过程。解释的复杂性和困难以及无法对其有效性进行直接检验的事实，使其存在被滥用的可能性。然而，解释的可疑性以及解释本身的局限性并不意味着精神分析是无效的，正如基督教的基本原则经常被基督徒的行为所驳斥一样。相反，它们确实引发了人们对精神分析科学地位的关注。

第九章　精神分析是一门科学吗?

精神分析对个体行为和经验的解释，依赖于一系列概念和程序（如自由联想和梦的解析）的应用，旨在从行为或经验的外显意义推导出其潜在含义。而这种推导过程至少在一定程度上又取决于一系列命题，这些命题旨在解释为什么某些特征的行为会出现。例如，“肛门期人格”这一概念取决于这样一个命题——特定类型的儿童期经历对成人人格产生特定影响。弗洛伊德经常提及或暗示，类似这样的方法、概念和命题主要来源于他在治疗中对患者的观察。那么，这种说法到底有多真实？这类观察能为弗洛伊德的理论提供什么样的依据？

弗洛姆是一位有经验的分析学家，他认为精神分析的过程是“非常科学的”。他指出，分析过程包括详细的观察和推导推论，并在此基础上形成假设，然后继续检验这些假设——至少，要验证它们的可信程度。

> 我听患者讲了30小时了，结合他讲的一些梦，我内心形成了一个基本假设。当然，接下来我再听他讲30个小时，再结合他讲的30个梦，来证明或者反驳我的假设。然后，我会形成一个新的假设。我进一步搜集更多的材料，但就我的假设而言，最终从患者那里得到的任何进一步的信息都可能有意义，也可能没有意义。我可以花一段

> 时间分析一个人，结果也可能是我并没有真正了解他。然后，经过6个多月的分析，每一件事情的点滴突然开始浮出水面，我豁然开朗："是的，这才是真正的结构，这让我理解他为什么会出现这样的症状。"①

评估精神分析是否科学的困难之一在于，精神分析疗法的详细记录不够完善。塔维斯托克研究所（Tavistock Institute）的图奎特（P. M. Turquet）曾对一名17岁男孩（由于学业成绩不佳）进行分析并予以记录。哲学家法雷尔（B. A. Farrell）对此记录进行了非常有趣的评论，他提到，分析师采用的方法非 98
常不同，没有理由认为图奎特的工作方式与弗洛姆或弗洛伊德一样。②但是，法雷尔也指出图奎特的工作方式的确有许多特性，这些特性似乎是所有精神分析治疗普遍具有的，尽管他描绘了一幅与弗洛姆截然不同的画面。

法雷尔认为，最初患者不清楚自己的治疗情况，这种不明确很可能引发患者的焦虑。在咨询中，患者没有得到关于如何反应的直接指导，她不知道分析师对她的期望是什么，她提出的任何质疑和挑战都会被当作进一步的问题返还给她。分析师和患者之间的关系是有意设计过的，目的是鼓励患者移情和接受暗示。因此，在很大程度上，患者所说的部分内容是由分析师的反应和兴趣提供的强化形成的。如果分析师对患者的影响只是间接的，那么分析师会鼓励患者根据分析师的能力来选择谈论的主题，进而从分析师那里得到回应，并以一种与分析师的解释相一致的方式来谈论和思考这些主题。事实上，法雷尔

---

① Fromm, E., & Evans, R. I. (1966). *Dialogue with Erich Fromm*. New York: Harper and Row.

② Farrell, B. A. (1981). *The Standing of Psychoanalysis*. Oxford: Oxford University Press.

认为，至少在某种程度上，分析师的方法与其说是一种发现的方法，不如说是一种用自我证实的方式来创造他想要发现的事实的方法。

弗洛姆和法雷尔的观点虽然不同，但似乎都暗示着事实就在那里（或可能在那里），治疗假设可以通过客观观察来推演或证实。但是，正如第一章所指出的，没有哪个理论或观察只是对现实的客观反映。所有的发现和理解都包含建构。任何观察都需要我们选择我们想要观察的内容，用什么方式去看待这些内容，它要求我们选择一个视角和类别来概念化和描述它。就像物理学家为了测量他感兴趣的东西构建了特殊的测量工具一样，精神分析学家可能会认为分析师需要让他的患者以某种特定的方式来谈论某些事情，从而使分析师得到他想要得到的信息。

尽管如此，精神分析似乎仍然存在一些特殊的逻辑：一方面，精神分析的概念是精神分析师从对患者的观察中得到的；另一方面，在进行这种临床观察之前，也需要这些概念。作为对这种批评的回应，首先，我们需要问的是，弗洛伊德的理论在多大程度上是以这种方式衍生出来的？其次，我们需要记
99 住，正如皮亚杰的著作所表明的那样，用自己的力量来提升自己的过程是发展的一般特点。用皮亚杰的话来说，发展既包括同化（assimilation）——根据你现有的结构来为感知到的东西建构序列，也包括顺应（accommodation）——对已有的结构进行必要修正，以便更好地处理新的经验。我们可以把这一相互过程类比为一个归档系统，新输入的项目被归入原有的类别（同化），但是，随着系统的进化发展，原有的类别将被修改，新的类别将被创造，以便衍生出更好或更有效的分类系统（顺应）。我们可以用这种方式来理解弗洛伊德理论的发展。一开始，弗洛伊德试着以训练有素的生理学家所能接受的概念、理论和思维方式来解释患者告诉他的事情。而这些概念、理论和

思维方式不仅来自科学和医学，也来自日常生活和弗洛伊德从语言、哲学，以及其他文化和艺术方面汲取的知识。因此，事实上，精神分析的大部分核心假设并不起源于弗洛伊德。正如我们在前文已经看到的，潜意识的力量这一假设是沙可和伯恩海姆在临床中发现的，后来又得到了布洛伊尔的证实。而潜意识思想的重要性及意义，早在弗洛伊德之前，就已经被几位哲学家所预测，特别是叔本华（Arthur Schopenhauer）和尼采（Friedrich Nietzsche）。怀特（Lancelot Whyte）在《弗洛伊德之前的潜意识》(*The Unconscious Before Freud*）一文中指出，潜意识心理过程的一般概念大约在 1800 年形成，在 1870—1880 年左右开始流行。① 无可争辩的是，到了 1870—1880 年左右，潜意识思想的一般概念在欧洲早已司空见惯，而且几十年来，人们一直在积极讨论这种思想的许多特殊应用。怀特指出，尼采发明了“超我”一词并对“升华”有所介绍。如前所述，弗洛伊德关于本能的思想受到达尔文进化论的影响。在弗洛伊德 16 岁的时候，莫兹利（Henry Maudsley）曾提出性是社会情感的根源，克拉夫特–伊宾（Richard von Krafft-Ebing）后来宣称性是利他主义和道德表达的源泉。②③ 在弗洛伊德《性学三论》出版的 8 年前，他的竞争对手莫尔（Albert Moll）就写过关于儿童性心理发展阶段的文章。④ 而在《性学三论》出版的 5 年前，艾利斯（Havelock Ellis）就描述过儿童在口腔和肛门刺激中感受到快乐，并将母乳喂养和成人性的结合进行了生动的类

---

① Whyte, L. L. (1978). *The Unconscious before Freud*. London: Friedman.

② Maudsley, H. (1872). An address on medical psychology. *British Medical Journal, 10*, 163–167.

③ Krafft-Ebing, R. von. (1899). *Psychopathia Sexualis*. London: Rebman.

④ Moll, A. (1897). *Untersuchungen über die Libido Sexualis*. Fischer’s Medicinische Buchhandlung. Berlin: Kornfeld.

比。[1][2] 当然，俄狄浦斯这一主题很容易在神话和文学中找到，而莎士比亚的作品（以及其他作家的作品）也与弗洛伊德描绘的投射、反向形成和抵消等防御过程不谋而合。

100 当然，所有这一切绝不是在否定弗洛伊德的成就。这也不是弗洛伊德对前辈的剽窃。在这里，我们想表达的是，弗洛伊德的贡献几乎和所有科学进步一样，是在利用和转变已经存在的东西的基础上完成的。然而，虽然精神分析的素材已经存在，但正是弗洛伊德，凭借他的特殊才能把这些素材加以扩展、详细阐述并通过关联，整合到一个连贯的理论中。在这个理论中，如果有哪些地方不足以契合弗洛伊德的观察结果，他就对其进行修改。因而，精神分析也并非一成不变。在弗洛伊德的一生中，他的理论一直在通过同化和顺应而不断演变。弗洛伊德放弃了早期的诱奸理论，修改了本能理论，将攻击行为也囊括在内。弗洛伊德将理论重点从强调性欲理论的意义，转向更多地考虑自我过程。

在这里，我要强调的是，弗洛伊德的理论不应被简单地视为完全是从他对患者的观察和对自我的分析中得出的，也不能在忽略其性质的情况下将其视为一种基于数据的完全自证的建构。弗洛伊德的思想代表了对广泛知识和想法的复杂整合，并被他用于理解与患者的谈话。至少在某种程度上，这种整合为精神分析的发展和修改提供了依据。

正统科学研究的最大优点在于，它们有能力阐释某种理论的精确效度——换句话说，能够明确地证明理论与它要解释的现象之间的契合度。在这方面，精神分析的科学地位还有待商榷。首先，我们没有弗洛伊德关于精神分析案例的原始记录。

---

① Ellis, H. (1900). The analysis of the sexual impulse. *The Alienist and Neurologist, 21*, 247–262.

② Sulloway, F. J. (1979). *Freud, Biologist of the Mind*. London: Burnett Books.

因此，我们不能单凭自己的经验来评估他的解释在多大程度上对患者有效，只能被迫接受或反对他的解释。法雷尔对特克斯的分析表明，谈话记录可以帮助我们判断事情发生的性质。当然，即便在记录的帮助下，评估精神分析在多大程度上能够契合患者的病情也颇有争议。因为有关弗洛伊德的文字记录并非由词语本身构成，而是由它们的意义，即弗洛伊德对它们的解释构成。这些解释并没有清楚地呈现，需要从文字记录中剥离出来。与此同时，挖掘某些特殊行为或语言表达背后的意义也存在争议性。第十章将讨论运用科学程序的规范标准来研究意义这一主题。

除此之外，我们还有更多其他的理由对弗洛伊德的断言持谨慎态度。比如，弗洛伊德认为，临床观察为精神分析提供了支持和依据。关于这件事情，我们存在以下疑问。首先，在对患者进行分析时，弗洛伊德没有做笔记。也许，弗洛伊德认为
这可能会干扰他和患者之间的治疗关系。从这个角度来看，这 101
也许是正确的，但这意味着他必须依赖回忆和治疗结束后的笔记，这种方式使他更有可能选择那些与其观点一致的谈话内容，而忽略了那些与其观点不一致的内容。其次，弗洛伊德并没有为我们提供与其理论相关的其他信息。他对成人行为的很多解释基于这样的假设——个体早年发生过一些事情。他声称，这些假设的基础是患者的回忆，他们大都能回忆起 20—30 年前的童年经历，这些经历表明他们在童年早期发生过一些事情。以“回忆”这种方式重建儿童期经验存在极大的危险性，最典型的例子就是弗洛伊德的诱奸理论。起初，弗洛伊德认为大多数患者在孩提时曾遭到诱奸。后来，他才开始相信，这些记忆大部分源自患者的幻想。在著作《非专业者的分析问题》（*The Question of Lay Analysis*）中，弗洛伊德自信地声称，“后来，我们对儿童本身进行了分析，我们能够在他们身上确认我

们所预言的一切，这是一次不小的胜利，尽管在相当长的时间内，这一切都被掩盖和歪曲了”。① 但实际上，在弗洛伊德对儿童进行的分析工作中，仅仅记录了一个案例——小汉斯。② 然而，这个案例也并不是弗洛伊德自己分析的，而是由小汉斯的父亲在弗洛伊德的指导下完成的。对于弗洛伊德坚持的心理发展模式，弗洛伊德从未提供过令人信服的、详细的、直接的儿童观察记录。

除了在观点方面会让人心存疑惑，有时候弗洛伊德的逻辑也值得商榷。在第八章中，有人指出，弗洛伊德是在一连串不可靠的论点基础上，提出的“死的本能”这一概念。维特根斯坦（Ludwig Wittgenstein）对弗洛伊德关于梦的推论提出质疑。③ 弗洛伊德认为，梦是个体愿望的表达，尽管是以伪装的方式。维特根斯坦指出，如果你被性问题困扰，那么，不管你在做什么，自由联想都会把你带回你所困扰的问题里去。因此，梦或者自由联想也许能告诉你个体关心的或潜意识状态里的事情，但它并不像弗洛伊德所假设的那样，梦是愿望的表达，愿望是梦产生的原因。

类似这种疑问确实表明，我们需要更明确的证据来支持精神分析的有效性。不幸的是，大多数精神分析师都追随了弗洛伊德的脚步，他们认为这一理论在弗洛伊德式躺椅上已经得到充分证明，并且倾向于认为更为正式的测试对精神分析来说可能是不合适的。考虑到每一位精神分析师都必须经历岗前培
102 训，这种观点似乎不足为奇。因为这些精神分析师可能是从几

---

① Freud, S. (1926). *The Question of Lay Analysis*. Standard Edition, vol.XX, p.214.

② Freud, S. (1909). *Analysis of a Phobia in a Five-Year Old Boy*. Standard Edition, vol.X.

③ Wittgenstein, L. (1946). Conversations on Freud. In F. Cioffi (Ed.)(1973). *Freud: Modern Judgements*. London: Macmillan.

个或几十个申请者中精心挑选出来的，然后会花数年的时间进行自我分析。经过漫长的、有时可能是很痛苦的过程，这些精神分析师对自我有了全新的认识。他们将在这个过程中获得的洞察力和思维方式用于日常实践。这些洞察力和思维方式为精神分析师的工作模式提供了框架，很可能也为他们对人与人之间关系的认识提供了框架。一方面，他可能会像精神分析师一样，认为所有这些分析经历都会使他对精神分析产生特殊的理解——他能很好地判断精神分析的力量，因为他已经看到精神分析在实践中起作用了；另一方面，他可以像法雷尔那样认为这种经历使其个性化地、投入地致力于一种预设——精神分析是一种真实的经验，而期望精神分析师认为“情况可能不是这样的”，的确有些困难。①②

心理学家们已经踏入了精神分析学家尚未涉足的领域。他们通过实验和其他类型的调查方法，如观察法和跨文化比较法，多次尝试验证与精神分析相关的命题。费希尔（Seymour Fisher）、格林伯格（Roger P. Greenberg）和克兰（Paul Kline）对这类研究及其提出的问题进行了总结和评论。③④他们认为，对精神分析的科学检验取决于患者提供或创造的可观察情况，这些情况或者证实或者反驳精神分析的相关观点。而精神分析最关注的意义，常常给这种检验带来困难。对精神分析观点的验证，也因精神分析概念和命题的复杂性和抽象性而变得更加复杂。然而，与之相关的研究却数以千计。正如人们所预期的

① Farrell, B. A. (1981). *The Standing of Psychoanalysis*. Oxford: Oxford University Press.

② 如果你想进一步了解精神分析师培训的情况，请参阅 Malcolm, J. (1982). *Psychoanalysis: The Impossible Profession*. London: Picador.

③ Fisher, S., & Greenberg, R. P. (1977). *The Scientific Credibility of Freud's Theories and Therapy*. Hassocks: Harvester Press.

④ Kline, P. (1981). *Fact and Fantasy in Freudian Theory* (2nd ed.). London: Methuen.

那样，这样一个复杂的理论产生了一系列的潜在假设，其中一些假设比另一些好，而这些假设都没有得到充分检验。虽然试图在这里详细评论这些研究并不恰当，但后面几页概括性地列举了一些典型的研究例子。本章接下来的内容将按第一部分出现的顺序逐一讨论弗洛伊德的理论。

潜意识

潜意识本身的特殊性之一在于它的隐蔽性，因此要获得对弗洛伊德潜意识理论的坚定支持并不是一件容易的事儿。潜
103 意识的运作隐匿于意识之外，并且以扭曲和间接的形式表现出来。潜意识研究中，最典型的是弗洛伊德关于梦的研究。弗洛伊德认为，梦是通往潜意识的康庄大道，它的一个功能是表达个体未实现的愿望。有时，这些愿望会在梦里直接表达出来，但更多的时候，它们以伪装的形式（例如，凝缩、移置等）呈现。因为只有这样，被压抑的欲望才能既得到部分表达，同时又不会引发焦虑，但这种伪装可能会扰乱个体的睡眠。梦的另一个功能是保护睡眠。在检验这一观点时，我们遇到了一个问题，我们并不能很好地把握弗洛伊德的真实想法。例如，弗洛伊德声称，虽然之前已发生的事件经常出现在梦中，但梦真正的作用在于，为伪装的冲突和欲望提供一种媒介，这些冲突和欲望通常植根于个体的童年经历。但是，正如琼斯所指出的，弗洛伊德在《梦的解析》中提供的例子，毫无例外地表明，梦的意义植根于成年梦者目前生活经历中令人不安的愿望。①

---

① Jones, R. M. (1970). *The New Psychology of Dreaming*. New York: Grune and Stratton.

这一观点的支持性证据主要有两种：第一种证据来源于对梦者主观报告的梦的内容的分析，例如，霍尔（C. S. Hall）和他的同事收集和比较了几千个梦，其他的研究也探讨了不同的实验处理或语言环境对梦者报告的梦的内容的影响。第二种证据来源于梦的实验室研究，这类研究从 20 世纪 50 年代末开始蓬勃发展，在这类研究中，生理记录和观察进一步补充梦者的主观报告。

对梦的内容进行分析研究后，研究者清楚地发现（实际上梦者也证实了），梦者报告的梦的显性内容都有其心理意义。现实生活中的人物、地点和物体会在梦中出现，其中，许多内容都可以被梦者辨认出来。梦往往发生在特定的地点，而且梦富含情感色彩。几位研究者开发出一套系统来对梦的主题和内容进行分类。很明显，睡前发生的事情会影响梦的内容。例如，研究发现，如果被试睡前观看色情电影，那么他的梦中更有可能会出现与性有关的内容，如果被试身体受伤，那么他的梦中更有可能会出现焦虑这一主题。①② 甚至，接受充满压力的团体心理治疗，也会增加令人不安的梦的发生频率。③ 个体睡眠过程中发生的事情有时也会（以非常微妙的方式）影响梦的内容。例如，与听别人的录音相比，个体在睡眠过程中听 104
自己的录音（录音内容相同），回忆起梦中的人物时似乎更积极和自信。④ 怀孕和月经来临以及服用某些药物也已被证明能

① Cartwright, R. D., Bernick, N., Borowitz, G., & Kling, A. (1969). Effect of an erotic movie on the sleep and dreams of young men. *Archives of General Psychiatry, 20*, 262–271.

② Witkin, H. A. (1969). Influencing dream content. In M. Kramer (Ed.). *Dream Psychology and the New Biology of Dreaming*. Springfield: Thomas.

③ Breger, L., Hunter, I., & Lane, R. W. (1971). The effect of stress on dreams. *Psychological Issues, 7*, Monograph 27.

④ Castaldo, V., & Holzman, P. S. (1967). The effects of hearing ones own voice on sleep mentation. *Joumal of Nerous and Mental Disease, 144*, 2–13.

够影响梦的内容。除此之外，研究发现，不同年龄、不同种族、不同阶级，以及不同性别的个体，梦的内容也存在显著不同。①②③ 虽然这些通常可以被归因为不同的文化角色和不同的生活经历，但也有研究者试图将梦的性别差异与弗洛伊德的性心理发展理论联系起来。比如，霍尔和范德堡（Van de Castle）根据他们的观察，把男人更有可能梦到身体受伤或身体有缺陷作为他们阉割焦虑的有力证据，这种解释符合弗洛伊德关于俄狄浦斯情结的观点。④

综合上述，我们可以发现梦的内容显然具有心理意义，并且与个体的生活经历有关，但没有证据表明梦在很大程度上代表了个体未实现的愿望。反之，梦似乎是一个表达各种当务之急和担心焦虑的场所。对梦的研究中，也没有太多的证据证明梦具有防御、伪装的功能和保持睡眠的作用。等待手术的患者报告，与平时相比，手术前他梦中的焦虑程度增加了。⑤ 正如费希尔和格林伯格所指出的那样，如果你轻轻打扰一个处于无梦睡眠状态的人，这并不会使她开始做梦。⑥ 和霍尔和范德堡一样，他们倾向于反对弗洛伊德关于显梦和隐梦的区分。为了

---

① Winget, C., Kramer, M., & Whitman, R. (1970). The relationship of socio-economic status and race to dream content. *Psychophysiology, 7*, 325–326.

② Foulkes, D., Pivik, T., Steadman, H. S., Spear, P. S., & Symonds, J. D. (1967). Dreams of the Female child: The EEC study. *Joumal of Abnormal Psychology, 72*, 457–467.

③ Brenneis, C. B. (1970). Male and female ego modalities in manifest dream content. *Journal of Abnormal Psychology, 76*, 434–442.

④ Hall, C. S., & Van de Castle, R. L. (1965). An empirical investigation of the castration complex in dreams. *Joumal of Personality, 33*, 20–29.

⑤ Breger, L., Hunter, I., & Lane, R. W. (1971). The effect of stress on dreams. *Psychological Issues, 7*, Monograph 27.

⑥ Fisher, S., & Greenberg, R. P. (1977). *The Scientific Credibility of Freud's Theories and Therapy*. Hassocks: Harvester Press.

支持自己的观点，他们还引用了赖斯（W. Reis）的一项发现，即仅仅通过直接分析梦的显性内容就可以得出梦的大部分意义，其效果和使用自由联想来挖掘梦的潜在内容几近相同。[①②]然而，一些研究也支持这样的观点——梦确实可以通过象征符号传达一定的意义。对弗洛伊德关于性的象征符号的研究发现，研究对象确实倾向于在梦中将有关性的表达投向某些特定的物体，弗洛伊德认为这些特定物体（如棍棒、滚轴、洞穴等）是性的象征和符号。对这种观点的间接支持还来自这样一个事实，在将性别归属为名词的语言中，性的象征符号的确存在。[③]克莱茵等人将这种象征符号传递的意义，归结于语言中性别概念背后隐含的诸多因素。

一项关于梦的早期研究成果发现了快速眼动（rapid eye movement，REM）睡眠，这成为后来许多研究的基石。在整 105
晚的睡眠中，从睡眠者闭上眼睛到进入快速眼动睡眠，存在几个睡眠阶段。与没有进入快速眼动睡眠的个体相比，进入快速眼动睡眠阶段并醒来的个体更有可能报告他们处于梦中。有趣的是，研究发现，阴茎勃起也常常发生在快速眼动睡眠阶段。[④]这可能是因为大脑边缘与快速眼动睡眠相关的活动区是产生性唤起的神经生理基础。但是，由于勃起的力量似乎与梦的色情内容有关，你可能会认为这至少与“梦是愿望的达成”这一梦

① Hall, C. S., & Van de Castle, R. L. (1966). *The Content Analysis of Dreams*. New York: Appleton, Century-Crofts.

② Reis, W. (1951). A comparison of the interpretation of dream series with and without free association. Unpublished doctoral dissertation: Western Reserve University. Cited in Fisher, S., & Greenberg, R. P. (1977). *The Scientific Credibility of Freud's Theories and Therapy*. Hassocks: Harvester Press.

③ Minturn, L. (1965). A cross-cultural linguistic analysis of Freudian symbols. *Ethnology, 4*, 336–342.

④ Fisher, C., Gross, J., & Zuch, J. (1965). Cycle of penile erection synchronous with dreaming (REM) sleep. *Archives of General Psychiatry, 12*, 29–45.

的功能相契合。[1] 在对快速眼动睡眠的研究中，与弗洛伊德理论最相关的是快速眼动睡眠的梦剥夺研究。梦剥夺研究是这样进行的：当观察到睡眠者进入快速眼动睡眠阶段时，研究者就把他唤醒。研究发现，尽管存在一些个体差异，但这通常会导致这样的结果，即被试在没有干扰的情况下睡眠时，快速眼动睡眠会增加。[2] 这一增加似乎反映了睡眠者对梦的更大的需求，因为那些在快速眼动睡眠阶段被唤醒并报告正在做梦的被试，似乎对快速眼动睡眠有更多的补偿性需求。[3] 还有一些证据表明，尽管其他研究并不总是证实这一点，即过度剥夺快速眼动睡眠会导致知觉混乱以及投射测验中潜意识欲望喷薄欲出的更大趋势。[4][5] 所有这些似乎与我们需要做梦这一观点一致，这也许源于梦的重要功能之一——让我们表达潜意识的紧张。

那么，话又说回来，当代精神分析学家如何看待弗洛伊德关于梦的解析？马库斯（Laura Marcus）十分推崇《梦的解析》，认为“这是对精神分析概念最全面的解读”。[6] 但是，梦的解析本身究竟有多大意义，不同的研究者有不同的看法。格林森（Ralph R. Greenson）同意弗洛伊德的观点，即梦的解析

① Fisher, C. (1965). Psychoanalytic implications of recent research on sleep and dreaming. *Journal of the American Psychoanalytic Association, 13*, 197–303.

② Dement, W. C. (1960). The effect of dream deprivation. *Science, 131*, 1705–1707.

③ Cartwright, R. D., Monroe, L. J., & Palmer, C. (1967). Individual differences in response to REM deprivation. *Archives of General Psychiatry, 16*, 297–303.

④ Hoedemaker, F., Kales, A., Jacobson, A., & Lichtenstein, E. (1963). Dream deprivation: An experimental reappraisal. Cited in Fisher, S., & Greenberg, R. P. (1977). *The Scientific Credibility of Freud's Theories and Therapy*. Hassocks: Harvester Press.

⑤ Greenberg, R., Pearlman, C., Fingar, R., Kantrowitz, J., & Kawliche, S. (1970). The effects of dream deprivation: Implications for a theory of the psychological function of dreaming. *British Journal of Medical Psychology, 43*, 1–11.

⑥ Marcus, L. (1999). *Sigmund Freud's The Interpretation of Dream: New Interdisciplinary Essays*. Manchester: Manchester University Press.

与自由联想的结合，有可能提供对潜意识世界最丰富的洞察。①然而，其他精神分析师认为，梦并没有特殊意义，只是潜意识主题的诸多表达方式之一。② 德蒙肖（Cecily De Monchaux）提出了一个有趣的观点，即梦的解析可以发挥其他功能。例如，患者可以在治疗过程中以梦的形式提供一些他们认为可能需要谨慎阐述的内容。③

索姆斯（Mark Solms）声称，神经生理学的研究发现支持弗洛伊德的观点。④ 因为梦似乎既依赖于与个体认知和知觉相 106
关的大脑结构，又依赖于根据本能和情感需求采取行动的大脑结构。⑤ 虽然这样的研究发现间接而有限，但它们至少与弗洛伊德的基本观点相一致。

总之，这一领域的研究结果总体上支持了弗洛伊德的观点，即梦为精神生活的重要反思和必要表达提供了机会。但是，梦的意义和它们的表达方式似乎与精神分析提出的具体建议略有差异。

从更宽泛的角度来看，许多认知心理学家确实承认，潜意识可能会影响我们的行为和感觉，而且一些实验研究也证明了这种影响。⑥⑦ 他们也承认，认知的许多基础过程是在没有意

① Greenson, R. R. (1970). The exceptional position of the dream in psychoanalytic practice. *The Psychoanalytic Quarterly, 3*, 519–549.

② Brenner, C. (1969). Dreams in clinical psychoanalytic practice. *Journal of Nervous and Mental Diseases, 149*, 122–132.

③ De Monchaux, C. (1978). Dreaming and the organizing function of the ego. *International Journal of Psychoanalysis, 59*, 443–453.

④ Solms, M. (2000). Freudian dream theory today. *The Psychologist, 13*(12), 615–617.

⑤ Panksepp, J. (1999). *Affective Neuroscience: The Foundations of Human and Animal Emotions*. Oxford: Oxford University Press.

⑥ Bargh, J. A., & Chartand, T. L. (1999). The unbearable automaticity of being. *American Psychologist, 54*, 462–479.

⑦ Dalgleish, T., & Power, M.J. (Eds.).(1999). *Handbook of Cognition and Emotion*. Chichester: Wiley.

识参与的情况下发生的。[1] 然而，弗洛伊德潜意识动力的概念仍然存在争论。因为，大多数认知心理学家都假定，通常情况下，意识和潜意识过程之间存在着流动的交互作用，而不是冲突。他们不认同弗洛伊德的观点，即潜意识过程必然是动机性的或动态的。事实上，他们认为，大多数意外错误只是由于认知习惯或同熟悉的或相关的词混淆导致的无意识加工错误，并不是由潜意识动机所致。雷森（James Reason）用这种方式重新对弗洛伊德的几个例子进行了分析。[2] 你可能还记得第三章中的一个例子，在弗洛伊德的同事斯特克身上发生的尴尬事儿，当他走进一所房子，向女主人伸出右手时，却解开了她晨衣的蝴蝶结。弗洛伊德将此举解释为其潜在性欲望的表达。雷森却给出了另外一种更为通俗的解释——作为一名医生，斯特克经常处于这样的情境，他需要解开患者的晨衣去触摸其腹部或胸部，而斯科特一时的分心足以触发这种习惯性行为。

性心理发展

一谈到弗洛伊德的性心理发展理论，我们首先想到的是，
107 弗洛伊德没有考虑是否存在直接观察儿童的证据来证实他所提出的那种心理发展模式。格塞尔（Arnold Gesell）和伊尔克（F. L. Ilg）[3] 对不同年龄儿童的自然行为进行研究，发现儿童性心理的一系列发展过程。在这个发展过程中，儿童感兴趣的性感带从嘴转移到肛门再转移到生殖器。格赛尔指出，首先，婴儿从吸吮中获得的乐趣似乎与其获得营养的作用毫无

---

① Underwood, G. (Ed.). (1996). *Implicit Cognition*. Oxford: Oxford University Press.

② Reason, J. (2000). The Freudian slip revisited. *The Psychologist, 13*(12), 610–611.

③ Gesell, A., & Ilg, F. L. (1942). *Infant and Child in the Culture of Today*. London: Hamish Hamilton.

关联。[①] 其次，虽然“肛门也是快乐的源泉”这一论点缺乏证据，但这可能是因为社会习俗限制了这方面的研究。毫无疑问，肛门是身体中对刺激高度敏感的区域。[②] 虽然法雷尔对弗洛伊德关于儿童性感带不断转移的观点持认可态度，但他并不认为通过这种刺激而获得的愉悦感与性有关。[③] 因此，法雷尔认为，将有关区域贴上性的标签是不恰当的。比如，接吻通常是成人性互动和口唇刺激的重要方式，但由于受到传统羞耻感和厌恶感的影响，接吻受到了抑制。除此之外，接吻在男性同性恋中，也往往起着核心的作用。因此，鉴于在成人性行为和性联结方面，嘴巴、肛门和生殖器这三个部位在儿童获得愉悦感和成人获得性满足的重要性，弗洛伊德提出，似乎有充分的理由用“性”这个标签来将这些快乐和孩子可能得到的其他种类的快乐区分开来。事实上，我们可以这样认为，弗洛伊德的特殊贡献在于，他以这种方式将零碎的知识以连贯的概念化方式联系在一起。

性心理发展会给个体带来哪些影响？你可能记得，在第四章中我们已经讨论过，弗洛伊德认为，性心理发展若固着在婴儿阶段，不仅影响成人期的性行为，而且会导致神经症人格。但弗洛伊德的理论存在一个特点，即他作出的性心理发展对个体影响的预测，很难得到解释和支持的证据。例如，他认为，肛门期人格是一个非常特殊的特征组合——井然有序、固执而又吝啬，经常执迷不悟，有时还有点施虐狂或者关注创造

① Yarrow, L. J. (1954). The relationship between nutritive sucking experiences in infancy and non-nutritive sucking in childhood. *Journal of Genetic Psychology, 84*, 149–162.

② Duthie, H. L., & Gains, F .W. (1960). Sensory nerve-endings and sensations in the anal region of man. *British Journal of Surgery, 47*, 585–589.

③ Farrell, B. A. (1981). *The Standing of Psychoanalysis*. Oxford: Oxford University Press.

性的工作。研究的目的在于检验这种理论预测的人格特征是否具有普遍性。通常检验该理论的方法是问卷调查法，即通过问卷收集数据并观察这些特征之间是否存在显著相关。但是，这种方法本身就存在一个问题，那就是，理论并不意味着所有特征都必然在所有人身上体现，所以我们必须考虑人格的个体差异。除此之外，理论必须允许由于个体的防御机制导致的对立性特征（例如，整洁—无序）共存，并存在震荡和转换的可能
108 性。当然，这种方法还存在另一个问题，即如何设计问卷才能保证它在测量有关人格特征时是有效的。另一种检验该理论的方法是实验法。勒纳（V. Lerner）提出了这样的假设——收集（古董、集邮等）是个体保留粪便愿望的升华，基于这样的假设，他进行了实验并发现，喜欢集邮的青少年比其他同龄男孩对肛门刺激更敏感。[1] 在罗森沃尔德（George C. Rosenwald）的一项研究中，研究人员发现，肛门期人格的被试在赌博游戏中，更不愿意下更大的赌注（即更节俭、吝啬）。[2] 在对这两种类型的证据进行综合回顾之后，克兰、费希尔和格林伯格得出了这样的结论，肛门期人格的确获得很多证据的支持。[3][4]

口唇期固着对个体成年后人格形成和发展的影响，弗洛伊德自己也并不十分明了。弗洛伊德的同事亚伯拉罕在弗洛伊德

---

① Lerner, V. (1961). *Auditory and visual thresholds for the perception of words of anal connotation: An evaluation of the sublimation hypothesis on philatelists.* Unpublished doctoral dissertation. Cited in Fisher, S., & Greenberg, R. P. (1977). *The Scientific Credibility of Freud's Theories and Therapy*. Hassocks: Harvester Press.

② Rosenwald, G. C. (1972). Effectiveness of defenses against anal impulse arousal. *Journal of Consulting and Clinical Psychology, 39*, 292–298.

③ Kline, P. (1981). *Fact and Fantasy in Freudian Theory* (2nd ed.). London: Methuen.

④ Fisher, S., & Greenberg, R. P. (1977). *The Scientific Credibility of Freud's Theories and Therapy*. Hassocks: Harvester Press.

的同意下对此做了进一步阐述。亚伯拉罕将口唇期进行了二次区分，分为以“吸吮”为主的“被动口唇阶段”和以“咬”为主的“主动口唇阶段”。[①] 亚伯拉罕认为，口唇期人格特征包括对依赖和营养（被照顾）的关注、喜欢与他人相处、极端乐观或悲观的倾向、乐于接受新想法和经验、烦躁不安、没有耐心，以及对口腔满足（吸烟、吸吮或咀嚼糖果、喝酒、交谈等）的关注。后续研究为口唇期的存在提供了一定的支持：问卷研究确实显示了一些相关人格特征的聚类；口唇期行为与幼儿园儿童的依赖存在高度相关；口唇期人格的个体似乎在甜食或社会认可的奖励下更容易形成条件反应，而肛门期人格的个体则对金钱最敏感。[②③④] 但是，正如克兰、费希尔和格林伯格所认为的那样，支持这一观点的证据绝不像支持肛门期人格特征的证据那样清晰。

那么，成人的人格特征究竟在多大程度上与个体的童年经历有关？其实，在验证这个观点的时候，我们总会遇到一些问题。第一，弗洛伊德认为，童年某一时期父母对孩子需求的过度放纵和剥夺都会导致成人期心理固着的产生。除此之外，在个体发展的某个特殊阶段，体质因素也可能成为影响人格发展的易感因素。胚胎发育阶段的易感因素也会在人格形成过程中起作用。这就使得建立一个清晰有效的机制来检验养育

---

① Abraham, K. (1927). *The influence of oral erotism on character formation*. London: Hogarth Press, pp.383–406.

② Beller, E. K. (1957). Dependency and autonomous achievement striving related to orality and anality in early childhood. *Child Development, 28*, 287–315.

③ Noblin, C. D. (1962). Experimental analysis of psychoanalytic character types through the operant conditioning of verbal response. *American Psychologist, 17*, 306.

④ Timmons, E. O., & Noblin, C. D. (1963). The differential performance of orals and anals in a verbal conditioning paradigm. *Journal of consulting Psychology, 27*, 383–386.

的效果变得异常困难。而且，如何获得足够的童年记录？这也是研究的困难所在。大多数回顾性研究都依赖父母对如何抚养孩子的回忆——而这些数据很可能存在极大的不可靠性。① 无论如何，我们可能会认为，对于人格形成来说，个体儿童期的
109 经历比父母采用的特殊养育方式更重要。第二，用于确定口唇期或肛门期人格倾向的方法过于多样。这些方法不仅包括关于习惯、兴趣和食物偏好的问卷调查，还包括行为观察（如咬指甲、啃铅笔）。还有一种流行的方法是投射测验（projective test），研究者给被试呈现墨迹图，并记录被试看完每张图后的口头报告。投射测验中使用最频繁的是黑白投射测验。研究者给被试看一组小狗在各种情况下的图，包括在吸吮或者眼睛被蒙上的同时尾巴上悬一把刀等，然后要求被试根据这些图来编故事，进而挖掘这些故事中出现的与口唇期、肛门期和俄狄浦斯情结（如阉割焦虑）密切相关的主题。这些方法存在的共性问题是，很难确定这些观察和测试所获得资料是否充分以及它们在多大程度上是有效的。第三，个体的人格属性受多种因素的影响。例如，社会习俗可能使男性不太容易表现或承认依赖行为。这些影响因素可能减弱了性心理发展对个体人格形成的特殊影响。也许，性心理发展理论可以解释某几项研究的结果，但这种解释有时只适用于某一种性别，而不适用于另一种性别。

毫不奇怪，尽管研究者们花费了大量的努力进行研究，但总体结果仍令人失望。无论是回顾性研究还是纵向研究，几乎没有研究能证明喂养方式或如厕训练与个体后来的人格特征之

① Robbins, L. C. (1963). The accuracy of parental recall of aspects of child development and of child-rearing practices. *Journal of Abnormal and Social Psychology, 66*, 262–270.

间存在着明确联系。跨文化研究可能会提供一点儿间接支持。怀廷（John W. Whiting）和蔡尔德（Irvin L. Child）对 70 多个社会的民族志数据进行了分析，发现了以下证据，即那些关心口唇期社会化的人更有可能认为疾病来源于口腔（例如，接吻或进食造成的感染），而民族文化对肛门期人格的影响似乎并不明显。① 口唇期和肛门期固着影响个体成年后人格发展的证据也很匮乏。然而，正如克兰费尽心思想要指出的那样，尽管在这一领域很难找到适当措施，设计有效研究，并且缺乏实证证据，甚至没有一项研究能支持某一特定假设，但所有这些并不能反驳或推翻弗洛伊德的理论。②

正如第四章所阐述的，弗洛伊德认为，俄狄浦斯情结对儿童和成人均有非常重要的意义。弗洛伊德认为，俄狄浦斯情结本质上是一系列假设，而非一种单一的观点。弗洛伊德认为，110
在儿童四五岁的时候，他们对父母的感情开始发生变化。与最初对母亲深深的情感依恋相反，这一时期，男孩和女孩都开始对异性父母产生更大兴趣，对同性父母产生敌意。对于男孩来说，他要面临的一个特别的问题是情绪上的混乱，包括对阉割的恐惧。这种恐惧源于男孩为了夺得母亲的爱而与父亲产生了竞争感。处理这种冲突的方式会对个体性格、对性的态度，以及情感态度产生持久影响。在这个阶段，冲突处理不当可能会为神经症的发生埋下伏笔。

检验“俄狄浦斯情结”这一观点时，研究者不仅要考虑方法学的问题，也要考虑其他问题。例如，直接询问儿童的几项研究发现，他们并没有表现出对父母任何一方的特别偏爱。弗

① Whiting, J. W., & Child, I. L. (1953). *Child Training and Personality*. New Haven: Yale University Press.

② Kline, P. (1981). *Fact and Fantasy in Freudian Theory* (2nd ed.). London: Methuen.

里德曼（S. N. Friedman）认为，这可能是个体的自我防御机制在起作用，个体为了保护自我不受俄狄浦斯情结带来的强烈焦虑的影响，将这一发展阶段产生的情感和冲突压抑在潜意识层面。因此，弗里德曼换了一种研究方式，他不直接向儿童提问，而是让儿童根据自己和父亲的图片来编故事，通过对儿童所编的故事进行分析，弗里德曼发现，男孩对图片中的父亲表达出了更强烈的敌意。他还发现，女孩编的故事中更有可能包含父亲上楼和进入房间的情节。而在精神分析的语言里，这两种情节都是性交的象征。

通过弗里德曼的研究，我们可以看出，研究者在设计研究时，费尽心思，以便用微妙的方式来推测难以琢磨的人格发展主题。比如，霍尔通过对梦的内容的分析来接近这些主题。在对一系列男孩、女孩的梦进行比较分析后，霍尔发现，男孩更容易梦到男性陌生人，而在梦中，这些男性陌生人很有可能会攻击他。[①] 此外，在男孩的梦中，阉割和焦虑的梦也明显多于女孩。[②] 弗里德曼声称，这样的结果与弗洛伊德关于阉割焦虑的观点一致。弗里德曼在霍尔研究的基础上进行了新的设计，他给 5—16 岁的男孩和女孩呈现未完成的故事，让他们补全。这些故事的主题都有可能引起阉割联想（例如，一个孩子发现大象的鼻子断了，猴子的尾巴要掉了）。从男孩的作品中，弗里德曼发现，5 岁和 13 岁是男孩焦虑的顶峰，此时，男孩补全的故事中提到阉割类的内容反而更少。而对女孩补全的作品进行统计发现，女孩补全的故事中与焦虑相关的情节数量，在
111 这个特殊的年龄段与其他年龄段没有表现出显著差异。弗里德

① Hall, C. S. (1963). Strangers in dreams: An empirical confirmation of the Oedipus complex. *Journal of Personality, 31*, 336–345.

② Hall, C. S., & Van de Castle, R. L. (1965). An empirical investigation of the castration complex in dreams. *Joumal of Personality, 33*, 20–29.

曼将此归咎于防御机制，认为阉割恐惧给男孩造成了强烈的焦虑，为了对抗这些焦虑，男孩启动了防御机制。

萨诺夫和科温（Sarnoff & Corwin，1959）进一步对阉割焦虑进行了开创性研究。① 他们提出了这样的假设，个体对死亡的恐惧可以被看作是对阉割焦虑的一般概括。有趣的是，他们发现，通过黑白投射测验证实的具有高度阉割焦虑的男性被试，性唤起反应显著增加。这一结果证实了，阉割焦虑引发了个体对死亡的恐惧。萨诺夫和科温认为，这一结果与俄狄浦斯情结的理论观点一致。另外，其他调查人员采用跨文化的方法对阉割焦虑进行了研究。研究发现，居住在以色列集体农场的男孩，与父母的在一起的机会往往比在普通家庭中成长的孩子要少，因此他们具有轻度的阉割焦虑。② 斯蒂芬斯（William N. Stephens）重新分析了怀廷和蔡尔德使用的民族志材料后发现，在强调俄狄浦斯冲突的社会中保持亲密的家庭关系，可能会加剧男孩的恋母情结，致使其成年后的性焦虑指数随之升高。③

当然，类似上面的研究不能完全被看作是明确支持俄狄浦斯情结的理论观点。法雷尔曾提出，在西方社会，标准的性别角色社会化本身就可能会让男孩在与父亲的关系中比女孩面对更大的敌意。④ 考虑到男孩进行粗野和翻滚游戏的可能性也更大，如果男孩在潜意识水平上更关注身体方面的伤害，那也不

---

① Sarnoff, I., & Corwin, S. M. (1959). Castration anxiety and the fear of death. *Journal of Personality, 27*, 374–385.

② Rabin, A. I. (1958). Some psychosexual differences between Kibbutz and non-Kibbutz Israeli boys. *Journal of Projective Techniques, 22*, 328–333.

③ Stephens, W. N. (1962). *The Oedipus Complex Hypothesis: Cross-cultural Evidence*. New York, Free Press.

④ Farrell, B. A. (1981). *The Standing of Psychoanalysis*. Oxford: Oxford University Press.

足为奇。与这一论断相一致的是，霍尔重新解释了弗洛伊德的论断，即梦到不能做某事是个体阉割焦虑的表现，认为这可能是社会中男性承受压力更大的表现。尽管如此，关于儿童对父母的情感以及阉割焦虑的证据范围如此之广，如此令人印象深刻，这似乎与弗洛伊德理论的预测大体一致。

在儿童与父母情感关系和阉割焦虑方面，还存在与俄狄浦斯情结相关的其他假设。弗洛伊德认为，在这一阶段，男孩和女孩的人格发展路径开始产生差异。弗洛伊德将男孩超我发展的起源归因于对父亲认同的日益加深，弗洛伊德认为这是大多数男孩处理俄狄浦斯冲突的方式。女孩更关注缺少阴茎带来的焦虑，而她们超我的出现取决于对失去爱的恐惧。目前几乎没有证据支持这种假设。弗洛伊德认为，男孩的身份认同主要来自恐惧。但是，大多数研究（至少在西方文化中）表明，正是
112 父亲关爱和养育的态度，促使了男孩对父亲的强烈认同，并促进男孩道德原则的坚定发展。费希尔和格林伯格认为，这样的发现至少意味着：

> 关于父子之间关系的修订似乎是为了表明，解决男性俄狄浦斯冲突的措施并非主要基于焦虑，而可能基于信任。于是，男孩放弃了与父亲激烈竞争的姿态。因为父亲向他传达了友好的、积极的信息，邀请他一起成长而非彼此战斗。①

虽然有证据表明，女性比男性对抛弃更敏感，这可能源于西方文化中性别角色的社会化差异以及弗洛伊德的“俄狄浦斯

① Fisher, S., & Greenberg, R. P. (1977). *The Scientific Credibility of Freud's Theories and Therapy*. Hassocks: Harvester Press, pp.221–222.

动力学”。一项研究发现，在一次考试后，与男学生相比，女学生还回所借铅笔的人数要少。[①]研究者声称，这不应该被看作玩笑，可以认为，这个结果支持了阴茎妒羡的观点。但是，更正式的研究几乎没有发现具有实质意义的支持这一观点证据。

然而，研究至少支持了弗洛伊德关于“移情”的观点。实验表明，童年时的情绪反应可能会影响我们成年后对陌生人的反应。[②③]如果新认识的人在某种程度上像父母一样（例如，他们有相似的兴趣或身体特征），那么这可能会引发个体童年时期对父母的情绪反应。在类似的情境中，个体的自我体验方式也同样可能会受到影响。

最后，值得注意的是，弗洛伊德性心理发展理论中关于早期经验对个体成长发展具有重要意义的观点，在动物学和人类学研究方面都得到了大量的证据支持。哈洛（Harold F. Harlow）发现，在婴儿期剥夺恒河猴正常的亲子关系，会对其产生深远而持久的干扰，影响其后期的社会行为、性行为和母性行为。[④]鲍尔比对一些特殊儿童进行研究，这些儿童在生命的头五年，父母关系破裂。[⑤]鲍尔比的研究也得出了类似结论，儿童这一时期的经验对个体成长和发展有着长远而持久的意义。虽然鲍尔比最初的一些解释受到了批评，但他关于个体早

---

① Johnson, G. B. (1966). Penis envy or pencil needing? *Psychological Reports, 19*, 758.

② Andersen, S. M., & Miranda, R. (2000). Transference: How past relationships emerge in the present. *The Psychologist, 13* (12), 608–609.

③ Chen, S., & Andersen, S. M. (1999). Relationships from the past in the present: Significant-other representations and transference in interpersonal life. In M. P. Sanna (Ed.). *Advances in Experimental Social Psychology* (Vol. 30). San Diego: Academic Press.

④ Harlow, H. F. (1958). The nature of love. *American Psychologist, 13*, 673–685.

⑤ Bowlby, J. (1951). Maternal Care and Mental Health. *Bulletin of the World Health Organization, 3*(3), 355–533.

期依恋重要性的一般结论仍然站得住脚。①②

综合上述，在评价弗洛伊德的性心理发展理论时困难重重。主要因为，对弗洛伊德提出的某些具体观点缺少充分的支
113 持性证据。然而，一些证据至少在一定程度上支持了弗洛伊德的一般观点，即儿童的情绪发展与身体需求的变化模式密切相关，儿童早期经历与成年期人格特点之间存在关联。尽管如此，这种关系的确切性仍有待证实。

心理动力学

在本书第一部分中，我们已经阐述了精神分析的第三个领域——心理动力学的观点。接下来，我们简短讨论一下这一观点的实证支持。目前，心理动力学的研究主要集中在防御机制方面，大部分聚焦于压抑对认知和知觉过程的影响。例如，威尔金森和卡吉尔（Wilkinson & Carghill，1955）的研究表明，儿童在复述故事时，与中性主题的故事相比，俄狄浦斯主题的故事给儿童带来更多困难，尽管复述这两种主题的故事难度都比较大。③莱文格（G. Levinger）和克拉克（J. Clark）的研究发现，与中性词引发的联想相比，被试更难记住情感词引发的联想。④以上这两项关于压抑的研究都运用了实验法。另外，还有几项研究也发现知觉防御（perceptual defence）的存在，也就是说，诱发情绪的刺激更难被个体察觉。这类实验存在的

---

① Rutter, M. (1981). *Maternal Deprivation Reassessed*. Harmondsworth: Penguin.

② Clark, R. W., & Clarke, A. D. (1976). *Early Experience: Myth and Evidence*. London: Open Books.

③ Wilkinson, F. R., & Carghill, D. W. (1955). Repression elicited by story material based on the Oedipus complex. *Journal of Social Psychology, 42*, 209–214.

④ Levinger, G., & Clark, J. (1961). Emotional factors in the forgetting of word associations. *Journal of Abnormal and Social Psychology, 62*, 95–105.

争议在于，不需要触及压抑机制就可以解释实验结果。例如，知觉防御带来的影响源于个体不熟悉情感词或者由于情感词本身具有的禁忌性质，被试在重复这些情感词时可能会出现更大的抑制。幸运的是，有几个实验巧妙地避开了这些混淆因素，并清楚地证明了知觉防御的确存在。[1][2] 特别是勃鲁姆（G. S. Blum）用黑白投射测验图片对被试进行了一系列细致的研究，结果表明，知觉防御的作用正如精神分析所预测的那样——那些倾向于以压抑作为防御手段的被试，在面临实验刺激时会产生更大的内心冲突。[3]

有趣的是，实验研究也支持了这样一种观点，即人们能够故意遗忘，并且可以蓄意将不想要的材料从意识中屏蔽和去
除。[4] 有些人特别擅长忘记负面信息。有证据表明，习惯使用 114
压抑策略的成人更有可能在童年期就拥有麻烦的人际关系。[5]

另一种受实验者青睐的防御机制是移置。多拉德等人（Dollard et al.，1939）提出了这样一种观点，人们在感到沮丧时会变得更加富有攻击性，他们将其称之为挫折—攻击假设（frustration-aggression hypothesis）。[6] 实验表明，当攻击不能指向引发挫折的来源时，它可能会被转移到其他地方。例如，研

---

① Lazarus, R. S., & McCleary, R. A. (1951). Autonomic discrimination without awareness: A study of subception. *Psychological Review,* 58, 113–122.

② Dixon, N. F., & Haider, M. (1961). Changes in the visual threshold as a function of subception. *Quarterly Journal of Experimental Psychology, 13*, 229–235.

③ Blum, G. S. (1955). Perceptual defense revisited. *Journal of Abnormal and Social Psychology, 51*, 24–29.

④ Brewin, C., & Andrews, B. (2000). Psychological defence mechanisms: The example of repression. *The Psychologist, 13*(12), 615–617.

⑤ Myers, L. B., & Brewin, C. R. (1994). Recall of early experience and the repressive coping style. *Journal of Abnormal Psychology, 197*, 14–18.

⑥ Dollard, J., Doob, L. W., Miller, N. E., Mowrer, O. J., & Sears, R. R. (1939). *Frustration and Aggression*. New Haven: Yale University Press.

究者发现，在一个夏令营中，如果男孩们因为一个无聊的测试课程而被迫错过一部电影，随后，他们对墨西哥人和日本人表现出了比平时更消极的态度。①

神经症理论

众所周知，弗洛伊德对各种不同形式的神经症和精神障碍进行了解释，但到目前为止，对这一领域的实证支持比其他领域要少。对实验主义者来说，对神经症和精神障碍的解释是最难攻克和证实的，这在某种程度上归咎于这些原始理论本身就存在模糊性。关于精神障碍病因的研究分散在弗洛伊德的作品中，准确的假设不容易集合在一起，其中部分原因在于这些想法特别难以被检验。例如，弗洛伊德认为，偏执（paranoia）与被压抑的同性恋性行为密切相关。这个想法来自弗洛伊德对一本书的详细分析，这本书的作者是律师施雷伯（Daniel Schreber）。② 施雷伯在这本书中描述了自己成为偏执型精神分裂症（paranoid schizophrenia）（一种包含迫害妄想状态）的个人经历。弗洛伊德认为，施雷伯的偏执起源于童年时期的俄狄浦斯冲突，在这种冲突中，由于害怕被阉割，施雷伯一直对父亲敬而远之。一系列的防御机制保护了成年的施雷伯，使他不能察觉这种潜意识欲望。这些防御机制包括把这种潜意识欲望转化成它的对立面——仇恨，然后投射和取代它，这导致他认为别人都憎恨他。也许这种解释让你觉得太复杂而且有点奇

① Miller, N. E., & Bugelski, R. (1948). Minor studies of aggression II: The influence of frustrations imposed by the in-group on attitudes expressed towards out groups. *Journal of Psychology, 25*, 437–442.

② Freud, S. (1911). *Psychoanalytic Notes on an Autobiographical Account of a Case of Paranoia*. Standard Edition, vol. XII.

葩，但我并不打算在此进一步详述，也不想为弗洛伊德的推理进行辩护。我陈述这个案例的目的是想指出，验证弗洛伊德的观点存在很多困难。要做到这一点，必须找到一种不但能测查同性恋的方案，而且能测查被压抑的（潜在）同性恋的方案。事实上，扎曼斯基（H. S. Zamansky）的一项研究声称已经做到了这一点，并证实了同性恋倾向与偏执之间的关系。①在一 115
项视觉评估实验中，扎曼斯基发现，与其他精神分裂症患者相比，男性偏执型精神分裂症患者花更多的时间看男性的照片而不是女性的照片（扎曼斯基已经证明了这种偏好效应，并认为这是同性恋的特征）。但是，当要求被试确定他们更喜欢哪一张照片或者当男性照片有明确的同性恋倾向时，防御机制将发挥作用，偏执型精神分裂症患者与其他精神分裂患者之间没有显著差异。这实际上验证了扎曼斯基的假设，他认为，即便在这两种情况下，男性偏执型精神分裂症患者对男性照片表现出较少的兴趣和喜爱，但这一结果仍然符合最初的想法。换句话说，研究结果表明，偏执型精神分裂症患者遵循同性恋偏好模式，但这种偏好只有在防御机制被削弱的情况下才会表现出来。

弗洛伊德声称，他的大部分观点是从临床治疗工作中得出的。然而，在常人看来，精神分析的首要价值应该是治疗以及对神经症和精神障碍进行解释，而非建立理论。毫无疑问，精神分析已经对精神病学家的实践和思想产生了深远影响，包括那些仍然对精神分析的价值持怀疑态度的人。对精神分析的检验存在逻辑上和方法上的混乱，精神分析缺乏充分的证据支持又令人心存矛盾。正如克兰、费希尔和格林伯格所认为的那

① Zamansky, H. S. (1958). An investigation of the psychoanalytic theory of paranoid delusions. *Journal of Personality, 26*, 410–425.

样，对精神分析的支持性证据是例外，而非常规。未来我们还需要更多的证据来证实精神分析可以描述正常的人格功能，而不是认为精神分析只能解释精神障碍。

计算机建模和神经生理学基础

在探讨精神分析的支持性证据之前，我们先来看两种与传统精神分析方法相当不同的方法。在这一部分中，我们尝试用这两种方法来寻找精神分析的支持性证据。第一种方法是为精神分析揭示的心理过程设计的计算机模型。① 在这种方法的实践中，最有代表性的人物是科尔比（K. M. Colby）。科尔比是一位实践分析师，精通计算机建模技术，他设计了一个模拟“神经过程”（neurotic process）的计算机程序。从本质上来看，这一程序中的“神经过程”代表了一组信念，每一种信念都伴随着特定的情感负荷，它使人们检验经历的冲突以及冲突发生
116 时被防御机制（移置、投射等）阻拦的有关信念。这类程序的设计既受技术能力的限制，也存在明确阐明有关心理过程的困难。但科尔比认为，他们可以从培训精神分析师入手，以此为手段来测试不同类型干预手段的治疗效果。或许，在呈现个体惯用的反应模式或信息加工过程的某些复杂路径方面，特殊个体或特殊群体的计算机模型可能比口头报告更有效。但从目前来看，这种计算机建模的范围却非常受限。因为，尽管它确实存在一些价值，但在设计适当的程序方面，的确需要明确假设精神分析概念的过程。

① Colby, K. M. (1963). Computer simulation of a neurotic process. In S. Tomkins & S. Messick (Eds.), *Computer Simulation of Personality: Frontiers of Psychological Theory*. New York: Wiley.

第二种方法主要考虑精神分析与我们对大脑功能认知的一致性。正如我们所看到的，精神分析可以被看作是一种治疗方法，一种观察个体行为和经验的方式，一套关于我们如何行为、如何感觉，以及为什么有这样行为和感觉的假设。所有这些都是关于人类思维运作方式——人性模型的一系列假设，有时被称为精神分析的元心理学。元心理学认为，心灵本质上是一种自我调节的组织，一个以生物驱力为基础的知觉系统，并致力于减少由此产生的紧张。心灵通过被指定为本我、自我和超我的相互作用力量来运作，每一种力量都制造紧张，并由不同标准支配。虽然在本章中我们没有详述精神分析的具体过程，但这种心智模式的主要特征已在第一部分“弗洛伊德与精神分析”中讨论过了。

弗洛伊德的职业生涯是从神经生理学家开始的。1895年，弗洛伊德受到启发，建立了精神分析的神经生理模型，并写了一本书——《科学心理学设计》（*Project for a Scientific Psychology*）。然而，这本书在弗洛伊德的有生之年没有出版。在这本书中，弗洛伊德对精神分析中的关键概念，包括驱力、宣泄、自我、意识、现实检验力和防御机制等进行了神经生理学的解释。弗洛伊德曾对这项任务表现出极大的热情。在给朋友弗利斯（Wilhelm Fliess）的信中，弗洛伊德写道：

> 上周的某天晚上，当我努力工作时，痛苦的折磨似乎使我的大脑运转处于最佳状态，在那一刻，关于精神分析神经生理基础的障碍突然消失，面纱被揭开——我对精神分析的心理过程有了更为清晰的认识，从神经症的细节到使意识成为可能的条件。这一切似乎都串联起来，所有的 117
> 一切都配合得相当好。我突然有了这样的感觉，那就是，此时此刻，这些东西真的组装成一台机器，它会自动地运

转起来……我抑制不住由此带来的喜悦。①

然而，后来，弗洛伊德放弃了这项工作，并称其为反常现象。弗洛伊德再也没有试图为精神分析寻找某些明确的神经生理基础。

随后，评论者们从这项计划中看到了生机，认为神经生理学的确对精神分析有着重大影响。②特别是，布拉姆和吉尔（Pribram & Gill，1976）认为，弗洛伊德的元心理学并不仅仅是一个推测的模型，而是建立在对大脑运作的高超理解基础上的。③他们认为，在这本书中，弗洛伊德对记忆、动机、注意力、意识和思维过程的表述与其他地方一样高超，因此本书应该成为认知心理学学术遗产的一部分。当然，前提是可以根据最新的神经生理学进展对弗洛伊德的元心理学理论进行一定的补充和修改。例如，布拉姆和吉尔指出，弗洛伊德关于意识和潜意识过程的概念，可以借鉴斯佩里（Roger W. Sperry）发现的脑两半球以不同的方式运作的相关研究。④

> 埃克勒斯（John C. Eccles）对脑两半球的运作方式进行了解释，他认为只有处理与语言生成有关的左半球才能被称为意识半球，非语言半球对潜意识过程负责。⑤然而，斯佩里则基于非语言行为的脑活动证据，强调每个半球对

---

① Freud, S. (1895). *Project for a Scientific Psychology*. Standard Edition. vol. I, p.285.

② Kanzer, M. (1973). Two prevalent misconceptions about Freud's project. *Annual of Psychoanalysis, 1*, 88–103.

③ Pribram, K., & Gill, M. (1976). *Freud's Project Reassessed.* London: Hutchinson.

④ Sperry, R. W. (1969). A modified concept of consciousness. *Psychological Review, 76*, 532–636.

⑤ Eccles, J. C. (1970). *Facing Reality: Philosophical Adventures by a Brain Scientist*. New York: Springer-Verlag.

意识的控制是独立进行的。①

当然，布拉姆和吉尔认为，不能简单地把精神分析等同于生理解释，用赫布（Donald Hebb）的话说，计算机模拟和神经生理学解释是精神分析研究的两种方法，可以“绘制同一海湾的海岸线”，而且经由这两种方法得出的结果可以进行有用的比较。布拉姆和吉尔把这个项目称作“罗塞塔石碑”②，不同的研究方法，使得对精神分析感兴趣的不同研究者在这些话题、领域之间的交流成为可能。“这两个领域到底在多大程度上能够协调，这两种不同层次的探究和解释到底在多大程度上能永远保持独立——一个在意义的宇宙中，另一个在自然科学的宇宙中。”③ 对这个问题，布拉姆和吉尔有不一样的观点。精神分析本身具有的意义性以及自然科学研究方法是否适用，经由这两个层次的混乱所产生的问题，将是我们下一章要讨论的主题。

精神分析治疗的有效性 118

到目前为止，精神分析的支持性证据主要集中在理论方面。作为一种治疗方法，精神分析治疗在实践中的有效性如何？众所周知，支持精神分析治疗效果的证据，本身就存在于治疗过程之中，并反映在治疗效果上，因此探讨这个问题就更

① Pribram, K., & Gill, M. (1976). *Freud's Project Reassessed*. London: Hutchinson, p.21.

② 罗塞塔石碑，刻有埃及国王诏书的石碑，是研究古埃及历史的重要文物。——译者注

③ Pribram, K., & Gill, M. (1976). *Freud's Project Reassessed*. London: Hutchinson, p.168.

具重要意义。尽管如此，治疗成功绝不应该仅仅被看作是衡量理论有效性的标准。因为，即使精神分析确实给患者带来了有益的变化，也并不意味着这必然是精神分析的功劳。也许仅仅是因为有一个人能以一种如此亲密的方式与患者交谈，从而使患者恢复了自信，而且，除了倾听患者，分析师所做的事情好像无关紧要。相反，如果治疗没有奏效，也不意味着分析师对患者病情起源的分析必然是错误的，可能仅仅是因为将这种解释传达给患者本身并不足以让患者产生改变的欲望。

然而，精神分析治疗效果承载的实践意义的确令人关切。我们迫切想知道，如果我们去找一个精神分析师治疗，这将是一次值得的经历吗？我们是否能从这样的治疗中得到一些好处，抑或甚至可能比以前更糟？尽管如此，对精神分析治疗效果进行客观评估是否存在价值，就连弗洛伊德本人也持怀疑态度。在《精神分析引论新编》(*New Introductory Lectures in Psychoanalysis*）中，弗洛伊德回应了柏林精神病学研究所成员对精神分析治疗结果的评价，并评论道："这种统计数据本身毫无意义。精神分析疗法涉及的因素非常复杂，任何治疗效果都需要非常多的数据才能显示出来。与收集数据相比，对一个人的个性化成长经历进行检查是更明智的做法。"① 大多数精神分析学家都认同并追随弗洛伊德，他们依靠自己的经验来保证治疗效果。但是，正如前文所指出的，精神分析师在入职之前已经进行了大量训练，这些训练以及职业卷入程度将会导致精神分析师对治疗效果产生严重怀疑本身就是一件困难的事情。因此，一个具有先见之明的患者很可能倾向于寻找其他证据来证明他们重新拾起的自信源于何处，而不单单把它看作是治疗的效果。

---

① Freud, S. (1933). *New Introductory Lectures in Psychoanalysis*. Standard Edition, vol. XXII, p.152.

我们可能认为，弗洛伊德一定对患者的治疗过程进行了详细的记录。但是，事实可能会让你惊讶，在弗洛伊德毕生的工作中，他很少详细记录治疗患者的细节。在他所有出版的作品中，只深入讨论了 12 个案例，而其中很多案例给出的细节也远远不够。[①] 正如费希尔和格林伯格所指出的，在这些案例中，只有一个患者——“鼠人”洛伦茨的治疗效果可以被认为是一 119
种毫无保留的记录。[②] 除此之外，所有已发表的案例很可能只是因为它们具有模范性质而被挑选出来，而且这些案例是根据弗洛伊德的回忆写出来的。因此，我们可能会觉得，这些案例本身很难成为精神分析疗法的有益证据或基础。

近年来，大量研究试图纠正这种情况，并对精神分析治疗的效果作出评估。这些研究都需要面对一个方法论雷区，而几乎没有人能毫发无损地绕过这个雷区。首先，要证实精神分析疗法的效果，需要克服的问题是要找到明确和具有可比性的弗洛伊德式精神分析疗法的例子，并对此进行评估。而事实上，自称弗洛伊德式精神分析疗法的精神分析学家本身就存在相当大的个体差异性。虽然大多数人仍然专注于移情分析，但他们在治疗长度、目标以及与患者互动的方式（例如，他们指导或积极干预的程度）等方面都可能存在很大的不同。一些调查表明，他们仅有的共同点是躺椅和 55 分钟的治疗时长。[③] 而在现在的治疗过程中，有些精神分析师甚至连躺椅都不使用！与其他专业人士一样，精神分析师的工作方式存在比较大的个体差异。但诸如温暖和共情的能力等特性已被证明与治疗的有效性

---

① Brody, B. (1970). Freud's case-load. *Psychotherapy: Theory, Research and Practice, 7*, 8–12.

② Fisher, S., & Greenberg, R. P. (1977). *The Scientific Credibility of Freud's Theories and Therapy*. Hassocks: Harvester Press.

③ Oberndorf, C. P., Greenacre, P., & Kubie, L. (1949). Symposium on the evaluation of therapeutic results. *Yearbook of Psychoanalysis, 5*, 9–34.

存在显著相关。[①] 因此，很显然，如果研究人员要确保观察到的治疗效果源于精神分析的方法，而不仅仅是精神分析师自身的素质，那么她就需要使用等效的实体样本。

即使研究人员已经找到等效的实体样本——几个一直使用类似弗洛伊德精神分析疗法的精神分析师——研究人员还需要一种测量患者改善程度的方法。当然，有几种评估方法研究人员已经尝试过——精神分析师对患者发生的变化进行记录和评估，由患者自己或熟悉他们的人对治疗效果进行评估，以及制定一系列行为标准，如随后住院的发生率等。但是，到目前为止，每一种评估方法都不太令人满意。

即使研究人员能确信患者已经发生了积极的变化，而且这种变化不是因为某位分析师的个人素质，依旧很难肯定地将这种积极的变化归因于精神分析治疗本身。我们之前已经讨论过，患者会从她的精神分析师那里得到无条件的持续兴趣和关注，对患者来说，这种关注不太可能在其他地方得到。如果这种关注本身就能促成患者作出改变，那也不足为奇。在这种情
120 况下，不管治疗效果如何，患者都可能得到更好的发展。朋友和家人的帮助，生活的经历，时间的流逝，都会对患者产生有益的影响。艾森克认为，为了证明治疗效果，治疗必须能够提供比症状自发缓解更好的结果。艾森克认为，仅仅是自发缓解就可以预期有 70% 的成功率，而精神分析的成功率仅为 44%（如果不计算治疗结束前就退出的患者，成功率则为 66%）。[②] 基于这种估计，艾森克认为，在这些治疗中，精神分析的治疗效果比毫无用处更为糟糕。然而，艾森克的数据和结论都遭到

① Truax, C.B., & Carkhuff, R. R. (1967). *Toward Effective Counselling and Psychotherapy*. Chicago: Aldine.

② Eysenck, H. (1952). The effects of psychotherapy: An evaluation. *Journal of Consulting Psychology, 16*, 319–324.

了激烈的质疑。①② 这场争论值得我们仔细研究一下，因为它揭示了这一主题背后困扰我们的一些问题。艾森克曾对美国人进行了两次调研，并根据这两次调研收集的广泛而粗糙的数据对症状的自然缓解率进行估计。第一次调研发现，在一家医院里，许多神经症患者除了接受护理之外，并没有得到专业的治疗，尽管如此，他们还是随着病情的改善而出院。③ 第二次调研针对因精神错乱而提出保险索赔的人。④ 在这项调查中，那些只看了医生，两年内就能回去工作或放弃索赔的人，被当作“自发缓解”的例子。艾森克的评论者对此提出了激烈的反驳。例如，没有理由假设这些调查中的患者与那些接受精神分析的患者有足够的相似之处，从而能够对两者进行有效比较。也没有任何理由认为出院的标准与精神分析学家所评估的“改善”标准存在任何相似之处。艾森克对精神分析成功率的估计基于他对患者疗愈结果的统计——这些结果源于分析师发表的案例研究。但是，人们对艾森克的数据表示怀疑，罗森茨韦格（S. Rosenzweig）声称，在芬尼切尔（Fenichel）的一篇论文中，艾森克甚至误判了报告的病例数，而且他对自发疗愈成功率的估计比实际更高。⑤⑥ 未经治疗而改善的研究得出

① Rosenzweig, S. (1954). A transvaluation of psychotherapy: A reply to Hans Eysenck. *Journal of Abnormal and Social Psychology, 49*, 298–304.

② Kiesler, D. J. (1966). Some myths of psychotherapy research and the search for a paradigm. *Psychological Bulletin, 65*, 110–136.

③ Landis, C. (1937). Statistical evaluation of psychotherapeutic methods. In L. E. Hinsie (Ed.). *Concepts and Problems of Psychotherapy*. New York: Columbia.

④ Denker, P. G. (1947). Results of treatment of psychoneuroses by the general practitioner: A follow-up study of 500 patients. *Archives of Neurology and Psychiatry, 57*, 504–505.

⑤ Rosenzweig, S. (1954). A transvaluation of psychotherapy: A reply to Hans Eysenck. *Journal of Abnormal and Social Psychology, 49*, 298–304.

⑥ Bergin, A. E. (1971). *The evaluation of therapeutic outcomes*. In A. E. Bergin & S. L. Garfield (Eds.). *Handbook of Psychotherapy and Behaviour Change*. New York: Wiley, pp.217–270.

的结果变化不定，虽然变化不定，但这些结果几乎总是低于艾森克给出的数字。例如，伯金（A. E. Bergin）的一项调查发现，未经治疗而改善的研究估计从 0% 到 46% 不等。① 很明显，我们应该非常谨慎地接受艾森克的论点和结论的可推广价值。

与艾森克对症状自发缓解的估计方法不同，另一种方法在此基础上采用了控制组和比较组来研究精神分析疗法的效果。理想情况下，研究采用随机分配的方法对患者进行分组，
121 将患者分为比较组和控制组，以确保两组患者在一些特征上具有相似性。然后，让一组患者接受精神分析，另外一组患者接受其他类型的心理治疗或者根本不接受任何治疗。这里我们需要重申一遍，说起来容易做起来难。第一，对患者进行匹配性分组本身就是一件困难的事。第二，这种做法面临道德伦理的困境，因为在这种情况下，对控制组的患者来说，这可能意味着她不能从她认为她所需要的人那里获得治疗。第三，这样的设计，虽然使接受不同治疗的患者之间可以比较，但是由于不同类型的患者接受特定的心理疗法，这种可能性使结果变得更加复杂。我们永远无法确定控制组和比较组是不是从一开始就具有可比性。考虑到这一方法学上存在的问题，克兰在对该领域的工作进行回顾之后，得出这样的结论："即使使用控制组和结果量化的方法，数据结果最后的差异性也只达到了最低的统计学标准，对于精神分析疗法效果的评价不具有任何实质性意义。" ②

---

① Bergin, A. E. (1971). *The evaluation of therapeutic outcomes*. In A. E. Bergin & S. L. Garfield (Eds.). *Handbook of Psychotherapy and Behaviour Change*. New York: Wiley, pp.217–270.

② Kline, P. (1981). *Fact and Fantasy in Freudian Theory* (2nd ed.). London: Methuen, p.398.

尽管如此，一些评估性研究仍然在谨慎地进行着。①② 在这些研究中，研究者使用一系列不同的措施来规范分析师的分析方法以及患者的测试结果，研究结果始终一致认为，对大多数患者来说，接受精神分析治疗比不治疗更可取，效果也更好。这一观点在很大程度上得到了其他形式心理治疗研究的支持，但这并不代表精神分析疗法的效果比其他疗法要好。比如，对精神分析和罗杰斯的非指导性疗法（non-directive therapy）的比较结果表明，就有效性而言，两者几乎不存在任何差别。③

自克兰以来，关于精神分析治疗是否有效的研究少之又少。从调查的规模来看，仅有两项研究值得我们关注。第一项研究来自哥伦比亚精神分析中心（The Columbia Psychoanalytic Center），他们对数百名患者的治疗改善情况进行了评估。这些患者一部分采用传统的密集型精神分析疗法，另一部分采用精神分析导向的现代心理治疗（每周只进行一至两次）。④ 当然，从这项研究中得出结论存在几个问题。比如，很多患者的改善情况由为其治疗的分析师来评估。研究结果表明，两组患者的改善率并没有出现显著差异，而且两组患者的改善率与艾森克调研中发现的结果相似。第二项研究来自瑞典，这项研究同样涉及数百名患者，也对密集型精神分析疗法与精神分析导向的

---

① Schjelderup, H. (1955). Lasting effects of psychoanalytic treatment. *Psychiatry, 18*, 103–133.

② Orgel, S. Z. (1958). Effect of psychoanalysis on the course of peptic ulcer. *Psychosomatic Medicine, 20*, 117–123.

③ Cartwright, R. D. (1966). *A comparison of the response to psychoanalytic and client-centred psychotherapy.* New York: Appleton-Century-Crofts.

④ Weber, J. J., Bachrach, H. M., & Solomon, M. (1985). Factors associated with the outcome of psychoanalysis: Report of the Columbia Psychoanalytic Center Research Project. *International Review of Psychoanalysis, 12*, 127–141, 251–262, 379–389.

现代心理治疗的疗效进行了对比。① 结果发现，在治疗结束时，122 两组患者表现出了相似的效果。然而，在之后三年的随访中，研究人员声称，那些接受密集型精神分析疗法的人继续改变，而那些只接受精神分析导向的现代心理治疗的人则没有进一步的改变。考虑到密集型精神分析疗法所用的时间要长得多，人们很可能会质疑比较结果的有效性。

克兰认为，在确定精神分析治疗的有效性方面，存在比这种一般评估更好的方法。克兰以贝拉克（L. Bellak）的开创性研究为例来说明。② 贝拉克发现，精神分析学家通过聆听治疗过程的录音，就能够很好地预测下一次治疗会发生什么。该方法的优点是不使用控制组，也不需要评估两组患者存在的差异。然而，该方法的缺点是不能保证预测的事情与患者的改善相关。因为，对治疗过程的预测可能仅仅反映了这样的可能性——精神分析师在巧妙地操纵患者。当然，除了一般的评估方法之外，我们还需要其他评估方法，来更精确地研究精神分析的作用原理以及在哪些方面更适用。正如克兰所认为的那样，作为一种治疗和诊断工具，精神分析很有价值，但认知行为疗法和系统脱敏疗法在改变患者行为方面可能更有效。也许最有效的治疗方法就是整合不同的方法。

班尼斯特（D. Bannister）从不同的角度出发，认为研究应该关注“心理治疗过程中正在发生的事情”。③ 他认为诸如“心

① Sandell. R. (1999). *Long-term findings of the Stockholm Outcome of Psychotherapy and Psychoanalysis Project (STOPP)*. Paper presented at conference on the Psychoanalytic Long-Term Treatments: A challenge for clinical and Empirical Research in Psychoanalysis. Germany: Hamburg.

② Bellak, L. (1958). Studying the psychoanalytic process by the method of short-range prediction and judgement. *British Journal of Medical Psychology, 31*, 249–252.

③ Bannister, D. (1980). The nonsense of effectiveness. *New Forum* (Journal of the Psychology and Psychotherapy Association), August.

理治疗有效吗？”这样的问题，是医学模型给心理治疗带来的消极影响。我们不应该把心理治疗与生理治疗相提并论。班尼斯特认为，心理治疗本身就具有良好的道德公正性，它涉及一个人对另一个人的关注。去询问心理治疗的效果就如同询问谈话的效果一样，是没有意义的。

班尼斯特的观点确实激励我们停下来思考精神分析疗法的本质究竟是什么。或许，精神分析应该被看作是一种个人教育的形式，而非治疗的手段。和任何其他教育形式一样，精神分析的目的是让我们学会用一种更深入细致、更有区别化的方式来思考问题。精神分析提醒我们，要将注意力集中到我们目前没有意识到的自我方面，并为我们展现理解自我和社会关系的新方式。我们可以试一试，看看精神分析方法对我们是否
适用。但是，就像任何形式的理论和规律一样，精神分析的解 123
释永远不能被看作是对我们行为的最终解释。精神分析对行为的解释总是开放的，会随着经历的新事物和新事件而不断修正和改变，这也促使我们能够发展出对行为的替代性解释。从这个角度来看，精神分析往往需要无休止的漫长时间。而且，精神分析可能对患者的选择决策过程产生截然不同的影响。当然，精神分析学家常常被指责，在选择患者方面存在歧视和偏见。这也不难理解，因为就像一门艰难的教育课程一样，某些特定的能力和动机很可能是决定患者能获得好处的关键因素。

当然，这样的教育过程可能会在多大程度上减少患者的焦虑和抑郁情绪，给患者带来行为改变或生活中更大的成就感、满足感，这是另一个需要探讨的问题。而这个问题在很大程度上似乎取决于患者本身的特点和最初的状态。当然，在对精神分析的实践价值进行评估时，虽然患者本身的特点和最初的状态是最关键、最核心的影响因素，但却不是唯一的因素。因

此，患者本身的特点和最初的状态与治疗效果之间并不存在必然的联系。

在这种背景下，我们再来看，在弗洛伊德的一生中，弗洛伊德对精神分析治疗的看法发生了怎样的改变，这是一件很有趣的事情。弗洛伊德最初是一名神经生理学家，他从医学的角度来看待临床治疗工作。他认为患者有病，而他的工作就是治愈他们。那时候，他一直非常自豪地认为，精神分析是一种治疗手段，其治疗价值远远高于理论价值。但同时，弗洛伊德又是一名非常优秀的科学家，他无法对由经验带来的非科学性熟视无睹。因此，后来，尽管在处理治疗问题方面，弗洛伊德仍然相信精神分析治疗是最好的心理治疗形式，但他开始意识到精神分析治疗的局限性。在《精神分析引论新编》中，弗洛伊德非常冷静地指出，“我认为精神分析的治愈效果肯定不能与路德（Lourdes）① 的治愈效果相媲美”。但在后面，弗洛伊德又说：“精神分析最初是一种治疗方法，但我不想因为你对精神分析这一角色感兴趣就推荐给你，我推荐给你是因为精神分析中包含真理，它为我们提供了关于人类最关心的问题——人的本性的信息，它揭示了个体不同行为和活动之间的联系。”②

一方面，人们开始逐渐认识到精神分析在治疗和改变人方面的相对无力性。这种认识也表示，我们间接承认了这样一个事实——到现在为止，我们还没能开发出一些技术，把精神分析的诊断和解释能力转变为治愈的力量。另一方面，这种认识也间接引导人们关注精神分析的本质及理论本身。虽然弗洛伊德对精神分析能“提高”人的能力这一说法充满怀疑，但他认

124

① 路德（Lourdes）是欧洲最大的天主教朝圣圣地。——译者注

② Freud, S. (1933). *New Introductory Lectures in Psychoanalysis*. Standard Edition, vol. XXII, pp.156–157.

为精神分析的确能提升人的洞察力。至少现在，弗洛伊德开始隐隐约约地间接承认，精神分析学家的角色本质上是教育家，是洞见的探索者和激励者，而不是心理治疗者，这两者之间的区别非常大，对此进行区分也非常重要。下一章我们将继续探讨这一问题。我们发现，未能对精神分析学家的角色作出明确区分一直是弗洛伊德理论混乱的主要根源，而且这种混乱状态对精神分析者和评估人员的工作都产生了误导。

精神分析经得起检验吗？

前文回顾了“检验精神分析治疗的有效性”方面的研究，我们很难不被诸多研究人员的聪明才智打动。然而，更令人惊讶的是，竟然有如此多的证据支持了弗洛伊德的精神分析。尽管仍有一些具体的命题有待进一步证实，但从表面上来看，这些研究结果与精神分析理论比较契合。你可能会产生疑问，这些研究到底给精神分析带来了什么？我很遗憾地告诉你，这些研究几乎没有给精神分析带来大的推进力。首先，从方法学上来看，很多研究结果并没有得到重复验证；其次，研究似乎只是以一种粗糙和肤浅的方式揭示弗洛伊德理论的微妙之处；再次，在内容方面，除了少数研究对精神分析作出小的修改外，大多数研究并没有如人们所预料的那样，对精神分析产生任何真正的创造性发展。事实上，确实有一些研究提出了与精神分析一致的暗示性和间接性证据，但几乎没有研究为拒绝或支持特定观点提供明确而坚实的证据。为什么会出现这种情况呢？

我认为存在以下几个原因：第一，精神分析使用的概念和命题本身的独特性——每个概念、命题源于并依赖其他概念和命题。众所周知，理论的检验结果能够精确契合理论提出的假设，是科学检验的核心要求之一。而精神分析存在一个关键问题，它的概念往往不建立在可观察的事实基础之上，而源于理论提出的其他概念和命题。例如，要想理解压抑这一概念，必须首先要理解本我、自我、超我和潜意识的概念，只有把压抑放到本我、自我、超我和潜意识的概念框架中，压抑的定义才能浮现。即使精神分析的某个具体概念比压抑更简洁和明
125 确，但由于它可能涉及某种行动或经验的意义，难以排除对结果进行其他解释的可能，因此也不容易被检验。支持这一观点的例子有很多。比如，霍尔发现了梦的内容存在性别差异，而弗里德曼通过观察发现男孩和女孩对投射测验的图片和故事存在不同反应，我们认为，这两位研究者的结论都与弗洛伊德关于俄狄浦斯冲突的观点一致，当然这种结论也可以用性别角色社会化理论来解释。法雷尔以验证俄狄浦斯情结为例，来说明解释相关观察结果的困难。① 以往研究认为，男孩在 3 岁到 5 岁时经历的俄狄浦斯冲突——母亲对他的性吸引力以及他对父亲的嫉妒，可能会通过明显的行为来表达，比如，爬上床躺在母亲旁边，把父亲推开。但是，法雷尔认为，这种行为同样也可以用传统的阿德勒式个体心理学来解释，即这些行为代表着孩子希望以此补偿自己在父亲面前的自卑感。因此，即使我们观察到这样的行为，也不能把它们看作是俄狄浦斯情结的明确表现。

第二，几乎所有的精神分析命题都是以概率的方式进行表达。它们预测的是可能发生的事情，而不是肯定会发生的事情。因此，过分严格的如厕训练往往会导致肛门期人格特征，但这并不是说只要过分严格训练，就一定会导致肛门期人格这样的结果。总有一些孩子，因为体质等原因，对此保持免疫，

① Freud, S. (1933). *New Introductory Lectures in Psychoanalysis*. Standard Edition, vol. XXII, pp.156–157.

不会形成肛门期人格。当然，另一个与之相关的问题是，精神分析命题的概念属性或特征通常存在不止一种表现形式。比如，肛门期人格特征可以表现为吝啬，也可以表现为创造力；潜意识欲望可以直接表达自己，也可能由于防御机制的运作，只表达一部分，甚至以完全不相关或相反的行为来表达。与此同时，不同种类的潜意识动机也可能导致同类行为的出现，例如，童年期情感的过度剥夺和过度放纵都可能导致成年期人格固着。综合上述，行为决定因素和效果之间的多样性和差异性使我们很难果断地反驳精神分析命题。严格来讲，精神分析命题无法被证伪。正如麦金太尔（Alasdair Maclntyre）所说，“这样的论断已然是一种不可能输的赌注”。同样，正如波普尔（Karl Popper）所言，“它也不可能赢”。所以，无论在什么情况下，无论个体表现出什么行为，精神分析命题都不能被推翻或证伪，精神分析命题的这种不可证伪性对它来说是致命的。①

精神分析的概念、假设和观点都存在以上这些问题，而且难以获得实验的支持，这些困难导致一些评论者倾向于舍弃精神分析，认为精神分析没有什么科学价值——精神分析的重要性都不及“荷马人从奥林巴斯收集的故事”，或者说精神分 126
析的用处已经过时了。②③但是，任何评价都是一种建构，所反映的是评价者的价值观和假设，这像理论一样。像波普尔这样的哲学家，他把可证伪性看作科学检验的关键，而对于像艾森克这样的实验心理学家来说，可检验性才是科学发展必不可少的基础，科学理论是一种可以通过假设检验来证实或推翻的

① MacIntyre, A. (1965). *The psychoanalysts*. *Encounter, 25*(5), 38–43.

② Popper, K. (1955). *Philosophy of science: A personal report.* In C. A. Mace (Ed.). *British Philosophy in Mid-Century*. London, Allen and Unwin.

③ Eysenck, H., & Wilson, G. (1973). *The Experimental Study of Freudian Theories*. London: Methuen.

理论。

那么，不符合这一标准的理论就毫无科学价值吗？当然不是。科学的进步不应该仅仅取决于假设是否得到验证。科学的进步既需要评价，也需要创造。而精神分析理论、观点及其解释的广度和丰富性，迄今没有其他心理学理论能与之相媲美。

因此，精神分析在多大程度上可以接受检验，或者不需要被检验，这本身就是值得商榷的问题。诚然，精神分析的一些观点确实很难反驳或得到证实。然而，我们仍然可以掂量一下一些检验性的研究证据所承载的意义，并看看它在多大程度上与理论提出的观点相一致。研究证据至少为已有的观点提供了合理的基础，来检验观点是否能站得住脚。正是通过这种方式，弗洛伊德的理论才得以发展和修订。从精神分析角度来看，在任何情况下，行为决定因素与行为后果之间的严格匹配可能是不太现实的。而对于研究而言，有针对性和选择性的假设可能会有更好的适用性。但是，精神分析最令人深刻的地方以及其他理论无法匹及的地方在于，精神分析理论能够在非常广泛的情境范围作出可信性解释。

正如法雷尔所指出的，尽管精神分析拥有经验和逻辑的不确定性，但它仍然是一种非常经典的理论，在科学史上有相当重要的地位和相当大的影响力。法雷尔把精神分析与牛顿（Isaac Newton）的内聚力理论相提并论——“内聚力理论不接受验证、不可检验、内容空洞，但在探究化学反应和物质性质方面发挥了重要作用。”①精神分析不仅对社会工作者和精神病学家等关心他人情感的专业人士产生了深远影响，而且，就像牛顿的内聚力理论一样，精神分析对研究和治疗工作起到了至

① Farrell, B. A. (1981). *The Standing of Psychoanalysis*. Oxford: Oxford University Press, p.44.

关重要的启发作用，它激发了人们对人性本质的深入思考和研究。

最后，也许是最重要的一个问题，科学的本质究竟是什么？是不是只有坚持使用某种特定的方法（比如，在自然科学 127
研究中惯常使用的量化法和实验法）才是科学？还是通过合理和系统的调查进行的更有助于理解事物本质的理论才是科学？这一问题值得进一步商榷。值得注意的是，人类科学研究，包括精神分析、人类学、精神病学和大量的社会心理学研究，均对自然科学方法持批评态度。这就引发了一个问题：精神生活的微妙性和复杂性是否可以简化为明确的、可操作的、允许反驳而又不明显损害其基本品质的命题？科学研究者可以把自己的观点和研究限制在严格的可检验性基础上，但这样做不可避免会忽略行为和经验中那些不可捉摸的方面。或者，科学家也可以像弗洛伊德那样，尽可能选用系统的理论来解决复杂问题，并试图理解它。在这种情况下，即便科学家使用的概念是模糊的，其观点也不容易被反驳。

第十章　意义的重要性

究竟是什么让精神生活成为一个如此棘手的研究主题？在我看来，最根本的一点在于——精神生活的本质是意义性。这一观点早在讨论精神分析治疗的本质是教育而非治愈时就已经提出来了。布拉姆和吉尔在评论弗洛伊德的《科学心理学设计》时也提到了自然科学和人类意义的概念，认为它们隶属于不同的领域。在将意义作为精神生活本质的前提下，笔者指出了这样一个事实：我们的生活和关系是由观念决定的。我们对自己、他人或环境的概念化和感知方式，将决定我们的行为方式。在日常生活中，我们认为用意义来决定行为是理所当然的。虽然有时候我们会用行为的原因来解释行为。比如，我们迟到是因为交通堵塞了，我们行为不良是因为喝酒了。然而，更多的时候，我们认为自己才是行为的主体。在这种情况下，我们对行为的解释不依赖于外在因素，而是诉诸信念和情感的合理性。比如，她愤怒是因为她认为他居心不良，她在请愿书上签名是因为她相信这会给大家带来好处，他选择不去度假是因为他宁愿将钱存起来也不愿意花出去。这类解释存在一个关键点，就是它们存在商讨和修正的可能性。如果他能使她相信他所做的一切都是出于好意而非居心不良，她的愤怒很可能就会得到平息。如果我们能让她意识到在请愿书上签名弊大于利，就可以说服她不在请愿书上签名。通过指出目前的通货膨胀率，我们很可能会削弱他储蓄的欲望。由此看来，我们很多日常行为的改变都与对行为的解释有关。通过清晰地与其他人交换意见，或者通过默默观察以往他人解释行为的方式，我们不断检验和修正着我们的解释。我们也可以将心理治疗看作是这种商讨方式的一种。心理治疗本身可能不涉及直接说服，但
精神分析师很可能会鼓励患者修正他对自己及其人际关系的解 129
释方式。因此，心理治疗与生理医学存在很大区别，心理治疗的核心是改善和操控个体精神生活的意义，而不是个体的身体功能。

通过以上叙述我们可以看出，精神生活的意义就像狡猾的狐狸和变形虫一样难以处理，一旦被抓住了核心，它可能会变形。当然，还有比这更糟糕的。意义，就像理论和评价一样，也是一种建构。意义的表现形式取决于我们的观察方式。同一情景蕴含的意义可以用不同的方式来解读。比如，对同一个行为来说，有的人认为这是懦夫的行为，有的人则认为这只是出于谨慎。一个君主制主义者可能会把自己的忠诚看作是自豪感的表现，而精神分析师却把它理解为移情。因此，我们得到了一种奇怪的可能性，即精神意义的无限可能性对我们探索的任何主题都适用。但也许幸运的是，意义不太可能完全是私人化的。意义部分源自复杂的、相互关联的社会建构系统，而这个社会建构系统则源于人类的共同经验。在实践中，我们赋予任何一种行为的意义都受社会建构系统的限制，因为我们必须将其纳入社会建构系统提供的类别之中。尽管如此，我们仍然有很多解释相同行为或事件的其他方法。

因此，我们可以从不同视角来理解事件和行为蕴含的意义。除此之外，意义还可能存在不同的层次。首先，在某个层次上，一个动作的意义可能来自它服务的功能，如果这种功能

赋予的意义具有普遍性，那么对这一动作功能特性的理解就可能适用于所有人。其次，这一动作还可能带有某种源自特定文化或群体的象征意义。这方面的意义很可能仅限于那些以这种方式分享其用法的人。精神分析提醒我们，除了以上两种层次以外，意义还存在另一种可能性，那就是，意义还可能具有连动作的发出者自己都不知道的含义。

> 战争结束前，德国人试图把我们送上刑场，我回忆起一件在漫长的死亡征途中让我们保持活力的黑色幽默事件。我们从奥斯威辛集中营走出来，德国人似乎想让我们走死。我们不能停下来，也不能休息，只有当卫兵停下来，允许我们休息时，我们才可以停下来休息片刻。在这样的休息时光里，我们中大概有十个人，都是奥斯威辛集中营里的女孩，故意排成一队，掀起裙子，粗暴地把赤裸的屁股转向德国人。①

在上面的例子中，奥斯威辛集中营里的女孩掀起裙子露出屁股，并把屁股转向德国人，这一动作的功能在于，它是一种象征侮辱的符号，而女孩们充分利用了这一功能来表达自己
130 的需求。据推测，这一含义并没有被卫兵识破。否则，女孩们马上会招来卫兵的报复。因此，在这里，我们可以假设，一个姿势或动作可以在不同层面被与之相关的人理解，但这一姿势或动作也可能在另一层面存在不为人知的意义。就像上面提到的侮辱性姿势一样，它会让人产生一种与性相关的联想，而且这种联想认为，这一姿势与其他灵长类雌性动物的性行为并不

---

① Hart, K. (1981). *Memories of a survivor against all odds*. Company Magazine, August.

存在本质的区别。某位精神分析学家或行为学家很可能会理解这种潜意识想表达的意义，但在意识层面上，女孩们会完全否认这一点。因此，除了寻找与这种猜测相一致的其他行为或行为的其他方面之外，没有办法可以验证这种情况是否属实。然而，这的确是一个可以赋予的意义。

如果我们承认意义是精神生活的核心，而且承认意义虽受限制但仍具有多层次和无限可能性的特征，那么，如果我们认为对精神生活进行研究的学科是一门致力于通过实验寻找普遍规律的科学，这在很大程度上是一种无稽之谈。因为行为背后的意义灵活多变、可协商、个性化、存在个体差异并依赖于特定的历史环境。它们不可能成为亘古不变的因果法则，并适用于不同的时间和文化。因此，与这样一种常规的科学研究方法（实验法）相比，我们更需要（至少在学科发展的第一阶段）一种更为具体的方法。换句话说，对精神生活进行研究的学科，其主要任务是深入探索行动或事件背后的意义模式。学科目标是使这些行为背后的意义变得尽可能清晰易懂。它们是怎么发生的，为什么会发生？它们采用什么样的方式使之与行为发生的大环境相适应？

这种对行为和意义的区分并非新鲜事儿。它的起源最早可追溯到古希腊时期人们对心灵和物质的争议。心灵现象与物质现象存在本质的不同吗？几位社会科学家认为的确存在。其中，狄尔泰（Wilhelm Dilthey）等人指出，对象世界与人类经验和心理世界之间存在研究方法上的不同。前者包括观察和测量，后者不可避免地依赖于内省和解释，其形式在本质上是定性的。有趣的是，在《科学心理学设计》一书中，弗洛伊德谈及大脑和心灵的交互时，也对此进行了类似的区分："我们的意识只提供定性的东西，而（物理）科学只认定量的东西……神经系统的结构，旨在将外部的神经节数量转化为质量

（信号）。”①

131 因此，自然科学的研究范式对精神生活是否适用？上述分析已经给出了最好的答案。对于心理科学来说，我们真正需要的是一种解释学方法。这一方法着重对行为和经验进行分析并给出解释。由于不同语言对文本蕴含的意义进行编码和破译时采用的方式不同，解释学的核心在于提取特定文本可能蕴含的意义，这不仅涉及文本符号具有的含义，还涉及这些符号之间的相互关系以及它们出现的背景信息。文本编码具有的含义，就像分析某篇课文中人物行动和经验背后的含义一样，这些含义并没有在客观事实中展现，而要我们从蕴含的信息中进行提取。所有这些含义是通过人类对符号（语言）的共享使用而产生的。因此，个体的社会化过程，不仅包括通过与他人互动来学习行为的意义，还包括学习一种以声音模式捕捉行为和经验意义的口语（语言）。

从上面的论述可以看出，将解读行为的意义与语言进行类比是非常有用的。当意义转化为语言时，它也转化成了行动。这两个过程都取决于我们习得的社会传统与社会规则，同时也依赖于基本的语法或规则。从这个角度来看，意义以个体的行为或经验等表面形式为载体，我们需要借助对这些规则（语法规则、社会习俗）的了解（尽管是隐含的），进而从这些形式中将意义推断出来。

在日常生活中，我们能很好地理解了别人讲话和行为的意义，并将这一意义传递给他们。很多时候，我们甚至会在不经意间交流我们更愿意去隐藏的东西。但并不是所有的意义都很容易被理解，意义可能具有含蓄性和隐蔽性，甚至连我们自己都不知道。帮助我们认识意义的隐含性和含蓄性是弗洛伊德理

① Freud, S. (1895). *Project for a Scientific Psychology*. Standard Edition, vol. I, p.309.

论的贡献之一，即潜意识有独特的意义。但是，正如拉康所指出的，潜意识是一门我们必须学习的语言。① 弗洛伊德的特殊贡献在于，弗洛伊德为我们提供了一门“深层次的解释学”（对潜意识的解释），以帮助我们了解潜意识的特殊编码和规则。弗洛伊德对精神分析中潜意识的意义性非常着迷，认为它非常有吸引力。弗洛伊德在《梦的解析》中以梦的内容和梦蕴含的思想为例，说明了潜意识编码的特殊性。

> 梦的内容和梦蕴含的思想以两种不同的语言形式呈现给我们，它们就像同一主题的两个版本。或者，更恰当地说，梦的内容似乎是一种将梦的思想转换成另一种表达方式的脚本，而我们的任务就是通过比较，翻译原始脚本，发现梦的特征和语法规律。一旦我们了解了这些特征和语法规则，梦的思想就会立即被我们理解。理解梦的内 132
> 容，就像阅读象形文字一样，异常晦涩。因此，只有根据个人情况对梦中出现的符号进行个性化转换，才能揭示梦的思想。如果我们只是试图根据这些符号的形象化意义而非象征性意义来对其进行解读，就有可能误入歧途。假如有一幅画摆放在我面前，请我看画猜谜。这幅画描绘的是一所房子，房顶上有一艘船，画中还有一个字母以及一个被魔法割掉头却仍在奔跑的男人等。现在，我可能会被画中逻辑混乱的人物和人物毫无摆放次序的现象误导，认为整个画面及其组成部分毫无意义。因为船不可能出现在房顶上，没有头的人也不可能奔跑。而且，这个人比房子还大。如果这是一幅风景画，那么画中的字母就是不合适

① Lacan, J. (1979). *The Four Fundamental Concepts of psychoanalysis*. Translated by A. Sheridan. Harmondsworth: Penguin.

> 的，因为自然界中并不存在字母。但显而易见的是，只有当我们将这些偏见置于一边时，我们才能作出合理的认知。如果我们不去批评整个构图，而是尝试用某个音节或字母来代替画中的某个成分，或者用某种其他方式对画进行解释，我们会发现，这样组合在一起之后，这幅画不再荒谬或者荒诞无稽，甚至可能会形成某种最美丽、最有意义的画。梦就是类似这样的无结构的画，而在对梦进行解析的过程中，前辈们犯了一个错误，就是把梦看作一幅有结构的画。因此，在他们看来，梦是一种非常没有想象力的、毫无价值的东西。①

正如第八章所指出的，精神分析的力量在于它的语义价值。换句话说，精神分析延伸了解释学的力量。弗洛伊德不仅帮助我们了解梦的意义，也帮助我们洞察错误行为背后的意义，笑话的作用，以及神经症背后的潜意识意义。弗洛伊德的作品中有大量类似的例子，从猜测个体为什么碰巧放错了一本书，到研究陀思妥耶夫斯基小说中人物行为和经验背后的意义。

如果我们把精神分析当作一种解释学的方法，那么精神分析作为一门实验科学的薄弱之处就成为它的优势所在。我们以行为的多重决定因素为例来说明。在讨论梦的凝缩现象时，有人指出，在某个单独的记忆形象或事件背后存在许多不同的意义链。精神分析解释的目的就是帮助个体揭示或阐明这些意义链。
133 此外，精神分析概念可以帮助我们从不同角度和不同层次来看待意义。例如，防御机制的概念有助于我们将那些意识层

① Freud, S. (1900). *The Interpretation of Dreams*. Standard Edition, vol. IV, pp.277–278.

面的意义与那些潜意识层面上的操作性意义联系起来。尽管不是所有精神分析解释都经得起精确考验，但精神分析解释的确为我们提供了巨大的力量，帮助我们整合意义的碎片。正如芒罗所说：

> 弗洛伊德并不是用一般原则推断人类的行为，没有通过纯粹的逻辑演绎来处理复杂的问题，也没有粗略地对照经验检验行为。相反，弗洛伊德引入了一系列概念，从不同角度、不同层次对观察到的行为和经验结果进行有序的排列和整合。这种多维性的确有点令人困惑。我认为，弗洛伊德式的精神分析师自己也经常被卷入其中。尽管如此，我仍然非常强烈地推崇精神分析对心理科学的积极价值。在此，我认为，这就是弗洛伊德立场的主要力量。①

精神分析从不同的视角来看待行为观察结果的能力还表现在以下方面，即精神分析不仅关注行为蕴含的意义，而且还关注行为扭曲蕴含的意义。为什么行为会以这种特别的方式进行扭曲呢？在这里，精神分析师变成历史学家或考古学家，试图重建个体的经验。因为，随着时间的推移，为了掩盖令人不安的感觉，个体已经习惯采用某种特定的表达方式。正如弗洛伊德所意识到的，对行为的解释本身也存在系统性偏见，对精神分析师进行训练很重要的目的就是提醒精神分析师注意这一点，同时也让精神分析师对自己可能会遭受的某种防御性扭曲有所了解。正如哈贝马斯（Jürgen Habermas）所指出的："从

① Munroe, R. (1955). *Schools of Psychoanalytic Thought.* New York: Holt, Rinehart and Winston, p.272.

这个角度来看，精神分析是唯一一个吸纳方法论自我反思的科学的具体样例。”①

从另一种角度来看，精神分析是一门具有反射特性的理论。如果我们认可“意义是行为和经验的本质”这一命题，那么就会得出一个具有普适性的结论——心理学理论能改变人的特性。与物理科学不同，心理学的研究对象能够意识到心理学对他们的解释。这种意识可能导致人们改变对自己或对他人的信念，进而影响我们对个体行为的假设。物理学中有一个类似的效应——海森堡不确定原理（Heisenberg uncertainty principle）。这个原理指出，如果我们选择通过显微镜来观察粒
134 子运动，必须考虑存在的误差，因为显微镜释放的光波本身就会导致粒子运动，从而影响我们的观察。然而，相比以人类为对象的观察来说，物理观察的误差可能更细微，有更少的可变性。因为可变性在心理学中更普遍。心理学中往往存在这样的情况，即人们故意说他们的行为不是理论预测的那样。尽管这一做法更像是自我实现。精神分析提出的人类自我和行为概念的同化成为行为的基础。精神分析在这方面的影响，将成为第十二章讨论的主题。

对行为蕴含的意义进行心理分析还存在一个奇怪的特征，这也可能是现代文化中特别强调的一个特征，即关注未来。我们对世界的认知总与行为的结果联系在一起。我们的希望和愿望，我们想要实现的理想，就像我们思考事物的方式一样，会促成我们的行为。我们的行为也受我们认为应该做的事情的制约和影响。对行为正确与否的判断可能以道德原则为前提，也可能以取悦于别人、不让自己看起来与众不同或仅仅满足我们

---

① Habermas, J. (1972). *Knowledge and Human Interests*. Translated by J. J. Shapiro. London: Heinemann, p.214.

自己的需要为前提。但是，从最广泛的意义上说，我们的行为有某种道德味道，它与我们的意图、选择和是否对我们有好处息息相关。行为分析关注未来的特征以及心理学理论对我们生活方式的潜在影响，将精神分析（以及其他心理学和社会学领域的研究）认定为道德科学而非自然科学可能是恰当的。

对弗洛伊德进行评析的许多评论员认为，心理学在方法学上的困境可以归因于，它还是一门非常年轻的学科（尽管随着科学的发展，心理学现在应该已经准备好长胡子了！），是自然科学的替补队员。他们压根没有认识到，将意义作为行为本质的精神分析是一项与自然科学根本不相干的学科（前文提到，弗洛伊德提出的概念在英文中以一种更抽象和准科学的形式呈现，这一趋势并没有为心理学成为一门自然科学起到任何作用）。正如法雷尔所说：

> 如果我们将精神分析的发展历史与普通医学的发展历史相混淆，我们有理由认为，精神病学的发展取决于基础医学，即那些与神经系统神经化学构造相关的学科的发 135
> 展。如果真的是这样，那么精神病学家应该很容易就了解精神病患者到底怎么了……精神病患者以及那些鲁莽的人可能都愿意认为，作为核心治疗手段的精神分析将被更廉价和更有效的物理方法取代，这些方法将对负责我们内心世界和外部行为的生物机制的运作产生影响。①

这种还原论的观点与我在上文中对精神分析和科学之间的差异性的论述完全相悖。尽管如此，解释学的目的不是治愈和

① Farrell, B. A. (1981). *The Standing of Psychoanalysis*. Oxford: Oxford University Press, p.212.

解释，而是增强意识。也就是说，解释学会提高我们的自我觉知性，帮助我们了解行为和感觉背后可能存在的意义。当然，任何理论都不可能完美地完成这一任务。尽管从正统科学角度来看，精神分析似乎存在方法缺陷，也没有明确进展，但这并不是因为精神分析是一门不成熟的自然科学。相反，这些问题之所以出现，是因为从本质上来看，精神分析有着与自然科学不同的任务。

精神分析究竟是不是一门科学，这不仅让评论者感到糊涂，就连弗洛伊德本人有时也深受困扰。弗洛伊德最初的职业生涯是在实验室度过的，他发表的第一篇论文与神经生理学相关。弗洛伊德从来没有完全抛弃理性唯物主义。弗洛伊德一直拥有成为一名伟大科学家的梦想。弗洛伊德更关心医学期刊而不是文学期刊或哲学期刊对《梦的解析》的评论和反应。弗洛伊德的目标仍然是发现心灵运作的自然规律。精神分析的心智模型都是用生物和物理的术语表达的。弗洛伊德相信他的理论是客观的。对弗洛伊德来说，精神分析是一门自然科学。正如弗洛伊德所说：

> 在任何时刻，你都不应该认为我提出的精神分析是一个经由推测构成的系统。相反，它是经验的、实证的，要么是对观察内容的直接表达，要么是对观察内容研究和检查的结果。①

尽管作为一位优秀的科学家，弗洛伊德的发现不容小觑，但他的理论越来越多地关注解释。相比科学家，弗洛伊德更是

① Freud, S. (1917). *Introductory Lectures on Psychoanalysis*. Standard Edition, vol. XVI, p.244.

一位完美至上的解释主义者。对弗洛伊德来说，从来没有比找到隐藏意义更为快乐的事，他勤勤恳恳地审查证据，从不放过一丝线索。乔菲（Frank Cioffi）曾对弗洛伊德的写作风格进行过描述。在弗洛伊德看来，个体出现的“症状”、所犯的“错误”等不仅是由“宣告”“表示”“实现”“满足”“代表”“刺激” 136
它们的原因所致，更是由被压抑的冲动、思想、记忆等引起。① 乔菲认为，这是不科学、不精确的。我们更应该把这种观点看作是对定性意义而非定量原因的含蓄表达。虽然弗洛伊德从未真正放弃精神分析是自然科学的信念，但弗洛伊德的作品在性质上更多是解释学的，在实践中更关注变幻莫测的意义。

精神分析理论性质的冲突（究竟是解释学的，还是自然科学的）在弗洛伊德的作品中表现得淋漓尽致。在《非专业者的分析问题》一书中，弗洛伊德指出，精神分析并不隶属于医学和科学，解释本身就是客观事实。“当你获得了一定程度的自律，并掌握了某些知识以后，你的解释将独立于你的个人特征，并直击问题核心。”② 弗洛伊德对自己工作的态度也充满矛盾。他自诩为科学的主张使他不得不把自己的理论当作既定的法则来对待。在《超越快乐原则》一书中，弗洛伊德在描述死的本能时写道：“这只是一种推测，通常情况下是一种牵强附会的猜测……是一种始终如一追随某个观点的尝试，这不禁让我好奇，想去看看它究竟会导致什么结果。”③ 然而，不久之后，弗洛伊德发现没有更多的东西可以支持这一概念，于是他写道，这似乎是一个既定的现实。但在其他情况下，弗

① Cioffi, F. (1970). *Freud and the idea of a pseudo-science*. In M. R. Borger & E. Cioffi (Eds.). *Explanation in the Behavioural Sciences*. Cambridge: Cambridge University Press.

② Freud, S. (1926). *The Question of Lay Analysis*. Standard Edition, vol. XX, p.219.

③ Freud, S. (1920). *Beyond the Pleasure Principle*. Standard Edition, vol. XVIII, p.24.

洛伊德清楚地承认精神分析中的一些概念具有假设性和临时性。在《超越快乐原则》一书中，弗洛伊德写道："如果某条道路不会导致好结果的话，我们也必须作好准备，放弃这条已经走了很长一段时间的道路。"① 弗洛伊德甚至用"神话"这个词来描述他的理论。弗洛伊德通过把精神分析的试验性和假设性归因于任务的难度，从而调和了这些截然不同的观点。即便弗洛伊德的思想在科学上是值得怀疑的，但它的存在仍然具有重要意义。弗洛伊德用一首诗"假如我们不能飞抵目的地，那么我们就一瘸一拐地走着抵达……"来说明他采用方法的合理性。② 明确地讲，弗洛伊德坚持经验主义立场，但又从来没有完全公开承认他作品的解释性本质。他在《自传研究》(*An Autobiographical Study*) 结尾处的评价反映了这种矛盾心理。

> 回首过去，我的工作杂乱无章，我开了许多头儿，并提出了许多建议。将来，它们一定会有结果，虽然我自己
> 137 也说不出是多还是少。然而，我可以表达一种希望，那就
> 是我已经为人类知识的重大进步开辟了一条道路。③

有人认为，人类行为和经验存在生物学的和符号的双重属性，精神分析需要对这种双重属性进行解释，从这个角度来看，弗洛伊德的矛盾心理是合理的。对成年人来说，个体的生物需求主要通过符号来表达。正如我们所看到的，由于人类行为和经验的这种双重属性，个体发展出了多样的行为表达方式，而这些丰富多样的表达方式又常常会抑制个体需求的实

---

① Freud, S. (1920). *Beyond the Pleasure Principle*. Standard Edition, vol. XVIII, p.64.
② Freud, S. (1920). *Beyond the Pleasure Principle*. Standard Edition, vol. XVIII, p.38.
③ Freud, S. (1925). *An Autobiographical Study*. Standard Edition, vol. XX, p.70.

现和满足。因此，我们有理由认为，行为的象征性表达（符号）本身建立在个体生物需求发展的基础之上并受其约束。因此，对个体来说，理性和本能、意义和生物学错综复杂地交织在一起。弗洛伊德不仅关注行为或经验背后的意义，也关注它们的产生系统的工作方式（比如，凝缩、移置等）。如果弗洛伊德强调的重点偶尔落在后者，即产生系统的工作方式上，那是因为弗洛伊德认为，“人们一直认为行为或经验具有精神层面的意义，我必须告诉他们，行为或经验也具有本能层面的意义”。① 这就是弗洛伊德的强项所在，他从不片面强调精神分析是解释学或自然科学，而是勇敢地面对理论具有的双重属性和两面性。

精神分析究竟给我们带来了什么呢？虽然精神分析为我们提供了一种心理模型，这个模型的本质是心理生物学的，但这并不足以构成一套科学规律。精神分析带给我们的是一些有趣的概念，这些概念可以成为一套有用的工具和假设，来提醒我们对精神生活现象的一致性和微妙性更敏感，而且这些概念的不同功能可以丰富我们对生活事件的理解力和预测力。从这个角度来看，任何精神分析理论和解释都不可避免具有临时性，因为精神分析和解释的发展建立在与现有证据相一致的持续的、渐进的自我调整系统之上。精神分析理论和解释的这种渐进式发展取决于精神分析师对发展变化的敏感性、对歧义的容忍度和高超的分析技巧。因此，与许多理论心理学不同，在精神分析理论中，心理学家不像默里（Henry Murray）所说的那样，是一种“被遗忘的心理学工具”。

弗洛伊德创造的理论和概念是否隶属于科学，取决于我

① Binswanger, L. (1957). *Sigmund Freud: Reminiscences of a Friendship*. New York and London: Grune and Stratton.

们对科学的看法。有些人，比如麦金太尔认为，弗洛伊德向我们展示了迄今未被注意到的事实、未被揭示的动机以及与我们生活看似不相关的方面。尽管麦金太尔承认这些都是精神分析取得的巨大成就，但他仍然不愿意承认精神分析是一门科学。“作为精神分析的领头人，弗洛伊德可能更像普鲁斯特（Marcel Proust）或托尔斯泰，而不是道尔顿（John Dalton）或巴斯德（Louis Pasteur）。”① 当然，还有一些人，比如里夫
138 （Philip Rieff），虽然承认精神分析与严格的科学理论标准不匹配，但却关注精神分析的科学性与不科学性问题。

> 用“不科学”这个标签来谴责弗洛伊德，恐怕是不合适的……而更糟糕的是，仅仅因为弗洛伊德身上拥有那些我们不鼓励的稀有品质而赞扬他，恐怕也是不合适的。弗洛伊德知识广博、感知细腻，擅长体察精神生活的微妙之处；他才华横溢，诠释了疼痛和痛苦的通用语言；他愿意作出判断，并且善于从自己的生活和临床数据中寻找证据；他的科学动机具有伦理含义，他的精神分析不但对受过教育的人产生了极大影响，还渗透到了大众意识中。单纯将弗洛伊德的理论归为科学或者伦理学，都是一种无礼的行为。任何关于科学和伦理学之间界限的公认概念都不应该误导我们的判断，引导我们认定弗洛伊德的某一面是真实的，而忽略另一面。对于科学界的人文主义者和人类学界的科学家来说，弗洛伊德应该是一个榜样，他是一个真正关注科学的、独具一格的人类学家。②

① MacIntyre, A. (1965). The psychoanalysts. *Encounter, 25*(5), 38–43.

② Rieff, P. (1965). *Freud: The mind of the moralist*. London: Methuen, pp.26–27.

综合上述，如果你认为科学的关键标准是“产生可证伪的命题”，那么很显然，精神分析并不是一门科学。但如果你认为科学是在仔细、深入观察、思考和反思的基础上，系统地表述概念和思想，那么精神分析就是一门科学。当然，关于精神分析是不是一门科学，仍然存在争论。迄今为止，是否有其他学科可以像精神分析那样，提供好的方法来帮助人们预测现实生活中的行动？尽管有些人不愿意承认，但事实是，在面对人类的双重属性和两面性，即人既是生物的，也是存在主义的时，弗洛伊德的精神分析承担着不太科学但是非常重要的任务。

第十一章　个人创举

前文我们就提到并深入探讨了这样一个观点，即任何理论都不只是外在现实被动、客观的反映。的确，理论是一种建构，理论反映理论家的价值观和特征，也可能反映理论所处的社会和物理环境。从这个角度来看，精神分析特别有启发性。正如我们所看到的那样，精神分析是一个广义的理论，内容丰富，很难用经验来评价。正如人们所争论的那样，弗洛伊德的创作充分体现了知识和文化意识的多样性，而且精神分析有其非常特殊的重要根源——弗洛伊德的自我分析。此外，精神分析涉及“人的存在”这一核心问题。埃里克森指出：“在精神分析理论中，我们只能从个人、概念和历史原因等角度来概念化与我们有关的东西。”①

任何尝试从个人和社会渊源的角度分析理论的举措，都不可避免具有推测性，精神分析亦如此。和其他解释一样，验证理论的唯一方法是判断作为可识别模式的理论的可靠性以及理论有多大意义。这种验证方法可以起到解释分析的作用，提醒我们注意可能与理论的创造和本质有关的因素。但运用这种方法也面临着复杂的问题，精神分析为我们提供了广阔而复杂的理论范畴，但我们对理论背景信息的获取通常是零碎和不完整

① Erikson, E. (1968). *Identity: Youth and Crisis*. London: Faber, p.43.

的。弗洛伊德在他的书信和作品中引用了大量他自我分析的例子，这些例子的确给我们提供了许多弗洛伊德最深刻反思的线索。有了这些线索的帮助，我们就有可能勾勒出精神分析产生的个人背景。

首先，关于弗洛伊德的知识来源，有几篇参考文献可以提供线索。这些文献认为，精神分析的许多核心成分都是弗洛伊德所处时代思想的一部分。弗洛伊德提出的潜意识概念当时在
哲学中很流行，弗洛伊德关于儿童性心理发展本质和意义的叙 140
述，也曾在医学期刊和书籍中多次出现。

其次，弗洛伊德的兴趣和职业发展为精神分析的诞生提供了非常好的条件。精神分析很好地将人的生物学方面与存在方面联系在一起。经过大学学习和六年的生理学实验室研究之后，弗洛伊德对达尔文和费希纳（Gustav Theodor Fechner）的工作已经非常熟悉，而费希纳是实验心理学的奠基人之一。弗洛伊德的导师布吕克在借鉴了赫尔姆霍兹（Hermann von Helmholtz）和其他人关于能量性质的新观点基础上，认为有机体是一个涉及能量流动和转换的动态系统。在弗洛伊德职业生涯的早期，弗洛伊德还曾目睹沙可和伯恩海姆的催眠演示，这暗示心理水平存在非意识层面的可能性。总之，弗洛伊德的科学背景不仅为他提供了系统研究方面的训练，而且还可能为他提出动态能量系统的概念播下了种子，即弗洛伊德认为，心灵是一个在多水平上运行的动态能量系统。

再次，通过了解弗洛伊德的生平，我们发现，弗洛伊德精通文学、语言、历史、人类学和考古学，对古典哲学和当代哲学也有相当深入的了解。在弗洛伊德的精神分析工作取得了很好的进展之后，弗洛伊德才在《自传研究》中承认，他读过叔本华的著作，而且他对尼采的思想了如指掌。弗洛伊德的哲学老师布伦塔诺是现象学心理学的先行者之一，他的研究方向与

意识体验的意向性有关（也就是说，我们只有凭借意识对象才能意识到我们的感知或欲望，我们的意识和欲望不能产生于真空中），而且建立在内省和逻辑分析的基础之上。

弗洛伊德的治疗经验使他能够非常细致地观察患者的精神生活。这也使他不得不面对精神生活的复杂性。一方面，弗洛伊德的科学和逻辑思维可以帮助他在患者复杂的生活结构中寻找联系和模式；另一方面，弗洛伊德在语言和艺术方面的天赋使他能更好地处理含糊不清的问题，更好地理解行为和经验的微妙之处及其蕴含的意义。

弗洛伊德的性格对他的作品产生了深远影响。在生命的早期，弗洛伊德对名誉的强烈渴望就已初现端倪。这不仅让他在工作时充满干劲，也让他对“宏大理论”的探索，即寻找一个
141 可以涵盖人类行为和经验的所有方面的概念充满渴望。这种对名望的强烈渴望也可能是弗洛伊德选择从事科学研究的原因之一，他可能希望在这里获得声誉，而不满足于分析师这一更为低微的角色。当弗洛伊德认识到他所能达到的目标“将使他成为不折不扣的失败者”时，弗洛伊德的梦想以噩梦告终。从弗洛伊德对自我的分析可以看出，弗洛伊德认为，这种对成功的渴望与欲望源于他压抑的对父亲的潜在敌意。在弗洛伊德公开发表的于1937年写给罗曼·罗兰（Romain Rolland）的信中，他写道：“去年，我参观了雅典卫城，当我眺望雅典的时候，一种奇怪的不现实的感觉突然在我心中弥漫。”弗洛伊德认为，这次雅典之行象征着他因为超越了父亲而获得的优越感。首先，这件事情他父亲从来都没做过，即便他能做到，也不一定能理解这件事蕴含的意义。弗洛伊德将这种不现实的感觉解释为：潜意识启动了防御机制，以便对抗超越父亲的想法带来的内疚感。“尽管在弗洛伊德看来，想要超越父亲仍然是不可接受的，但成功超越背后蕴含的意义似乎比超越父亲这一行为更

为重要。”① 似乎从孩提时起，弗洛伊德就注定要成为一个伟大的人。弗洛伊德出生时，头上仍然附着部分胎膜，这通常被认为是一种吉祥的预兆。弗洛伊德的传记作家琼斯也记录了一些关于弗洛伊德出生的家庭轶事。例如，弗洛伊德小时候，他母亲在一家商店邂逅了一位老太太，这位老太太预言弗洛伊德会有美好的未来。② 正如我们前面所提到的，弗洛伊德的自信也源自他是母亲最爱的孩子这一事实。弗洛伊德强调这种关系对他的价值：“如果一个人一直是母亲的宠儿，那么他在一生中都会保持一种胜利的感觉，这种感觉就是对成功的自信，而这种信心经常会带来成功。”③ 弗洛伊德认为，正是这种自信在他“完全被孤立”的岁月里支撑着他——有一段时间，弗洛伊德的观点被反驳得体无完肤。身为犹太人的经历也有助于弗洛伊德熟悉“成为被针对的人的命运”，从而为“某种程度的独立判断”奠定了基础。④ 尽管如此，萨洛韦（Frank J. Sulloway）认为，弗洛伊德可能夸大了他人对他早期作品的负面反应。⑤ 由于“克服困难”是英雄形象的人格特征之一，弗洛伊德最喜欢把自己描绘成探索未知心灵腹地的征服者或冒险家，而不是科学家或思想家。

并没有特定的相关文献专门记录弗洛伊德的成长方式。然而，根据我们对弗洛伊德的了解，他的“肛门期人格”相当明显。弗洛伊德很固执，虽然他看上去并不很刻薄，但他想当然 142

① Freud, S. (1937). *A disturbance of memory on the Acropolis*. Standard Edition, vol. XXII, pp.237–252.

② Jones, E. (1953). *The Life and Work of Sigmund Freud*. London: Hogarth Press. Abridged by L. L. Trilling & S. Marcus (1964). Harmondsworth: Penguin.

③ Freud, S. (1917). *A Childhood Recollection*, from *Dichtung und Wahrheit*. Standard Edition, vol. XVIL, p.156.

④ Freud, S. (1925). *An Autobiographical Study*. Standard Edition, vol. XX.

⑤ Sulloway, F. J. (1979). *Freud, Biologist of the Mind*. London: Burnett Books.

地为自己所做的一切感到由衷的自豪。除此之外，一些事件表明弗洛伊德存在强迫性行为，比如，弗洛伊德经常因为害怕错过火车而选择在火车出发前几个小时提前到达车站。弗洛伊德还被指控有虐待狂的一面。罗森在《动物兄弟：弗洛伊德和陶斯克的故事》(*Brother Animal: The Story of Freud and Tausk*)一书中剖析了弗洛伊德与其才华横溢的弟子陶斯克（Victor Tausk）的关系。① 弗洛伊德认为，陶斯克思想犀利，经常有独创性的观点，而且这些观点经常与他的观点相悖。鉴于此，弗洛伊德故意羞辱了这位年轻人。弗洛伊德拒绝了陶斯克提出的想要与弗洛伊德一起进行分析的诚恳请求，而将其转介给自己的学生多伊奇（Helen Deutsch）。不久之后，陶斯克自杀了。虽然那时候陶斯克面临着金钱和人际关系的双重问题，但罗森认为，弗洛伊德对他的冷淡也是导致他自杀的原因之一。在这里，我们特别关心的是，弗洛伊德理论内容与他的生活模式有着怎样的联系。例如，是否存在一种可能性，弗洛伊德对内省的依赖可能导致他过分强调压抑和性生活的重要性。我们注意到，琼斯认为，弗洛伊德有强烈的情绪，但有更强大的压抑能力。弗洛伊德经历的内在冲突和性欲困扰均得以升华，这可能在弗洛伊德个性动态发展中发挥了非常真实的作用。吉利（O. Gillie）还指出，弗洛伊德与小姨子明娜的秘密外遇可能对弗洛伊德的理论也有一定的影响。显然，明娜有点像弗洛伊德的母亲，这很可能让弗洛伊德产生乱伦的感觉。掩饰对母亲乱伦情感的需求可能有助于减轻弗洛伊德的痛苦，就像口误和意外行为在不知不觉中展露了隐藏的感情一样。

斯特洛罗（Robert D. Stolorow）和阿特伍德（George E. Atwood）根据弗洛伊德的传记材料和弗洛伊德自己对过往的描

① Roazen, P. (1970). *Brother Animal: The Story of Freud and Tausk*. London: Allen Lane.

述，对精神分析进行了深入探索——试图从影响弗洛伊德个人生存和弗洛伊德特别关注的事件角度来看待精神分析。[①]具体来说，斯特洛罗和阿特伍德试图把弗洛伊德早期经历的各个方面、成年时期的人际关系，以及弗洛伊德关于性心理发展的理论联系起来。斯特洛罗和阿特伍德发现，童年时期的弗洛伊德曾面临一个非常重要的主题——“消失的人”。当弗洛伊德只有 19 个月大的时候，弗洛伊德的弟弟朱利叶斯去世了；弗洛伊德 3 岁那年，弗洛伊德的妹妹安娜出生时，抚养弗洛伊德长大的保姆突然离开了弗洛伊德的家，原因是弗洛伊德同父异母的哥哥菲利普（Philipp）（那时菲利普已是一名成年男性）指控她偷东西，她被逮捕并被送进了监狱。当然，你可能知道弗洛伊德的父亲此前至少结过一次婚。虽然没有理由认为幼年弗洛伊德对此有所了解，但人们可能会猜测，某种潜在的影响已然 143
播下了种子。对于年幼的弗洛伊德来说，类似母亲的人物（保姆）神秘失踪似乎与年长的男性（哥哥菲利普）有某种联系，这也许为弗洛伊德提出俄狄浦斯情结奠定了些许基础。此外，弗洛伊德生命中最重要的两个人——弟弟朱利叶斯和保姆的离去与弗洛伊德嫉妒和愤怒的情感有着千丝万缕的联系。由于弟弟朱利叶斯的出生，弗洛伊德不仅拥有了一个年轻的竞争对手，而且这个年轻的竞争对手轻松赢得了人们的关注。在写给弗利斯的一封信中，弗洛伊德承认，他对朱利叶斯的诞生抱有恶意的愿望和孩子气式的嫉妒。这些情感的存在，导致朱利叶斯的死成为弗洛伊德自责的根源。[②]这件事很可能引起了幼年

① Stolorow, R. D., & Atwood, G. E. (1979). *Faces in a Cloud: Subjectivity in Personality Theory*. New York: Aronson.

② Freud, S. (1899). *The Origins of Psychoanalysis: Letters to Wilhelm Fliess, Drafts and Notes* (1887—1902). Edited by M. Bonaparte, A. Freud & E. Kris (1954). London: Imago, p.262.

弗洛伊德的焦虑，因为对孩子来说，情感似乎具有实现欲望的神奇力量。

弗洛伊德的母亲似乎也引发了弗洛伊德责备的情感。她坚持生下了他的竞争对手，从而远离了自己。但这也可能引发人们的思考，即弗洛伊德的愤怒似乎让过去发生的一切又重复了一遍。在斯特洛罗和阿特伍德看来，这种经历是弗洛伊德个人生活的核心动力之一——早年的时候，弗洛伊德需要否认他对母亲的敌意情感。他们用弗洛伊德自己记录的描述性材料来说明。斯特洛罗和阿特伍德发现，在弗洛伊德后来的报告里，他提到一段萦绕在脑海里的记忆，这种记忆似乎暗示着他对失去母亲的恐惧。

> 尽管我喊破嗓子般尖叫着，我仍找不到我的母亲……比我大 20 岁的哥哥菲利普帮我打开衣橱，但当我发现母亲也不在衣橱里时，我哭得更厉害了，我一直哭直到我看到苗条的她从门口进来……①

这件事发生在弗洛伊德 3 岁的时候，当时弗洛伊德的保姆被解雇了，弗洛伊德的妹妹也出生了。在《日常生活心理病理学》一书中，弗洛伊德对这一事件进行了详细分析，将他对母亲可能“在衣橱里”的担忧与他了解到的保姆被“关起来了”联系在一起。他母亲“苗条的身材”又带给他一种安慰，那就是，把她从他身边带走的怀孕恐惧不复存在。

后来，在弗洛伊德 7 岁的时候，他再次梦到他的母亲：

① Freud, S. (1899). *The Origins of Psychoanalysis: Letters to Wilhelm Fliess, Drafts and Notes* (1887—1902). Edited by M. Bonaparte, A. Freud & E. Kris (1954). London: Imago, p.264.

“我亲爱的母亲，被两三个长着鸟喙的人抬进房间，平放在床上，她展现出一副平和、沉睡的神情。”①弗洛伊德自己对这个梦进行了分析，尽管他注意到了这个梦与死亡之间存在联系， 144
但他还是把自己的不安归因于对母亲的性欲望引起的冲突，弗洛伊德认为这是他的梦要表达的。但是，斯特洛罗和阿特伍德并不同意这样的解读。他们把这个梦解释成弗洛伊德对母亲敌意的变相表达。他们认为，弗洛伊德需要为自己辩护，以免意识到这种愿望，这妨碍了他自己对该梦的理解。如果我们接受弗洛伊德对此梦的解释，那么就可以认为，这是“分析师需要经过培训来消除解释偏见”的一个典型例子。

斯特洛罗和阿特伍德继续争论说，弗洛伊德用来压制他对母亲消极情绪的防御机制是将母亲过度理想化。当然，从弗洛伊德的作品中可以看出，当弗洛伊德提到母亲时，使用的几乎都是高度积极的词汇。“在所有人类关系中，最完美的、最没有矛盾的关系”，是弗洛伊德对他们母子情感关系的描述。②斯特洛罗和阿特伍德认为，弗洛伊德对母亲的理想化倾向，对他成年期的人际关系产生了极大的影响。首先，弗洛伊德将这种理想化倾向转移到未婚妻玛莎身上，后来又转移到朋友兼导师弗利斯身上。弗利斯引用了弗洛伊德写给未婚妻玛莎信中一段奉承的话，来描述弗洛伊德在表达方面的理想化需求：“你的存在本身是那么有魔力，让我为你的面容和身体着迷，你的外表是那么光鲜亮丽，这一切都让我感觉你是多么甜美、慷慨和宜人。”③弗洛伊德的嫉妒之心以及他对妻子和朋友健康的过分关

① Freud, S. (1900). *The Interpretation of Dreams.* Standard Edition, vol. IV, p.583.

② Freud, S. (1933). *New Introductory Lectures in Psychoanalysis.* Standard Edition, vol. XXIL, p.133.

③ Jones, E. (1953). *The Life and Work of Sigmund Freud.* London: Hogarth Press. Abridged by L. L. Trilling & S. Marcus (1964). Harmondsworth: Penguin, p.102.

心，都可能显示了他内心潜意识的黑暗面。斯特洛罗和阿特伍德认为，就连弗洛伊德的职业选择也可能受到与母亲有关的欲望和冲突的影响。根据弗洛伊德的说法，他之所以决定学习医学，是因为听了歌德（Wolfgang Goethe）关于自然的文章的朗诵。但正如琼斯所指出的，这篇文章把大自然描绘成“一位美丽而慷慨的母亲，让她最爱的孩子拥有探索她秘密的特权”①。

斯特洛罗和阿特伍德得出这样的结论：“这些类似的心理操作在弗洛伊德的性心理发展理论中留下了印记。”一些事实也印证了他们的观点。弗洛伊德的精神分析倾向于认为，儿童的发展困难源于他们自己的情感，儿童的性欲和攻击的需求是冲突的根源。这在一定程度上反映弗洛伊德为了保持对父母的理想化倾向而采取了防御性措施。弗洛伊德对父母的指责都是内在的、存在于潜意识层面的，就像后来弗洛伊德与玛莎和弗
145 利斯的关系一样。后来，斯特洛罗和阿特伍德采纳了汤姆金斯（S. Tomkins）的建议，认为在理论上，弗洛伊德通过“取代”这一防御机制来处理被他压抑的对父母亲的敌意。② 在弗洛伊德看来，女孩的性心理发展与男孩不同，女孩潜意识层面的攻击性是完全受控的。在《精神分析引论新编》中，弗洛伊德专门分析和讨论了“女性的性心理发展”这一主题。③ 例如，在描述女孩的情感从母亲转向父亲时，弗洛伊德写道：

> 女孩通过敌意完成了与母亲的疏离，对母亲的依恋以

---

① Jones, E. (1953). *The Life and Work of Sigmund Freud*. London: Hogarth Press. Abridged by L. L. Trilling & S. Marcus (1964). Harmondsworth: Penguin, p.20.

② Tomkins, S. (1963). *Affect, Imagery, Consciousness, vol.II: The Negative Affects*. New York: Springer.

③ Freud, S. (1933). *New Introductory Lectures in Psychoanalysis*. Standard Edition, vol. XXII, p.133.

> 仇恨告终。这种仇恨可能会变得非常令人震惊，而且会贯穿人的一生。在个体成长的后期，这种仇恨可能会引发过度补偿。当然，作为一项规则，这种仇恨的一部分会被克服，而另一部分则会持续下去。①

有趣的是，根据斯特洛罗和阿特伍德对弗洛伊德早年心理发展状况的分析，弗洛伊德认为，女孩敌意的种子在由于兄弟姐妹的出生而引起嫉妒时就早已经种下。弗洛伊德甚至写道："一个孩子，即使只有 11 个月大，也能注意到正在发生的事情。"② 弟弟朱利叶斯出生时，弗洛伊德才 11 个月大。因此，斯特洛罗和阿特伍德得出了这样的结论：

> 通过对男孩和女孩的性心理发展进行对比性描述后，我们发现，弗洛伊德对女孩性心理发展的描述，存在将母性形象分裂化的防御性证据。而弗洛伊德关于男孩俄狄浦斯情结发展的描述则是，母亲用不受欢迎的入侵者（比如，弟弟或妹妹）扰乱了他们的完美结合，从而背叛了他。但在此之前，男孩会保留母亲的理想化形象，并退回到曾经的黄金时代。
>
> 弗洛伊德认为，尽管有一些例外的情况，母亲的这种分裂形象——令人憎恨的、失信的、剥夺的和令人失望的——在女孩的性心理发展中起着非常重要的作用，这种观点大概不会暴露弗洛伊德自己压抑的对母亲的愤怒情绪。此外，正如汤姆金斯所指出的，弗洛伊德的母亲具有

① Freud, S. (1933). *New Introductory Lectures in Psychoanalysis*. Standard Edition, vol. XXIL, pp.121–122.

② Freud, S. (1933). *New Introductory Lectures in Psychoanalysis*. Standard Edition, vol. XXIL, p.123.

> 的被弗洛伊德压抑的令人鄙视的和分裂的属性，在弗洛伊德关于女性发展的必然结果的概念中有所呈现。在弗洛伊德看来，因为女孩觉得自己已经被阉割了，因此她缺乏强迫形成超我的最强大的动机，她的超我巩固不足又反过来成为她成年时期表现出的情感随意性和正义感不足的原
> 146 因。① 在女人缺失超我这一概念中，我们可以看到弗洛伊德在潜意识层面对这个背信弃义的母亲充满了不满，从弗洛伊德的角度来看，这位反复无常的母亲抛弃了他，并不公正地剥夺了“他是她唯一的爱”的权利。
>
> 简言之，我们认为，在弗洛伊德的性心理发展理论中：一方面，弗洛伊德将邪恶的根源转移到孩子身上，从而赦免了母亲的过失；另一方面，弗洛伊德将母亲善和恶的部分加以区分，以避免引发他潜意识层面强烈的矛盾冲突。②

你可能认为这种分析并不能完全令人信服，正如我们在本章一开始就强调的那样，分析具有推测性。但是，分析不仅让我们体验了精神分析风格的解释味道，而且还让我们了解精神分析的优势和弱点如何依赖于其创建者的特征。它也提醒人们，在将理论应用于理论发展背景之外时，需要格外谨慎。比如，虽然俄狄浦斯情结可能对弗洛伊德，甚至他的患者非常重要，但它并不一定适用于不同社会背景、不同家庭和不同生活模式的所有人。

而且，识别理论的创建者以及理论产生的背景和来源，不

---

① Freud, S. (1925). *Some psychical consequences of the anatomical distinction between the sexes*. Standard Edition, vol. XIX, pp.257–258.

② Stolorow, R. D., & Atwood, G. E. (1979). *Faces in a Cloud: Subjectivity in Personality Theory*. New York: Aronson, p.67.

会给理论本身带来价值损失。每一种理论都是一种建构。没有一种理论不受理论家本身经验的影响，而这种心理传记式的分析可以提醒我们注意理论本身具有的局限性。这种分析强调，人格理论不是对一般规律的客观陈述，其范围具有有限性。尽管每一种理论可能会过分强调某一些方面，而忽视另一些方面，但它们都为理解人类提供了不同视角。由于人类本身存在极大的个体差异性，人类的经验不可避免带有个性化色彩，因此理论通常衍生于理论家特定的个性化历史中。也正是因为如此，某种理论对某些人来说可能非常适用，却不一定适用于另一些人。这也是不同的理论和谐共存的原因。

第十二章　道德含义与社会影响

人与人之间的关系，人与社会环境之间的关系，理论家与理论之间的关系，都存在双面性。正如弗洛姆所言，人与社会之间存在辩证关系："历史是人创造的，历史也在改变着人。随着社会的发展，人的激情、欲望、焦虑也随之发展变化，与此同时，人类的能量系统也随之发展变化，形成特定的形式，进而形成社会生产力，反过来推进社会的进程和发展。"① 通过前面的章节，我们已经了解到，弗洛伊德的理论是在特定的个人和社会背景下产生的。反过来，弗洛伊德的理论不仅改变了弗洛伊德的生活，而且改变了西方社会普遍存在的关于人本质的看法。里夫指出："弗洛伊德不仅是第一个完全无宗教信仰的道德家，而且是一个连一点道德说教味道都没有的道德家。"② 弗洛伊德以他那个时代科学家特有的超然态度，认为他的理论经不起任何道德价值判断和伦理评估的推敲。然而，与此矛盾的是，弗洛伊德的理论确实具有非常重要的伦理价值。在我们生存的社会环境中，精神分析充分展示了它在改变我们行为方式和道德判断方面的潜力。本章的目的是简要陈述弗洛伊德理论的道德含义与社会影响。精神分析究竟带给我们带

① Fromm, E. (1960). *Fear of Freedom*. London: Routledge and Kegan Paul, p.10.

② Rieff, P. (1965). *Freud: The Mind of the Moralist*. London: Methuen.

来了什么样的道德启示？它对我们的社会环境产生了怎样的影响？

在晚年的时候，弗洛伊德出版了一系列著作，包括《图腾与禁忌》(*Totem and Taboo*)、《一个幻觉的未来》(*The Future of an Illusion*)，以及他最广为人知的作品——《文明及其缺憾》。①②③ 在这些著作中，弗洛伊德把注意力更多地转向了理解社会及其制度的起源和影响。《图腾与禁忌》包含四篇文章，在这四篇文章中，弗洛伊德将神经质过程与原始社会的社会生活模式进行了比较。弗洛伊德认为，禁忌和图腾的仪式惯例（比如，在某些特殊场合焚烧和埋葬尊崇的动物或物体）是对被禁止的乱伦和杀人欲望的集体防御。弗洛伊德从人类学著作 148
的描述中推测，乱伦禁忌和图腾主义的根源在于杀戮。很久以前，父氏家族的某个年轻男子杀害了作为家族首领的父亲。伴随着人们的赎罪需求，一旦令人畏惧的领导人被废黜，人们需要社会控制时，这种图腾和禁忌就产生了。弗洛伊德还认为，从本质上讲，俄狄浦斯情结根植于社会的历史和习俗，而不仅仅局限于个人家庭。弗洛伊德的论点基于一些相当可疑的人类学材料（原始部落的概念）以及一些可疑的逻辑——个体获得的一些行为和信念可能会被遗传下去。因此，弗洛伊德似乎倾向于仅仅把这本著作看作是一种理论的推测。据报道，在《图腾与禁忌》出版几年后，弗洛伊德用这样的话否定了书中关于原始恐惧的核心观点：“哦，对它不要太认真——这个观点是我在一个雨天的周末午后随意编造的。”④

---

① Freud, S. (1913). *Totem and Taboo*. Standard Edition, vol. XIII.

② Freud, S. (1927). *The Future of an Illusion*. Standard Edition, vol. XXII.

③ Freud, S. (1930). *Civilization and its Discontents*. London: Hogarth Press.

④ Clark, R. W. (1980). *Freud: The Man and the Cause*. New York: Random House, p.355.

在《图腾与禁忌》一书中，弗洛伊德把宗教看作是一种集体神经症形式，它用仪式抵抗被禁止的集体欲望。《一个幻觉的未来》深入论述和阐释了这一主题。在《文明及其缺憾》中，弗洛伊德认为，从根本上来讲，个人与社会是对立的关系。只有压抑个人的本能需求，人们才能生活在一起。在社会中，超我控制了个体的攻击性，并以负罪感的形式表现出来。弗洛伊德认为，负罪感或者内疚感是社会文明化发展带来的最大问题。“我们为社会文明付出的代价是，伴随着内疚感的增强，我们丧失了幸福感。”这种观点是弗洛伊德早期想法的发展。在《非专业者的分析问题》一书中，弗洛伊德建议对一批社会工作者进行分析性培训，以对抗社会给他们带来的几乎无法承受的压力。①

这些关于社会的作品代表了弗洛伊德核心思想的推测、扩展。然而，由于这些作品表达的思想不关注人的概念本身，因此在弗洛伊德早期的著作中并没有涉及。无论如何，这些作品都是弗洛伊德富有争议的著作。后来的精神分析师，特别是卡迪纳（Abram Kardiner）、弗洛姆和埃里克森，都试图将精神分析的概念应用于社会研究。本章的主要目的不是详细回顾弗洛伊德关于社会性质和起源的具体观点，而是想知道精神分析的核心原则到底蕴含了哪些道德含义，产生了哪些社会影响。

前文我们已经对“精神分析是一门具有反射特性的理论”
149 进行了讨论。理论会影响我们对自我的认知与看法，这些认知和看法反过来又会影响我们的行为方式。因此，在精神分析中，了解个体的人格模式是非常重要的。我们知道，弗洛伊德的精神分析像其他理论一样，也具有两面性。从某种意义上来说，精神分析的这种两面性是确定无疑的。一方面，精神分

① Freud, S. (1926). *The Question of Lay Analysis.* Standard Edition, vol. XX.

析的核心支柱是心理决定论（psychic determinism）。精神分析认为，没有什么行为是绝对偶然的，即使是最微妙的动作姿态，最不被注意的行为，也有它的意义所在。另一方面，精神分析又非常关心个体是否能够超越行为带来的影响。精神分析认为，在洞察力的帮助下，个体可以掌握自己的命运。换句话说，精神分析既认为人是生物和环境力量的棋子，又认为通过洞察力，人能够塑造自我。心理决定论和自主性的结合似乎存在两面性。然而，这种两面性也许源于人思维本身存在的局限性——人明确偏好某个类别，或者源于某个更现实的悖论。当然，我们也可以认为心理决定论和自主论的结合具有合理性，因为它反映了人本身具有的双重特征。一方面，人被身体外部无法控制的力量决定；另一方面，人作为积极的参与者生活在这个世界上，能够避开外部环境的影响，并根据个体的需要操纵环境，人的行为反过来也会影响事物存在的方式。在此，你可能会想起皮亚杰提出的人类理解世界的螺旋上升过程，即同化和顺应。通过对外部世界作出反应，人的意识逐渐发展起来。反过来，人的意识又能够给世界强加一个分类系统。人与世界在上演一种辩证的舞蹈。

由于这种两面性，精神分析可以以非常多样化的方式对人的自我意识（以及人的生活方式）产生影响。精神分析理论的主要作用在于，提醒个体对意识本身存在的局限性更加警觉。另外，精神分析使下面这种观念看起来更加合理，即行为的根源在于自我意识之外。这种观念会带来两种后果：第一，这种观点可能会削弱个体的个人责任感。试想，当行为的真正原因不为我所知时，我为何又该为行为负责呢？第二，这种观点可能会鼓励个体专注式的自恋。具体而言，这种专注式的自恋可能常常会让精神分析师无休止地探索患者所做的事情和行为背后的原因。这里，引用当代最疯狂的弗洛伊德评论家之一——克劳斯（Karl Kraus）的一句激进格言：精神分析本身是为了治疗疾病，但到最后，分析过程本身就变成了一种疾病。

心理决定论也能帮助我们更好地理解我们与他人的关系。通过了解他人心理形成的决定因素，我们可以重新解读他人的言行，赋予其新的意义。关于心理决定论，还流传着一个有趣
150 的轶事，即弗洛伊德的《诙谐及其与潜意识的关系》出版后，在同事中引起了轩然大波，他们都变得异常谨慎，警惕性明显升高。据说，在一次讲座中，当他们听到笑话时，会先留意弗洛伊德的反应，然后才作出大笑的反应，以免他们的自发反应会在不经意间透露出他们内心消极的线索。在翻译弗洛伊德的《日常生活心理病理学》的过程中，布里尔对弗洛伊德和他的同事之间的这种互动进行了详细的补充性描述。

> 在弗洛伊德精神分析的开创时期，精神分析还没有在精神病理学中占有一席之地，我们怀着不屈不挠的耐心和不懈的兴趣与热情，来观察、注意和研究任何与我们有关的，我们做过或说过的事情。例如，我们会毫不顾忌地问餐桌上就餐的人，他为什么不以通常大家都用的方式来使用勺子？或者他为什么会用他现在用的这种方式来使用勺子？诸如此类。在毫无预兆的情况下，一个人在说话时不表现出任何程度的犹豫或突然停顿几乎是不可能的。因此，我们必须随时做好被发问的准备，随时警惕别人的发问和攻击，因为谁也不知道新的攻击会在何时何地发生。而一旦发生，我们就必须解释为什么我们吹口哨或者为什么我们会哼某个特定的曲调，又或者为什么我们说话时会有口头禅，在写作上会犯某些错误。但是，仅仅是为了发现事情的真相，就会让我们对这件事情充满兴趣，

乐此不疲。①

除此之外，把精神分析当作一门因果科学的需求常常诱使弗洛伊德和他的同事过分强调心理决定论的重要性。多年来一直是弗洛伊德核心圈子的成员之一的兰克，描述了这种强调带来的负面效应。

> 我认为，精神分析已经成为灵魂的最大敌人，它扼杀了分析对象的灵性。从弗洛伊德和他的门徒身上，我看到了太多精神分析的迹象，甚至有些精神分析的方法变成教条主义。我对这种无孔不入的教条式分析深感排斥，这也是为什么当初我不愿意加入精神分析群体的原因之一。我对艺术家感兴趣，对文学感兴趣，对语言的魔力感兴趣。如果精神分析变成枯燥乏味的医学语言，我将非常不喜欢。②

但是，从另一个角度来看，心理决定论也带来了一定的积极影响。它很可能引发我们对个体潜意识层面行动之泉的警觉，这种警觉拥有增强我们移情能力的力量。移情，可能会阻止我们一味地批判他人和我们自己的行为，并鼓励我们去掌握自己的命运，而不是把自己或他人看作是希腊悲剧中的人物——任命运反复无常、不可逆转，而我们无法掌控。

精神分析是哲学和科学发展系列成果的一部分，这些成果 151
帮助我们摆脱了人是宇宙中心的感觉。首先，哥白尼和伽利略

① Freud, S. (1938). *The Basic Writings of Sigmund Freud.* Translated by A. A. Brill. New York: Random House, p.57.

② Otto Rank, Quoted in Szasz, T. (1977). *Karl Kraus and the Soul-Doctors.* London: Routledge and Kegan Paul, p.38.

（Galileo）坚持“日心说”，认为地球围绕太阳转。其次，达尔文强调人与其他物种之间存在连续性，对“人不是宇宙中心”的观点进行了补充。再次，弗洛伊德又向我们展示，至少在意识层面，人甚至不是自我的中心，这进一步强化了“人不是宇宙中心”的观点。除此之外，马克思采用了不同的方式，通过强调人在很大程度上受制于经济和社会条件，也进一步强化了这种观点。“人不是宇宙中心”这一观点带来的影响本身存在矛盾性。一方面，这一观点增加了人的无足轻重感。它的价值在于，当人要为自己所做的事情负责任时，这种无足轻重感可以帮助人减轻负担；另一方面，这一观点又是人力量的标志，表明人拥有了解自我起源和“我是谁”的非凡能力。至少在弗洛伊德和马克思看来，这种力量是个人和社会变革的有力工具。这是精神分析传达给我们的更为乐观的信息。虽然弗洛伊德鼓励我们接受这样的现实，即人受生物需求的控制和过去经验的影响，但弗洛伊德并不认为人就因此任由命运摆布。精神分析也以理性和反思的力量为基础和前提。通过努力寻求和获取洞察力，人能够将潜意识中不受约束的部分带入意识状态，并将其归于人的自主控制之下。在反省的努力和帮助下，人可能可以达到这样的状态：“超我在哪里，我们就可以让自我去哪里；超我处于什么水平，我们就可以让自我达到这样的水平。”虽然精神分析植根于“心理决定论”这一观点，但精神分析的存在却为人类争取自治提供了一种强有力的支持。在社会中，这种人类争取自治的斗争曾以不同的形式表现出来。比如，科学技术的发展标志着人对人赖以生存的环境有了越来越多的控制。革命和政治改革证明了人有能力改变人生活的社会条件（尽管并不总是朝着更好的方向发展）。因此，精神分析的贡献在于提高了我们对自我和社会的认识，我们也希望，精神分析能让我们更好地掌控我们的行为和感知方式。

到目前为止，我们的讨论集中在弗洛伊德的精神分析对道德和社会生活这两个方面产生的影响。据埃里克森说，有一次，有人问弗洛伊德："人的一生中最重要的事情是什么？"弗洛伊德毫不犹豫地给出了健康生活的处方，即爱与工作。① 总的来说，弗洛伊德对这样的声明持谨慎态度。在《文明及其缺憾》的开篇，弗洛伊德断言："我们总有这样的印象，即人总 152
是用错误的标准来衡量自己的人生，他们寻求权力、成功和财富，并通过他人对自己的钦羡来确定自我，却低估了普通生活的真正价值。"② 尽管对于"真正价值应该是什么"这样的问题，弗洛伊德也没有给出特别的建议。弗洛伊德认为，精神分析的本质是帮助我们在确定的范围内接受现实。精神分析的目的是鼓励患者在没有信仰的支撑下生活，抑或在缺乏意识基础的信仰之上生活。这样一种方法赋予患者行为以新的意义，这些意义与患者行为本身蕴含的意义非常不同。这不可避免地导致我们对公认价值观和伦理原则的驳斥。从这个角度来看，弗洛伊德认为，变态不是一种罪，实际上，变态只是童心未泯；宗教信仰是对死亡和无意义的痛苦现实的否定，暗含神经症的性质；至少有一些革命热情（当然不是全部）是孩童时期反抗父亲的个人化表现；而不假思索的爱国主义，只不过是再现童年期的屈从。先不说弗洛伊德对某种现象的具体解释是否准确，仅仅认为个体明确持有的信念源于发展过程中的偶然事件，这可能会削弱解释本身具有的公信力。

尽管精神分析试图打破社会和个体自身发展强加给我们的错觉，但它始终没有取代它消除的东西，有时会流于虚无主

① Erikson, E. (1950). *Childhood and Society*. New York: Norton. Reprinted in paperback (1977) by Triad/Paladin, p.238.

② Freud, S. (1930). *Civilization and its Discontents*. London: Hogarth Press, p.64.

义。精神分析对西方社会的影响和冲击并不一定是弗洛伊德想看到的。精神分析破坏了教条主义的道德体系，阐明了本能需求的普遍性，这无疑为建立一种更宽容的社会体系——一种不那么专制的教育体系以及对性需求有更大宽容度的社会体系提供了重要推动力。所有这些很可能削弱了韦伯（Max Weber）所谓的新教伦理（protestant ethic）。如果人们都接受弗洛伊德的观点，那么破坏信仰、减少对升华的需求、减少早期冲突产生的罪恶感很可能会破坏促进西方工业化社会繁荣的主动性、原动力和目的性。不管你愿不愿意，我们都得承认，在一个自动化程度和组织效率更高的社会，工业化发展带来的经济影响可能并不那么重要。精神分析想要帮助我们创造一种存在的真空（existential vacuum），这可能是健全社会的必要发展阶段，但这只是开始，而不是结束。

第十三章　弗洛伊德的现实意义

在对前面的章节进行回顾时，我们不禁思索：我们应该怎样看待弗洛伊德？他给我们现代的生活带来哪些启示？他的理论如何帮助我们理解人类状况的本质？如果弗洛伊德的理论观点对今天的我们有任何现实意义的话，这些现实意义会是什么？

在第九章，我们详细考察了精神分析的基本理论及其实证证据。我们注意到弗洛伊德的观点缺乏实质性的科学基础，而且，鉴于精神分析观点形成方式的特殊性，找到支持它的证据也存在极大困难。当然，毫无疑问，弗洛伊德认为精神分析是一门科学——他在许多场合都指出了这一点。① 但从可验证性的角度来看，这种论断显然是站不住脚的。然而，有趣的是，尽管在 20 世纪中期，许多用于证明精神分析科学性欠佳的测试大量涌现，但它们并没有动摇精神分析对公众和文学的巨大影响。的确，至少在英国，大学心理学专业只有在讲心理学史

---

① 在《科学心理学设计》这一著作的开篇，弗洛伊德强调“心理学是一门科学”。尽管弗洛伊德对自己作品的看法一直在发生变化，但大多数情况下，弗洛伊德认为精神分析是一门科学。弗洛伊德毫不犹豫地把自己归为最伟大的三名科学家之列，其他两名是哥白尼和达尔文，他们都曾推翻了早期关于人类中心地位的假设。哥白尼提出了日心说，认为地球绕着太阳转。达尔文则认为，人不过是地球上普通的物种之一。弗洛伊德进一步揭示人甚至不是自我意识的中心，人不能控制意识层面的想法和感觉。

时才会讲到精神分析。即便是这样，也依然没有动摇公众以及文学和其他学者对精神分析的认可和追捧，他们认为精神分析是理解心灵本质的关键。此外，人们普遍认为，精神分析的确为我们提供了最有力的心理治疗形式和技术支持，尽管目前还没有发现任何实际的证据来证实这一观点。

弗洛伊德面临的学术抨击

20 世纪 90 年代涌现出大量书籍，不仅抨击弗洛伊德的精神分析缺乏经验支持，而且抨击弗洛伊德作品的基础框架和效度。其实，这种抨击早就开始了。富有影响力的心理学家艾森克一直因为精神分析缺乏科学依据而对它进行抨击。[1] 诺贝尔
154 奖得主、生物学家梅达瓦（Peter Medawar）甚至激动地将精神分析称为“20 世纪最惊人的知识骗局”。[2] 除此之外，几位修正主义学者也质疑弗洛伊德精神分析理论的基础。例如，在沙可和弗洛伊德看来，癔症源于精神问题，有其精神成因，但几位修正主义者却不认同，他们认为，癔症可能反映了个体存在未被发现的神经紊乱。[3][4] 多年来，乔菲一直是弗洛伊德的严厉批判者，他认为精神分析充其量算是伪科学。后来，伦敦弗洛伊德博物馆前档案管理员马森（Jeffrey Masson）也成为精神分析的背叛者，对精神分析（尤其是弗洛伊德的诱奸理论）进行了直接批判（马森曾经是一名精神分析实习师）。正如我们

---

① 埃森克对弗洛伊德的批评在他 1986 年的著作《弗洛伊德帝国的衰亡》（*The decline and fall of the Freudian empire*）中达到顶峰。

② Medawar, P. (1982). *Pluto's Republic*. Oxford: Oxford University Press, p.140.

③ Thornton, E. M. (1986). *The Freudian Fallacy: Freud and Cocaine*. London: Paladin.

④ Orr-Andrawes, A. (1987). The case of Anna O: A Neuro-psychiatric Perspective. *Journal of the American Psychoanalytic Association*, *35*, 399.

在第五章所看到的，弗洛伊德后期修改了他最初提出的诱奸理论。最初，弗洛伊德认为，患者的神经症基础是孩童时期他人强加在他们身上的性行为，后来，他开始把这些性行为看作是患者的幻想，而不是实际经历。马森认为，弗洛伊德之所以改变了自己的观点，是因为他担心诱奸理论可能会给他带来敌意和攻击。后来，马森进一步认为，鉴于虐待儿童这一现象普遍存在，弗洛伊德的原始理论很可能更为准确。[①] 尽管马森的这一观点受到质疑，但这对弗洛伊德的观点产生了更大的影响。然而，乔菲和埃斯特森（Alan Esterson）对此秉持的观点是，弗洛伊德的患者并没有谈到任何有关诱奸的故事。事实上，这都是弗洛伊德通过质疑患者的方式强加给患者的。当没有任何明显的证据支持这些被指责的诱奸经历时，弗洛伊德就把它们归因于患者的想象。[②③]

后来，马森发表了弗洛伊德和朋友兼知己弗利斯的通信，这些信以前曾被弗洛伊德的支持者扣留过。信的内容大大削弱了弗洛伊德和弟子们所努力维持的弗洛伊德大师一样的光辉形象。[④] 例如，这些信显示弗洛伊德迷信地接受了弗里斯关于数字学的观点以及他在临床治疗时随意的态度，甚至有一次，弗洛伊德在患者自由联想的时候写信给弗利斯。

1991 年，麦克米伦（Malcolm MacMillans）在对弗洛伊德的作品进行了百科全书式的仔细审查和评估后，发表了一篇证

---

① Masson, J. (1985). *The Assault on Truth: Freud's Suppression of the Seduction Theory*. London: Penguin.

② Esterson, A. (1993). *Seductive Mirage: An Exploration of the Work of Sigmund Freud*. Chicago: Open Court Books.

③ Cioffi, F. (1998). *Was Freud a Liar?* In F. Crews (Ed.), *Unauthorized Freud*. New York: Penguin.

④ Masson, J. (Ed.). (1986). *The Complete Letters of Sigmund Freud to Wilhelm Fliess*. Cambridge: Harvard University Press.

据确凿且具有破坏性的评论。这篇评论非常清楚地表明，弗洛伊德理论的基本原则缺乏支持并且无效。基于这篇评论，埃斯特森进一步对弗洛伊德理论缺乏证据进行了不懈审查。在详细审查了精神分析案例研究后，埃斯特森向学者们表示，在精神分析治疗案例中，基于想象力的案例重建，甚至偶尔捏造事实常常凌驾于临床观察之上。① 埃斯特森还为大家展示了一些弗
155 洛伊德常用的修辞策略，凭借这些有趣的策略，弗洛伊德能够说服他人接受他的价值观和理论观点。这些策略包括：像陈述确凿的、不可辩驳的证据一样陈述那些实际上非常站不住脚的证据和命题；对工作与科学发现进行不合理的比较；提出他自己的反对意见，以分散人们对相关问题的注意。

对弗洛伊德持诋毁态度的人中，态度最尖锐的非克鲁斯（Frederic Crews）莫属。克鲁斯在其发表的很多评论、文章及其著作《未经授权的弗洛伊德》(*Unauthorized Freud*)(1998）中指出，精神分析是一个“巨大的骗局”，他谴责精神分析“证据确凿的概念错误、先入为主、无视反例、要流氓式的调查方式、断章取义、修辞上的逃避，以及大量不真实的材料”。克鲁斯还声称，当代的精神分析师没有可靠的研究方法，缺乏临床证据，他们甚至无法发现并纠正自己的错误观念。② 正如这些引文所显示的，弗洛伊德的一些评论者都表现出一个共同点，那就是他们的表达中充满了恶意，这种恶意远远超越了冷静的批判。值得注意的是，克鲁斯和马森以前都是精神分析的拥护者。如果用精神分析来分析他们的背叛，俄狄浦斯情结无疑是最好的解释。

---

① Esterson, A. (1993). *Seductive Mirage: An Exploration of the Work of Sigmund Freud*. Chicago: Open Court Books.

② Crews, F. C. (Ed.). (1998). *Unauthorized Freud*. New York: Penguin, p.x.

在所有评论者中，还有一个人——韦伯斯特（Richard Webster）。他态度中立，文笔优美，正因为此，他的评论所产生的破坏性最强。韦伯斯特在《为什么弗洛伊德错了：罪恶、科学和精神分析》（*Why Freud was Wrong: Sin, Science and Psychoanalysis*）中表示，虽然在某些细节上他并不赞同弗洛伊德的尖锐评论者，但他赞同上文评论者对弗洛伊德理论的评论，在对此加以详细阐述后，韦伯斯特得出了这样的结论：

> 弗洛伊德没有创造什么实质性的新知识。他是一门“大杂烩”伪科学的创造者，这门伪科学可能是西方文明伟大的愚蠢之一……弗洛伊德发展出了一种专制的、反经验的思维风格……他最初的理论体系、思维习惯和整个对科学的研究态度……与任何负责任的科学探究方法都相去甚远。①

尽管韦伯斯特认为与科学相比，精神分析更像宗教，但他承认弗洛伊德有一定的贡献。他对此也非常感兴趣，即弗洛伊德的理论为何深深吸引了几代知识分子和公众的关注？后来，韦伯斯特把这归因于弗洛伊德的救世主情调——弗洛伊德声称我们的知识文化太受欢迎，因此我们需要文化英雄，我们不能让文化流失。

精神分析学家对这些批判的反应各不相同。当然，几乎没有人在批判的压力下放弃精神分析实践，因为他们的确是精神 156
分析的受益者。甚至有一些人无视这些批判，认为这些批判无关紧要，并希望这些批判能够早些销声匿迹。另一些人则试图

① Webster, R. (1996). *Why Freud was Wrong: Sin, Science and Psychoanalysis*. London: Harper Collins, p.438.

与这些批判者断绝关系，他们承认对弗洛伊德的批判也许有其根据，但是精神分析学已经在继续前进和发展，而且这样的批判对它们来说已经过时，不再适用。我们对这些批判也产生了些许质疑——这些批判有没有确凿的证据？正如我们在第七章中所看到的，精神分析的评论者们已经将理论分割成一些相对零散的假设，哪一个假设才是精神分析的核心所在？这种零散的分割改变了精神分析存在的缺陷吗？一些精神分析学家认为，那些没有被分析过的评论者对弗洛伊德精神分析提出的任何评论都缺乏有效性，因为这些评论者并不熟悉弗洛伊德精神分析概念依据的真实数据。然而，也有一些精神分析学家强调弗洛伊德的精神分析和治疗实践之间存在区别。他们认为，虽然精神分析可能会引起争议，但精神分析治疗实践的确有存在的价值。这种观点回应了我们在第九章中阐述的“精神分析作为一种治疗手段具有重大意义”的观点。因此，对于弗洛伊德的辩护者们来说，最有说服力的回应应该是，弗洛伊德的价值不在于他提出了一套科学命题，而在于他为我们提供了一套解释人类行为和经验的工具。我们将在本章中再次讨论这一问题。

不管我们如何为弗洛伊德的精神分析辩护，这些诋毁性的、破坏性的评论再次强化了之前我们在第九章提出的观点——精神分析不能被视为一门正统的科学。那么，如果是这样，就出现了两个问题。第一，为什么弗洛伊德的作品会给那么多人留下如此深刻的印象，产生那么大的影响呢？第二个也是最重要的问题是，如果这些攻击富有实质性，那么这是否意味着弗洛伊德的精神分析没有任何有价值的东西，弗洛伊德的思想真的像大多数诋毁者试图让我们相信的那样一文不值吗？

弗洛伊德的精神分析对知识分子和公众产生了强有力的影响，归结起来可能有以下几个原因。弗洛伊德对公众产生重大影响的一个主要原因是，弗洛伊德拥有写作的技巧，文笔干净利落。正如埃斯特森所说的那样，弗洛伊德运用了大量修辞技巧，不仅为了说服读者理解和认可他的论点，而且也为了把自己打造成一个追求真理的无畏探索者。当然，那些认为弗洛伊德对人性有深刻理解的人，很少有人读过弗洛伊德的原著。他们更愿意从字面意义上接受弗洛伊德的观点，而不是仔细审查 157
这些观点提出的始末。除此之外，人们也有这样的倾向，即信任那些看起来可信的人。如果你没有读过弗洛伊德的书，你会倾向于相信那些你认为可信的人所作出的评价。这对我们来说，也许是一个教训，即不要太相信那些文化英雄。当我们发现文化英雄存在缺点时，只有保持清醒和理智的状态，我们才不至于反应过度。

弗洛伊德对公众产生重大影响的另一个主要原因在于，精神分析培训的体制化为其提供了有力支持。受过多年昂贵培训、以精神分析工作者为主要身份和生计的精神分析师，当然不可避免地要保护自己的职业，并捍卫其职业所依据的理念价值。马尔科姆（Janet Malcolm）和克鲁斯、马森等人对此做了详细描述。在他们看来，弗洛伊德的支持者主要关注的是如何向精神分析师投射出积极的精神分析形象，而不是寻求真相。因此，为了公众利益，他们扣留并禁止出版弗洛伊德写给弗里斯的信，并在 1995 年试图阻止评论家参加有关弗洛伊德的作品展览。①

当然，弗洛伊德的影响力如此之大，也许是因为他的理论和观点极具独特性。首先，在为公众提供唯一、全面且声称是科学的人性解释理论方面，弗洛伊德堪称第一人。达尔文的进化论虽然也对人性提出了深刻的见解，但却并不是专门为人性而写。在达尔文和弗洛伊德之前，对人性的描述被看作是宗教

① Crews, F. C. (Ed.). (1998). *Unauthorized Freud*. New York: Penguin, pp.vii–xii.

的或哲学的范畴而非科学的范畴。此外，弗洛伊德的理论似乎有强大的渗透力，就像一把神奇的钥匙，可以渗透到我们自己无法察觉的各个方面。① 当然，弗洛伊德断言，理论的关键以及让理论看起来更有吸引力的东西，也许在于理论的核心。弗洛伊德认为，归根结底，人性好坏的根源在于性。

那么，弗洛伊德的贡献到底有多大呢？我认为，像许多严厉的评论者所做的那样，把弗洛伊德的思想体系视为毫无价值的东西是完全错误的。当然，我们不得不质疑弗洛伊德理论的一些细节。比如，弗洛伊德认为，儿童时期的诱奸幻想是神经症的重要来源之一，这似乎是不太可能的；梦的主要功能可能是保持睡眠而非愿望达成；俄狄浦斯冲突可能会发生在一些
158 具有特定家庭动态特点的个体身上，而不具有普遍性。除此之外，尽管精神分析为我们提供了一套吸引人的自我反思练习，但高强度的精神分析究竟能否使我们的生活方式发生很大变化仍然值得怀疑。而且，我们有理由担心从精神分析中得出的结论推广到实践中后会被滥用。例如，创伤咨询员会说服受害者详细叙述他们的受害经历，他们假设这种叙述将有助于释放受害者被压抑的痛苦感情，然而事实是，这样做可能弊大于利。另外，弗洛伊德关于心理决定论的假设——我们所有的错误行为、幻想和梦，都是由潜意识层面的冲突引发的，无疑也存在瑕疵。然而，这并不是要否定弗洛伊德提出的所有观点，但关于潜意识动力系统的概念的确需要进行较大的修改。② 在弗洛伊德看来，由于存在压抑机制，个体意识不到大部分潜意识层

① 对于一些精神分析的继承者来说，弗洛伊德理论的晦涩反而带来了更多吸引力。拉康的著作之所以流传千古、思想深刻，在很大程度上是因为它比较晦涩，不易理解。弗洛伊德的技能更胜一筹。弗洛伊德能将概念写得看起来清晰，但核心依然非常难懂。

② Power, M. (2006). A Life in the Unconscious. *The Psychologist*, *19*(9), 546–547.

面的心理过程，而潜意识层面的心理过程在很大程度上会与意识层面的心理过程产生冲突，这与当前认知心理学最新研究的结果不一致。认知心理学家认为，虽然个体的大部分经验存在潜意识层面的心理过程，但这并不代表这些潜意识层面的心理过程会主动屏蔽意识的参与，而仅仅表明个体无法进行有意识反思而已。

弗洛伊德的精神分析存在很多有价值的东西。正如我们在第九章中所指出的，幼儿期经历的重要性及其对成人的影响在许多研究中都已经得到了充分证实和支持。我们可能会质疑弗洛伊德性心理发展理论的某些细节，但弗洛伊德的其他理论的确得到一些实验的支持。例如，对于肛门期人格这一概念来说，尽管弗洛伊德的解释非常少，甚至无从考证这一概念的来源，但这一概念似乎也存在一些实质性的东西，有一定的道理。或许，弗洛伊德最大的贡献在于他为我们提供了一种概念化的语言来提醒我们内在冲突和关系的复杂性。尽管在弗洛伊德之前，我们也可以从一些文学作品中找到与压抑、投射及其他防御过程的影子，但是弗洛伊德把它们整合起来，形成了坚实的理论体系。另外，弗洛伊德的移情的概念也取得了实验性的支持，并成为帮助我们理解人与人之间关系的一个有用工具。[①] 正如第十章所指出的，弗洛伊德为我们提供了一套概念工具，帮助我们理解生活中一些关系和行为的意义，特别是当这些意义伴随着情感（比如，焦虑或抑郁）出现时。另外，这套概念、工具也可以帮助我们了解，为什么我们偶尔会对黑暗和阴暗感到恐惧。最后，但并非最不重要的是，在心理学文学方面，弗洛伊德写了一些文笔优雅而流畅的著作。因此，当弗

① Andersen, S. M., & Miranda, R. (2000). Transference: How past relationships emerge in the present. *The Psychologist*, *13*(12), 608–609.

159 洛伊德的追随者建议弗洛伊德申请诺贝尔奖时，对于该申请医学奖还是文学奖引发了一些争议，这一点不足为奇。

精神分析的偏狭性带来的发展局限

好的科学理论通常可以通过广泛接纳其他观点来实现理论的共享和提升，正所谓海纳百川，但是精神分析的偏狭性成为限制它发展的最大羁绊和瓶颈。谈到精神分析，我们不得不接受这样一个令人悲哀的事实，那就是精神分析让我们意识到，如果一个理论能够广泛接纳其他领域的研究和观点，它可能会发展强大。弗洛伊德，特别是弗洛伊德的追随者，对精神分析过度保护的态度以及对外来思想的极力抵制，阻碍了精神分析的成长和发展。

第八章已经阐述了大家对弗洛伊德独创性和成就的认可，精神分析专注于探索人类经验的双重核心，即经验的潜在意义和生物学基础。尽管弗洛伊德读过达尔文的著作，但弗洛伊德对发展驱力或本能的描述并没有受达尔文的任何影响。但凡弗洛伊德对达尔文的著作有所借鉴的话，弗洛伊德关于本我概念的描述就不会如此粗略和原始。后来，弗洛伊德也曾有过那么一两次尝试，试图将精神分析的思想与达尔文的进化心理学思想结合起来，事实上，这种结合点还有很多。① 例如，进化心理学认为，特定模式的社会行为建立在生存和优化繁殖的双重选择基础之上。另外，进化心理学对性别差异进行了可信的、引人入胜的描述，这些都可以与精神分析思想充分融合。除此之外，进化心理学对人类其他社会行为模式的解释，如对群体

① Nesse, R, M., & Lloyd, A. T. (1992). *The evolution of psychodynamic mechanisms*. In J. H. Barkow, L. Cosmides & J. Tooby (Eds.). *The Adapted Mind: Evolutionary Psychology and the Generation of Culture*. Oxford: Oxford University.

一致性和群体内 / 外动力学的解释，也都可以被精神分析有效吸收和利用。

自弗洛伊德开始写作和构思《科学心理学设计》后，也出现了一些其他学者，他们试图将精神分析思想与神经科学的研究结合起来。在第九章中我们已经注意到了索姆斯在解释梦的机制方面所做的工作，他在神经生理学方面的研究支持了弗洛伊德关于梦的观点。除了索姆斯之外，其他学者取得的支持弗洛伊德观点的研究成果也越来越多。例如，杜勒（Le Doux）发现，从刺激到情绪反应包括两种不同的路径：间接路径和直接路径。间接路径要通过认知才能产生情绪。古德尔（Melvyn Goodale）和米尔纳（David Milner）在视觉通路方面的研究也报告了类似的双重路径。这类研究可能与弗洛伊德提出的意识和潜意识机制平行处理的观念一致。①② 然而，朝这一方向发展的研究可能会遭到精神分析师的抵制。因为神经科学方面的许多研究很可能只会推翻而不是支持精神分析的观点。因此， 160
弗洛伊德的《科学心理学设计》计划似乎并不太容易实现。比如，精神分析体系中建立的有关人的观念和思想模型，很难与认知神经科学的相关研究结果相吻合。③

---

① Le Doux, J. (1998). *The Emotional Brain.* London: Weidenfeld and Nicolson.

② Goodale, M., & Milner, D. (2004). *Sight Unseen: An Exploration of Conscious and Unconscious Vision*. Oxford: Oxford University Press.

③ 在私下的交流中，托茨（F. Toates）认为，根据等级模型，个体内部存在一个公平装置，这种公平装置类似于银行，可以自动化地控制个体对环境中的特定刺激（例如，食物、性伴侣）作出反应。但是，在此之上，个体内部还存在一个有意识的控制装置，或者称之为执行命令的装置，这种装置凌驾于公平装置之上，其功能包括面对诱惑时约束行为。这种控制装置可以调节和控制较低水平的表达。当然，托茨对这种有意识的控制装置是否可以很好地映射弗洛伊德的本我和超我概念，也存在质疑。如果想了解更多内容，请参阅 Toates, F. (2006). A model of the hierarchy of behaviour, cognition and consciousness. *Consciousness and Cognition*, *15*, 75–118.

弗洛伊德精神分析的一个缺陷在于，它没有充分考虑社会环境对个体发展的影响。后来的精神分析学家如埃里克森和弗洛姆对此进行了修正。他们都曾移民到美国，经历了两种文化对生活的影响。而近期，社会建构主义工作者又公布了一些最新的研究成果，他们对社会实践和话语通过什么样的方式构成自我经验的一部分进行了探索。这些成果和探索丰富和充实了埃里克森和弗洛姆的理论。①

弗洛伊德精神分析的另一个缺陷在于，它的研究方法和观点都具有反射特性。首先，方法论的反射特性是指能够退后一步，评估自己在做什么，时刻警惕研究方法和结论依据的基础，并关注基础背后蕴含的含义。这对于任何充满想象的理论范式来说都是难以做到的。通常情况下，研究的基本假设应该严谨而明确，而精神分析学家在他们的学科假设之外，很少尝试更广泛的方法论反思，并且，当其他人试图为他们做这件事时，他们也非常抵触。其次，人本身也具有的反射特性，即人拥有自我监控和自我意识的能力，能设想我们不是自己的可能性。任何好的心理治疗，包括精神分析，都不可避免要激发人的反射能力。例如，精神分析强调精神和心理决定论，强调患者在精神分析师的帮助下，专注于探索过去和潜意识对个体发展的影响。因此，明确反射特性原理的利弊，探索个体创造性的发展和未来，这在很大程度上是留给人本主义和存在主义精神分析师追求和探索的课题。②

① Burr, V. (2003). *Social Constructionism* (2nd ed.). London: Routledge.

② 请参阅弗兰克尔（Victor Frankl）的意义疗法（logotherapy），罗杰斯的非指导性疗法（non-directive counselling），或者阿萨吉奥利（Roberto Assagioli）的精神分析主题疗法（psychosynthesis）。

精神分析与社会危机

到目前为止，关于弗洛伊德对人类贡献的讨论仅限于精
神分析对人类基本状况的价值。那么，精神分析对社会问题又
有什么样的启示呢？在这方面，尽管弗洛伊德的支持者人数不
多，但都非等闲之辈。1998 年，埃利奥特（Elliot）在他的一
本书中提到，一批社会科学家试图将精神分析式想象力与当代 161
生活的方方面面（如身份和性别）建立起联系。但是，精神分
析究竟能在多大程度上对社会问题提供真正有价值的洞见，这
是值得商榷的。无论如何，在人类目前面临大规模社会危机的
背景下，这些社会科学家尝试探讨的问题都是微不足道的。比
如，在处理以下这些问题时，精神分析能给我们提出什么有价
值的建议呢？以人口增长为例，每周都会有 100 多万的新生
儿加入到世界人口中。1800 年，人口总数是 10 亿，到 1960
年，也就是经过 160 年时间，人口总数达到了 30 亿。但是，
到 2000 年时，仅仅过去 40 年，这个数字又翻了一番，达到 60
亿。即使考虑这种超乎寻常的人口增长率会有所下降，大多数
预测者也认为，到 2050 年，世界人口将突破 90 亿。特别是在
气候变化的复杂背景下，到时候是否有足够的资源来支撑这么
多人？我们又将如何应对气候变化？估算师通过严谨的估算，
保守地认为，要想避免灾难，在 2030 年之前，碳排放量需要
在目前的水平上减少 90%。① 灾难意味着对地球文明生活的破
坏。那么，有什么理论或者方法能帮助我们实现这样的削减
呢？答案只有一个，那就是对人类进行激进的行为改变。人类
面临的这两个关键问题都源于行为，如果人类能够改变他们的

① Monbiot, G. (2006). *Heat: How to Stop the Planet Burning*. London: Allen Lane, pp.xi–xii.

行为方式，那么问题就会从根本上得到解决。因此，一种关于人性的理论肯定会提供一些有用的见解。

正如我们在第十二章所看到的，在将精神分析应用于社会的起源与建构以及协调个人与社会之间的关系方面，弗洛伊德曾尝试发表过一些观点。即使假设这些观点具有一定的有效性，它们在多大程度上有应用价值也非常值得怀疑。弗洛伊德时代的主要社会问题是大规模的人类冲突。弗洛伊德经历了第一次世界大战，他的儿子还应征入伍。正如我们前面提到的，充分考虑这场战争对人类造成的破坏性后，弗洛伊德对精神分析的本能论做了修改。当然，后来弗洛伊德又赶上了纳粹主义在欧洲的兴起。1932 年，爱因斯坦与萌芽期的国际联盟协商后，写信给弗洛伊德，问弗洛伊德“有没有把人类从战争威胁中解救出来的办法”。① 尽管在四年前，爱因斯坦没有支持弗洛伊德的支持者为弗洛伊德提出的申请诺贝尔奖（没成功）的决定，但爱因斯坦明确表示：“在弗洛伊德的著作中，我们可能会找到解决这个紧迫而引人入胜的问题的答案……” ② 弗洛伊德的回信非常有趣且有高度的可读性——尽管它是否明确答复了爱因斯坦提出的问题，至今仍存在争议。毫无疑问，这封信包含一系列的严密推理。其中，信中关于社会性质的假设是在没有证
162 据甚至是论据的情况下断言的。信中，弗洛伊德再次提到他对本能论观点的修正。这一点我们在第三章中已经有所阐述，那就是，弗洛伊德将与生存和性欲相关的驱力归结在一起，将其统称为爱的本能，并以此来对抗他所谓的死的本能。我们早先已经讨论过死的本能产生的基础，这里不再赘述。正如弗洛伊德对爱因斯坦所承认的那样，“生的本能”与“死的本能”这

① Freud, S. (1932). *Why War?* Standard Edition, vol. XXII, p.199.

② Freud, S. (1932). *Why War?* Standard Edition, vol. XXII, p.201.

对二重奏只不过是“爱”与“恨”之间普遍存在的对立状态。弗洛伊德认为，当指向内在的死的本能转为指向外部世界时，人类的侵略（战争）就会产生。弗洛伊德承认，就连他自己都被这种推理具有的思辨性质而感动。

> 也许在你看来，我们的理论似乎是一种神话……但是，每一门科学最终不都应该成为一种神话吗？今天你所学的物理学就不能这么说吗？①

然而不幸的是，爱因斯坦的回信并没有显示他对上文最后一句话有任何特殊的反应（看来弗洛伊德有些自作多情了）。

弗洛伊德接着指出，避免战争的方法是鼓励所有人与他人建立情感联系，通过爱或身份认同将他们团结在一个情感共同体中。弗洛伊德明白，这说起来容易做起来难。因此，他又提到，进一步的解决办法是建立一个由领导人组成的群体，他们把自己的本能生活置于理性的独裁统治之下，而另一种办法就是建立公众对乌托邦社会的期望。弗洛伊德认为，正如社会演变所显示的那样，智力提高同样也会提高人们控制冲动的能力。弗洛伊德总结道：“任何能促进文明发展的东西，都同样会对对抗战争起作用。”②

弗洛伊德给爱因斯坦的回信包含了一套非常有趣的观点和想法，文字也非常优美。然而，它很难为解决战争这一问题提供任何实际的办法，甚至很难为“为什么会发生战争”这样的问题提供答案。但弗洛伊德对此不以为意，他以一贯的谦逊态度为自己辩解。

---

① Freud, S. (1932). *Why War?* Standard Edition, vol. XXII, p.211.

② Freud, S. (1932). *Why War?* Standard Edition, vol. XXII, p.215.

> 正如你所看到的，当一个非世俗的理论家被请来为一个紧迫的实际问题提供建议时，结果并不总是很有成效。更好的办法是，我们需要教给每个个体，在任何一种特殊情况下，都可以用手头的办法来应对危险。①

然而，人们可能会争辩说，达尔文提出的进化心理学思想，诸如建立在不同血统基础之上的群体内一致性和群体外敌对进化的概念，可能对我们深刻理解战争的起源提供更好的帮助。

163 显然，对爱因斯坦提出的“有没有把人类从战争威胁中解救出来的办法”这样的问题，弗洛伊德给出的答复并不让人感到乐观。如果弗洛伊德现在还活着，他依然可以给我们提供一些方法来解决当下面临的更为紧迫的社会问题。精神分析的一些概念在这里有用武之地。人们，至少是西方世界的人们，越来越意识到人类面临的危险。鉴于避免灾难所需的行动规模巨大，我们似乎无力发起必要的、激进的行为改变。从这个角度来看，精神分析的一些概念，比如，压抑、否认，甚至反向形成，会为我们提供一些工具，来了解我们反应和动力不足的原因。显然，我们必须从其他地方才能找到改变行为的有效手段。

在对弗洛伊德的批判中，韦伯斯特指出，即使在今天，传统的西方知识分子也不愿意尝试讨论人性理论。许多欧洲科学家和哲学家，从牛顿到梅达瓦，都提出了一种二元论，认为科学应该局限于对物质的研究。他们断言，对人性的理解属于形而上学和宗教的范畴，而不是科学的范畴。除了少数几个值得注意的例外，心理学家也不愿意将自己的观点理论化，更不用说构建一个涵盖大部分人类行为和经验的宏大理论了。然而，

① Freud, S. (1932). *Why War?* Standard Edition, vol. XXII, p.213.

正如我们所看到的，人们非常需要一个基于科学的、综合的人类行动理论，这种理论甚至可能成为人类生存的关键。自达尔文以来，我们发现韦伯斯特提出的二元论观点是站不住脚的。我们应该赞扬弗洛伊德，因为他至少在建构人性的宏大理论方面进行了积极尝试。从这个角度来看，弗洛伊德的评论者们需要面临更多的挑战，不仅要揭露精神分析理论的缺陷，还要对它的地位和贡献作出客观的评判。总之，我们需要超越弗洛伊德的精神分析本身，探索精神分析的优点和不足，实际上可能会为未来的道路提供更好的线索，我们将在下文讨论这一点。

对意识的探索

在看完对精神分析的叙述和评价后，你脑中可能会浮现一个关键问题，学完精神分析，我们对自己有什么样的理解和认识。本书传达的信息是，所有的理解和认识都是某种形式的建 164
构，取决于个体的视角，而这种视角又取决于个体对人性的假设、自我的人格特征、个体所处的社会背景，以及个体的价值观。因此，矛盾之处在于，我们需要了解我们正在寻找什么，然后我们才能知道希望找到什么，研究也一样。我们不可能在没有假设和观点的情况下就开始研究，但一旦开始研究，我们就必须做好背弃研究假设的准备，就像当我们学会走路之后，就不再需要拐杖一样。因此，反射特性或元视角（metaperspective）的方法论就显得非常重要，它们能够从我们从事的调查中退回一步，反思研究的性质以及研究假设是否合理。

我们生活在一个机器时代。这个时代鼓励我们凡事要标准化，细节要明确而具体。许多学者的自我理解，大都基于一种隐含的假设，即精神生活就像一种看得见的可衡量的物质商品。因此，随之出现了一种倾向，即人们认为精神生活本质上也是可以测量的，我们可以精确地阐明和调查精神生活，尽管这绝非易事。学术心理学的特点是倡导简化主义，试图将自我和精神生活的现象简化为简单和更易操作的形式，这些形式可以用可观察的操作和测量方法来具体阐明。这类研究倾向于以线性因果关系为基础进行推论，即认为任何观察到的事件都可归因于一种可识别的潜在原因。因此，研究者也随之产生了这样的愿望，即在实验方法的帮助下，查明心理事件的原因并建立一套通用的规则，以一般方式来解释和说明人类行为。过去，心理学家惯常使用的是 19 世纪的科学方法。今天，大多数心理学家持有一种更复杂的观点。他们承认，为了与当代物理学保持一致，他们追求的只是知识的结构和相对性质，哪怕只是隐含意义上的。但是，即使是在机器时代，还原论和一般规律的研究方法以及线性因果关系依旧支配着心理学研究者的行为假设，这毫不称奇。因为这种方法极大提高和简化了我们对理性世界的理解。它简化概念的方式的确给我们带来了极大的诱惑，即可以用一种简单的方式来阐明和理解自我和精神生活。

这是弗洛伊德创建精神分析的前提，但弗洛伊德并没有把精神生活中顽固不化的现象强加于任何一种不恰当的模式，而是在那里徘徊。尽管弗洛伊德对科学方法有无尽的渴望，但他无法用科学方法捕捉和描述他想要理解的任何主题。后来，像埃里克
165 森这样的新弗洛伊德精神分析学家选择使用自然科学方法，而不是像弗洛伊德一样在方法上流于社会化，这对精神分析的方法学来说或许是一种进步。但反观弗洛伊德的研究，新弗洛伊德精神分析学家很容易认识到，作为社会心理学的研究对象，人类被简单地划分为可衡量的和特定的类别是远远不够的。①

① Erikson, E. (1968). *Identity: Youth and Crisis*. London: Faber, p.43.

为什么不够呢？到底是什么使我们不能用已经在其他领域证明其价值的科学的研究方法和研究程序研究自我？在本书中，笔者试图给出一些关于该问题的答案。在某种程度上，这一问题的答案在于，构成自我的不同方面以及这些不同方面之间的相互关系存在复杂性。然而，复杂性本身并不能阻碍科学方法和科学程序的应用，因此我们需要寻找其他原因。笔者认为，问题的关键在于构成自我的相互关联的各部分存在不同的性质。正如我们所看到的，它们的类别不同，传统上属于不同的学科范畴。自我根植于人的生物过程——植根于人作为生物有机体的需要、弱点、潜力和局限，但自我在本质上又与符号过程交织在一起，它自觉地或无意识地赋予了周围的世界以意义。在社会环境中，自我通过语言和与他人的直接接触逐渐被同化，自我又通过实际经验进行学习。因此，自我的发展过程既是生理的又是社会的，既基于生理过程又基于符号过程，既借助物理学又通过经验生成。弗洛伊德的成就在于他认识到了自我的这种复杂性质。虽然这些复杂领域之间显然存在着密切的相互依存关系，但笔者认为，它们之间存在着根本区别，其中一个不可还原成另一个。因此，研究这些复杂领域的整合存在极大的困难——需要找到一个共同的语言或概念系统来实现它们之间的跨越并探索它们的交互作用。有人认为，尽管精神分析整合不同性质概念还存在一些缺陷，但这是最勇敢的尝试。

在个人的精神生活中，意义至高无上。物质对生活产生的影响在很大程度上也是通过意义来实现的。对个体来说，许多生物过程具有重要的意义，这在很大程度上是因为人类赋予了它们这样的意义。比如，人们对死亡的看法，死亡本身是一个正常的生物过程，但有人认为死亡是一种胜利或解脱，也有人认为死亡意味着绝望，这完全取决于个体赋予死亡何种意义。

任何研究精神和精神生活的学者都面临同样的问题，精神生活的意义通常模棱两可、难以捉摸。对一个概念来说，不仅概念的表达和理解是一种建构，概念的意义本身也是一种建构，这
166 完全取决于概念的可变性以及概念依赖的解释视角。通过对话和行为，我们不断与自己协商谈判，重新思考我们所做的行为，我们会发现，我们的行为、经验或概念的意义也在不断发生变化。即便我们伸手想要抓住行为、经验或概念的意义，我们这种反思行为本身也已经改变了意义。因为我们的自我也是由意义构成的，所以这个道理也适用于自我研究。例如，当我们向某人解释“他在我们眼中是什么样子”时，这个解释本身很可能会对那个人产生一些影响，并使之发生变化，这样我们的解释可能就不再成立。这不仅像观察者效应一样，是一个方法论上的问题，也是一个对自我本质有影响的关键问题。

在研究自我的过程中，我们需要改变研究通常依据的假设，转向更具体的心理社会科学。这样一门科学反映以下三个重要主题。第一，研究方法和研究目标应该以处于精神和社会生活中心的意义为导向，研究任务是阐明并呈现意义的结构。第二，概念和方法包含自我生理的、社会的和个人发展的复杂根源，并将它们联系起来。第三，研究具反射特性，持续关注建构的起源以及调查和解释对所欲理解主题产生的影响。

正如我们在本书中所看到的，精神分析已经开了个好头——至少在前两个主题上。实际上，精神分析本身具有辩证心理学的特质。辩证法是一个可以在不同语境中使用的术语，具有丰富内涵。在这里，笔者用它来指作为一门真正的心理社会科学的精神分析所依赖的三大基础。借助阐释三大基础，笔者也想告诉人们，我们对自己的那种静态而孤立的理解是徒劳而无意义的。

第一，精神分析认为，人类的精神生活在不断发生变化，

如果我们认可这一观点，那么我们需要观察变化产生的过程，而不是寻找静态的精神生活本质。相对于专制主义者对人行为方式的一般规律进行绝对化陈述，精神分析通常在个体发展和变化的过程中概念化个体的自我体验，而这些自我体验通常依赖于精神生活的发展和变化过程。

第二，精神分析认为，自我有这样一个特点：自我的每个方面都会受多种因素的影响，这些因素彼此之间还存在相互影响。因此，生理过程给自我带来的影响（例如，生理残疾或性冲动水平异常高）在很大程度上取决于个体所处的社会背景，只有在社会背景中理解生理过程对自我影响的特殊性，我们才 167
能更好地理解生理过程给自我带来的影响。也就是说，要想正确理解和概念化自我，我们必须将这一方面因素与其他方面因素建立联系，并全面理解因素彼此之间的关系。精神分析的这种观点与实证科学的观点恰恰相反，实证科学认为可以孤立和客观地看待事物的特征。鉴于自我对因素间相互关系的依赖性，我们认为，旨在得出一般规律的实验法不适于多因性的精神活动研究。

第三，精神分析认为，意义通常产生于不同甚至彼此矛盾的力量之间的相互作用。静态和线性的解释方式对精神分析来说根本没有用。精神分析探讨人类精神生活中可能会发生的心理互动类型及其影响机制。像荣格和埃里克森这样的精神分析家，在强调极性或对立倾向的动态相互作用方面，甚至比弗洛伊德更进一步，他们认为这是心理和社会生活的基本特征。与将人格概念化为一组在极性特征中占据一定位置、具有一定特征维度，设想人要么内向、要么外向，要么爱、要么恨，要么处于两个极端的中间、既不内向也不外向的人格的特征论或因子论不同，辩证心理学认为，两极具有能动的倾向，而不是非此即彼的关系。在人们日常互动行动和经验中，都能找到这些极性特征的痕迹。因此，爱和恨共存可能会产生一种热情的矛盾心理，也可能会产生某种冷漠的状态，这些不同的组合，让精神生活更加丰富灵动。

精神分析作为一种辩证心理学，其目的不是对自我作出明确和不变的解释，也不是为了寻找一套一般规律来解释自我的每一个方面为什么会出现或者自我是怎样出现的？相反，精神分析提供了探索自我的多种方式，提醒我们行为和经验背后蕴含的复杂意义。尽管如此，精神分析还是应该更严谨一些，因为仍存在一些标准，可以衡量意义解释的完整性和充分性。第一个标准是差异性（differentiation）。不仅能解释每个意义产生的普适性原因，而且能解释突发状况、例外状况或意外行为。第二个标准是一致性（consistency）。[①] 在多大程度上，我们能归纳、整合从不同行为中引申出的多重意义，建立有序的意义系统？这样的标准并不容易建立。同样，对于精确、差异地解释出现的一致情况来说，这样的标准也不适用。理想情况下，如果不同个体行为一致，我们就可以对照建立的意义系统进行预测性解释。在实践中，说起来容易做起来难，正如我们已经
168 注意到的那样，意义模式往往不断发生变化，并且可能在短时间内彻底改变它们的性质。我们唯一能做的，仅仅是根据我们掌握的信息来评估我们的解释究竟有多么可信。然而，尽管这种衡量标准存在局限性，但差异性和一致性很可能是我们可以追求的最好标准。

正如所论证的那样，精神分析的重要价值在于它为我们提供了一套工具和规则，帮助我们在日常生活中进行自我探

① Stevens, R. (1998). Dimensions for distinguishing between theories in social psychology. In R. Sapsford, A. Still, D. Miell, R. Stevens & M. Wetherell (Eds.), *Theory and Social Psychology*. London: Sage.

索，更好地认识自我潜力。在这个过程中，你可以寻求他人的帮助，这个人未必必须是心理咨询师或者精神分析师，只要是你信任或亲近的人，都可以为你提供帮助。当然，亲密的朋友或者个人发展小组的其他成员也可以。通过与他们合作，相互分享、评论和反思我们的经验和行为，可能会帮助你对自我的各个方面以及自我的整合有更好的认识——比起你自己单独摸索，这种方式可以让你收获更多。

自我摸索存在的问题是，个体很容易陷入难以突破的怪圈，看不清前进的道路和方向。然而，我们并不能因此而忽略自我反省的作用，借助自我反省，我们可以取得很多成就。试着把本书中提出的概念和观点应用到你对自我和生活状况的探索中去吧。例如，你是否确定你存在任何内部的冲突或紧张？它们可能源自哪里？有什么特殊的防御机制可以保护你的自我免受焦虑或创伤的伤害？你是否经常压抑痛苦的经历，对它们加以否认或者将其投射给别人？你是否使用反向形成、隔离等防御机制？虽然这些防御措施通常存在于潜意识层面，但仔细对自己进行观察和反思，你可能会发现一些线索，这些线索会告诉你你在多大程度上使用了它们。请相信，这些都是很难观察到的，而且不会有现成的答案。但是，本书中提出的这些概念以及对它们的讨论可能会激发你的意识，并提醒你注意这些事情都可能会发生。如果你对如何进行自我分析感兴趣，请看附录部分，在那里，我描述了一些可能有助于促进这一过程的温和的练习方法。

当然，在精神分析的所有理论中，有一个关键点值得我们所有人注意，那就是对精神生活的理解是过程性的，而非结论性的。换句话说，精神分析是一种持续的、动态的、不断变化的觉知模式，包括我们对精神生活持续的探索与感知。对于你的行为方式及其出现的原因，精神分析永远不会给出一个明确的、硬性的解释（或者至少它不会给出一个最有效的解释）。试图理解自己，这种做法本质上就是一个悖论：我们理解得越多，就越能意识到我们所意识到的东西存在局限性。但是，我们可能希望，至少我们能接受自我意识上的更多分化，向诸多
169 可能性敞开心扉，让我们意识到的那部分合而为一，变得更有意义。精神分析能帮助人们更清楚地看待自己的行为和经验，让我们意识到婴儿期的焦虑对当下生活的影响，从而使我们稍微摆脱过去的负担。精神分析提醒我们：

> 每一个成年人，不管是追随者还是领导者，是大众成员还是精英，都曾经是一个孩子。他曾经很小。这种渺小的感觉在他的脑海中根深蒂固，并成为他精神生活的底色。他们渴望用胜利来战胜这一渺小感，但他们的失败又更加证实了这一点。至于谁更有力量，谁能做这样或那样的事以及对谁做这样或那样的事——这些问题充斥着成年人的内心生活，远远超出了他所能理解的范围，影响着他需要处理的需求和欲望问题。①

三种模式

前文对精神分析如何帮助人们探索自我进行了阐述。那么，对人类境况涉及的更为普遍的问题而言，精神分析的理论意义又是什么呢？我相信从本书提供的分析中，您可以得到一些启示。

一种旨在解释人类行为的理论，首先需要考虑的是，人之

① Erikson, E. (1950). *Childhood and Society*. New York: Norton. Reprinted in paperback (1977) by Triad/Paladin, p.364.

所以为人，其行为和经验背后必定存在复杂的基础。当然，处于第一位的是行为赖以生存的生物学基础。弗洛伊德试图考虑精神生活的生物学基础，但正如我们所看到的，弗洛伊德采用的是一种充满局限性和推测的方式。正如本章所述，人们对人类行为的心理生理基础以及进化起源的认识正在迅速提高。因此，任何关于人性的综合理论都必须吸收这些理论提供的丰富见解。

语言的演变把意义和符号化过程带到了精神生活的舞台中心。虽然精神生活的根源在于生物过程，但意义在塑造人类经验和行为方面发挥着自己的独特作用。正如人们所争论的那样，我们对意义的探索必须遵循意义微妙和难以捉摸的形式，这些复杂形式不能被简化为可见的物质形式。虽然在寻找理解行为和经验的意义方面，弗洛伊德的精神分析提供了一些工具，但这仅仅是个有趣的开始，对行为和经验的解释和探索仍存在很大的发展空间。例如，我们不仅要审视童年期情感反应模式给我们带来的影响，还要审视我们生活的社会环境中蕴含 170
的社会文化（比如，需要同化的社会经验、社会规范和社会语言）给我们带来的影响。

在感知世界方面，人类的精神生活表现出独特的特点，它能够将自我符号化和象征化。精神生活的这种反射特性，不仅影响个体新想法的产生方式，还影响新想法的概念化方式。因此，我们不仅可以监控自己的行为，还可以监控行为的形式是否恰当。精神生活的这种反射特性可能源自人类的认知过程所具有的特征，如语言的开放性、推断能力和感知矛盾的能力。

我们可以用“模式”这个词描述人类精神生活赖以存在的三个方面——生物性、象征性（符号化的）和反射特性。其中，后两种模式都是发展出来的。复杂的符号化能力伴随着语言的演化而产生。精神生活的反射特性（比如，人们对自我或他人精神状态或心智状态的直观理解）在很大程度上随着人类心智能力的发展而得以提升。

这里的关键点在于，因为象征性和反射特性都是自然发生的过程，所以它们都无法还原成另外一个。每一个过程都有自己的方法论和认识论来为它们的表现形式服务。正如前文提到的，虽然自然科学很好地促进了生物学的发展，但当研究意义时，我们需要一种不同的解释学认识论。精神生活的反射特性同样强调了这个问题，它也需要一种新的认识论。因为在反射特性模式下，我们处理的是“可能是什么”而不是“现在是什么”的问题，我们处理的是尚未实现的可能性，而不是可测量的生物过程或同质化的意义这样的现实情况。此外，如何将精神生活中这三种非常不同的模式整合起来，也是精神分析需要面对的问题。因为正是这三种模式的交互作用，才使我们成为现在的样子。但是，这是一个复杂的问题，超出了本书的讨论范围。①

精神分析的创造性成就

精神生活的反射特性提醒我们，我们的生活不仅仅是对我们过去的一种表达，还蕴含着丰富的道德内涵和创造性。在弗洛伊德的著作中，类似这种表述并不是特别明晰。后来的一些精神分析学家，比如埃里克森，更为公开地承认这一观点。埃里克森以其独特的写作风格，对精神分析取得的成就进行了概

---

① 对三种模式理论的介绍，请参阅 Stevens, R. (1998). Trimodal Theory as a model for interrelating perspectives in psychology. In R. Sapsford, A. Still, D. Miell, R. Stevens & M. Wetherell (Eds.). *Theory and Social Psychology*. London: Sage.

念化描述，并从不同的方向和维度对这些成就加以归纳汇总。

> 向内，精神分析打开了人类的内心世界，特别是对潜 171
> 意识进行了系统研究；向后，精神分析追溯了人类心智及其生物学起源；向下，精神分析探索了人类认为他们已经克服了的本能倾向，这些本能倾向或者在婴儿期已经被压抑或否认，或者带有人类起源的原始性，或者来源于人类的进化……

尽管如此，埃里克森指出，精神分析的成就还可以进一步扩展：

> 向外，精神分析打破人类的自我中心性，扩展研究彼此相爱的人和共同体之间的交互性；向前，精神分析涵盖了从个体被奴役的过去到对乌托邦式新潜能的期待；向上，精神分析从探索人类的潜意识上升到探索意识的奥秘。①

我认为，通过这些描述，埃里克森是想告诉我们，我们不仅需要了解我们的过去，还需要创造新的方向：不仅要接受我们的现状，还需要继续创造未来。

最终，我们每个人都在无法控制的力量引领下，踽踽前行。我们无法选择出生时间和地点，也无法选择谁来做我们的父母，我们不知道自己遗传了什么样的素质，也不知道我们如何被抚养。我们没有办法决定我们所处的文化环境，也无法确定那些影响我们成为自己的态度、价值观、信仰和榜样。我们被迫在这些综合因素的限制下走上正轨。我们的未来也将在很

---

① Erikson, E. (1975). *Life History and the Historical Moment.* New York: Norton, p.39.

大程度上取决于这些因素，而不是我们自己。对我们生活在其中的社会来说，我们究竟有多少发言权？甚至我们如何死去又或者在哪里死去，我们又能决定多少？

这里，我们再次发现了自相矛盾的现象——即便我们没有办法控制这些外部因素，大多数人每天也都会体验到一种来自自我的惊人力量，并借此自我指导和自我控制。作为团体、社会和个人，我们每天都在努力创造着自己的未来——我们列出活动计划并制定时间表，决定事情何时何地以及如何进行。当然，在这个过程中，我们可能也会遇到内部或外部的障碍。我们可能会发现，他人可能在密谋阻止我们的计划或剥夺我们所需的资源。有时候，我们内心未知的力量会让我们的情绪蒙上阴影，或者破坏我们想要的感觉或生活。这时候，精神分析提供的那种暂时的洞察力可能会有所帮助。在如此复杂的生活过
172 程中，我们需要对所有的可能性敞开心扉，接受并创造性地回应我们内心的需求。通过处理遇到的矛盾而不是否认它们，我们每个人都可以拥有更大的勇气，来参与到理解和构建自己的复杂精神世界的过程中。

附录　自我意识练习

以下这些练习并不是专业的弗洛伊德式训练，也不专为精神分析学家所使用，它们的存在可以让本书中讨论的一些概念显得更加鲜活灵动。如果你有意向进行自我探索，可以尝试做这些练习。

接近你的自我意识

我们的头脑总是充满了各种想法，总是充满了焦虑、欲望，以及对过去和未来的担忧。因此，把意识集中在此时此刻正在经历的事情上，并正视我们的感受，并不总是一件容易的事情。下面这两个练习可以帮你做到这一点。

一、进入你的内心

1. 找一个安静的、不被打扰的地方，轻轻地躺在地板上，闭上双眼。慢慢地、轻轻地深呼吸，尽量让你的身体放松。

2. 然后，将注意力集中在你的右脚和右腿上。紧绷它们的肌肉，让这种紧张状态持续三到四秒钟，然后放松。重复这种紧绷和放松的过程两次。继续以同样的方式，紧绷和放松左腿和左脚、臀部和骨盆各三次。将背部的凹坑压到地板上，拉紧和放松胸部和肩膀、右胳膊和右手、左胳膊和左手、肩膀和面部的肌肉。

3. 再次躺好，用放松的方式缓慢而深入地呼吸。有意识地放松身体紧张的部位。像前面所做的紧张和放松练
174 习一样，让你的整个身体紧张起来，保持紧张状态几秒钟，再次放松。将这个过程重复一到两次，并试着清空你的头脑，充分感受你的身体。

把注意力集中在脚底。用意念想象你从脚底的某个部位进入自己的身体，沿着腿慢慢向上游动，探索身体的每个部分，并试着把你的感觉——压力、紧张、疼、痛苦、寒冷、温暖、肿胀等带入意识层面。然后，体验这些感觉。专注于你当下的感觉，不评论、不思考你应该感受什么。闭上眼睛，继续用这种方式感知你身体的其他部位，并体验不同部位之间的关系。提示：如果你想移动或拉伸你身体的某个部位，尽管去做吧！

放松练习需要在一段时间内反复进行。慢慢地，你会越来越清晰地意识到自己的内在感觉，而在平时，这些感觉通常会被你忽略掉。

二、此时此刻

这项练习的目的是鼓励你尽可能将精力集中于你此时此刻意识的流动，你此时此刻正在经历的事情。

1. 用几秒钟或几分钟的时间，让自己感到舒适和放松，慢慢地、平稳地、深入地呼吸，但不需要为此付出任何努力。

2. 无论何时，让大脑专注于你看到、听到、闻到或尝到的任何东西。也许每一种感知方式你都喜欢体验，那

么请你依次把注意力集中在每一种感知方式上并专注地感知；也许你更偏爱某种感知方式，只想专注于这一种感知方式，那么也请你这样做吧。试着感知你正在经历的事情（例如，我正在摸一种手感丝滑的物体；我正在听一种声音，就像汽车引擎在远处发出的噪声），并感受这种集中注意力的体验过程给你带来的感觉，例如，神清目明或欣喜、雀跃。

3. 一段时间后，请闭上眼睛，把注意力转移到你的身体感受上。例如，你是否能感受到衣服接触皮肤的感觉，当你坐着时，你是否能感受到椅背给你背部带来的压力？你感觉紧张吗？身体哪个部位紧张？或者你放松吗？

4. 继续把注意力集中在你的身体感受上。你有什么特殊的身体感受？如果这种感受给你带来了一些更深层次的情感或想法，那么就让它们来吧！努力体验每一种情 175
绪。有人说，如果你能充分体验你的负面感觉，例如，嫉妒、内疚或怨恨，那么它就会消失。与此相反，如果你让你自己充分体验正面的感觉，那么会使正面的感觉更强烈。如果你愿意，可以尝试一下，看看这种说法对你来说是否正确。

5. 最后，让你的思绪跟随你幻想或想象，自由飞翔一会儿……

如果可以的话，你可以选择一个伙伴儿和他一起练习。在这种情况下，请你大声说出你正在经历的事情和体验到的感觉。你的伙伴儿的任务是帮你把注意力集中在你此时此刻正在经历的事情上，阻止你想其他的事情或者阻止你讲述过去的经历，使你专注于当下的体验。如果你的思想开始开小差，你的伙伴儿的任务就是试着让你重新专注你正体验的事情。

在日常生活中，你应该花更多的时间关注自己内心的感受：你的感受是什么？你想要的是什么？全心全意地接纳它们，承认它们的存在（你并不一定要对它们采取直接的行动）。试着把注意力集中在你真正的感受上，而不是你认为你应该感受的感受上。允许自己充分感受“巅峰体验”，我们内心那种喜悦的时刻。当然“巅峰体验”并不是每时每刻都能体验到，只有当某些形象、经验、视听之物进入你的感官时，才会诱发你的“巅峰体验”。当这样稀有时刻来临时，请你停下来，把你的注意力全部集中在这种感受上。

探索潜意识

一、记录梦

试着将你的梦记录下来。尽管当我们清醒时，可能已经不记得自己曾做过梦，但有证据表明，几乎所有人每晚都会做梦。为了便于回忆你做过的梦，请你在床边放一支笔和一张纸。这样，当你从梦中醒来时，你就可以尽快且尽可能详细地记录你的梦，以免它们被你忘记或者被你的记忆扭曲。记录下前一天发生的与梦的内容有关的事件。如果你记不起你做过的梦，那么你就安安静静地躺下来，看看你脑海中会出现什么样的意象或想法。对这些意象或想法展开自由联想，可能会帮助
176 你回忆梦的内容。在入睡前再次提醒自己要记得第二天早晨记录梦的内容，这可能也会对你有帮助。

当你记录了一系列梦或梦的片段时，你就可以对梦进行分析了，看看这些梦是否会出现相同的模式、意象或情绪。你可以对梦中不断出现的一些关键符号或意象展开自由联想，对自己梦的内容进行分析，这可能不会让你更了解自我，但它可能

会促使你展开自我洞察和自我反省。

二、防御机制

第一，你需要将第四章中我们讨论过的防御机制列成一个清单。第二，请你仔细看这个清单，思考一下，哪些防御机制是你比较熟悉的？或者在应对焦虑或困难情境的时候，你倾向于使用哪些防御机制？第三，试着回忆让你特别痛苦或特别难忘的两到三个时期，并记下发生的事，当时你经历了什么，你是如何作出反应的？你能否从中找到典型的防御模式？是不是还有其他更有效的应对方式？

三、与性心理发展相关的人格类型

回顾一下第三章我们讨论过的性心理发展阶段理论以及与其相关的人格类型，试着将这些理论与你自己联系起来。例如，你有没有过口唇期或肛门期满足的体验，这些体验是否给你带来不一样的快感？你能察觉到自己性格中性心理发展阶段的特征吗？

四、自我形象

正如弗洛伊德潜意识理论所描述的那样，我们最强大和最敏感的意识大多以意象和感觉，而非言语的形式出现。试着用意象而非言语来感知你的自我和身份，可能会带给你一些有趣的体验。

用比喻的方式，记下你认为最能形容自己的词汇和句子。例如，一艘在汹涌的大海中航行的大船，一朵即将开放的花蕾，一座建在接缝处的即将倒塌的房子。对这些比喻所描述的意象进行全面细致的思考，分析它们的特性。为什么它们看起来符合你和你当下的情况？

177 借助一种不常见的、相对困难的技术——意象对话，人们也会发现一些有趣的结果。意象对话需要你借助想象进入自我意识层面以及更深的层面来实现。意象对话需要我们对脑海中自发出现的意象敞开心扉。最好的做法是：让自己处于一个安静且黑暗的房间并完全放松，通过这样的方式，你发现自己可能会回到过去或童年的场景，看到一些对你有意义的情景或事件。请记住，不要匆忙结束或强行推进意象之旅，尽量让意象自发出现，不要分析它们，只要体验它们即可。然后，你就可以回忆意象，并处理它们可能向你传递的关于自我和感受的信息。

五、移情

1. 想一想你喜欢或欣赏的人。简略写下他们是什么样的人。你会怎么描述他们？你最喜欢他们哪些方面？你觉得他们有什么让你生气的地方吗？

2. 你也同样想一想你的父母。简略写下他们是什么样的人？你现在是如何看待他们的？在你成长过程的某些阶段，你是怎么看待他们的？

3. 回看你的笔记，看看它们是否有特定的模式或一致性？有没有告诉你关于你自己的一些事情？你有没有发现一些你渴望拥有的那种理想人物所具备的特征？

把自己从过去解放出来

一、采取行动

1. 想一想你一直想做却没有做的事情，例如，去一趟博物馆，用出租车代替乘公共交通工具，送朋友一个礼物，与你想认识的人交谈。

2. 想象你正在做这件事。

3. 付诸行动。告诉自己，你已经选择了去做这件事情，并且是你主动想去做这件事的。

二、创造你的生活 178

逐渐扩大练习的范围。例如，试着以一种你愿意但通常不会选择的方式去对待别人。试着安排你的行程，把你希望发生但通常又觉得烦，希望获得又不敢尝试的事情安排起来。

首先，你应该为上述活动留出一段不受干扰的时间。

其次，请你慢慢尝试，循序渐进地将书中提到的概念和想法融入你日常生活的行为模式中。慢慢地，你会发现，你越来越能意识到你现在的自我以及你可能会成为的自我。

索　引*

* 本索引中数字为英文版页码，现为中文版页边码，提示可在该页边码所在页面检索相关内容。——译者注

L

M

N

P

Q

译后记

记得在一次团体心理咨询的活动中，带领者问大家一个问题："假如你有一根魔法棒，你会让它帮你实现什么愿望?"我对自己当时的回答记忆犹新。那时候，我父亲患病，我想实现的第一愿望是让父亲好起来。但是，这不是我要阐述的重点。在对这个问题的回答中，一个女孩的回答带给我极大的震撼与力量，她说，"假如有一根魔法棒，我希望我能在 18 岁那年遇见心理学"。

很庆幸，即便没有魔法棒，我也在 18 岁那年遇到了心理学。在高考结束后填报志愿时，我在《招生专业目录》中发现了心理学专业。于是，我义无反顾地将心理学作为我的第一志愿。至今，我与心理学已结缘 18 年之久，随着学习的深入，我越发爱上心理学这门学科，并将其奉为毕生追寻的对象。在诸多心理学流派中，我对精神分析情有独钟，也尤其佩服弗洛伊德思维的敏锐性、思想的深刻性，以及对人性细致入微的洞察。虽然学者对弗洛伊德精神分析褒贬不一，但弗洛伊德对后世的影响是毋庸置疑的。借由精神分析，我深入了解自己，帮助他人，感悟人生真谛，并逐渐认识到每个人都不必因自己的过往而妄自菲薄，所有的经历都将成为人生独一无二的精神财富。也正因为如此，我开始"慢"下来，关注自己的内心，心态愈发平和，发现事情变得愈加顺利，解锁了人生很多新的可能性。

当然，并不是所有人都像我一样幸运，但这并不妨碍每个人在今天遇见《西格蒙德·弗洛伊德：潜意识的探索者》这本书。遇见，即是美好的开始。

初识“弗洛伊德”，是在大学心理学史的课堂上。老师建议每个同学都去读一读弗洛伊德的作品。此后，我去图书馆借了《梦的解析》，后来又看了《爱德华大夫》《充气娃娃之恋》《美丽心灵》等影片，碎片化地了解了弗洛伊德精神分析在实践中的应用。尤其是《爱德华大夫》这部影片中，多次运用精神分析的“释梦”帮助主人公洗脱杀人犯的罪名，直击人性弱点，让我对弗洛伊德的精神分析产生兴趣。

硕士阶段，我阅读了与弗洛伊德相关的书籍，发现“理想与现实”的巨大反差。弗洛伊德的作品一般都非常厚重，而且语句晦涩，在没有办法深入自省且没有读书会的情况下，我转战其他书籍，放弃了这根“硬骨头”。

博士毕业后，我的孩子也两岁了。我开始由学术天花板，转战生活的地平线。周边很多朋友知道我学心理学后，开始向我咨询家庭教育方面的问题。在接触了很多“问题孩子”后，我逐渐发现心理问题的代际传递现象，而在这种代际传递过程中，心理防御机制的传递尤为典型。蜻蜓点水般给予心理建议之后，我开始寻找心理问题的真谛。我再次关注并系统学习弗洛伊德的精神分析理论，车文博教授主编的《弗洛伊德文集》成为我学习的主要目标。《弗洛伊德文集》包括《癔症研究》《释梦》《性学三论》《精神分析导论》《精神分析新论》《图腾与禁忌》等，我虽没有深刻领会所有内容，但对精神分析有了较全面的了解。

也是此时，我的研究生同学兼同事殷融教授询问我是否有意愿一起翻译“心灵塑造者：心理学大师及其影响”丛书。在从书书目中，我一眼看到了“Freud”和“unconscious”两个单词，我选择翻译《西格蒙德·弗洛伊德：潜意识思想的塑造者》这本书。

这本书全面回顾和评论了弗洛伊德的精神分析理论，包括“引言”和两个部分：“引言”简单介绍了人格的整合性与复杂性，为弗洛伊德理论的提出奠定基础；第一部分介绍了弗洛伊德的生平以及弗洛伊德的人生经历对精神分析理论产生的影响，并引出精神分析的核心理论——潜意识理论性心理发展、心理动力学、神经症理论、精神分析的治疗实践以及精神分析的后续发展；第二部分阐述了精神分析在当今的影响力以及后人对精神分析的评论。

这本书有两点创新之处：第一，它阐述了精神分析的现代价值和影响力，体现了精神分析的发展性和时代性；第二，它以批判的方式，客观地评论弗洛伊德的精神分析，为读者提供了更辩证的视角。

读完这本书，如果你认为弗洛伊德是迄今为止最有影响力的心理学家，那太正常不过了。即便有人将弗洛伊德与爱因斯坦、马克思相提并论，也毫不奇怪。因为弗洛伊德的理论涵盖人类复杂的心理活动，大到“为什么会发生战争”“如何解决全球资源短缺问题”，小到“幼儿为何会说谎”“原生家庭会如何影响你的亲密关系”。因此，在“双减”政策和《中华人民共和国家庭教育促进法》颁布的大背景下，学习精神分析知识，可以为家庭教育增添底色。

在这本书的翻译过程中，我不仅对弗洛伊德的精神分析有了进一步的认识，更重要的是，我似乎又重新回到南京师范大学的校园，感受到“南师人”的热情、真诚与稳重，并从中汲取了成长的力量。在此，我尤其感谢本书的责任编辑王蕾老师，她在我翻译过程中提出了细致入微的建议和修改意见，并多次与我沟通，润色译稿，使得整个翻译过程更加顺畅。我非常感谢殷融教授，他不仅是本译稿的引荐人，而且在翻译过程中给予我很多支持，帮助我校正很多细节。我同样感谢译丛主编郭本禹教授、阎书昌教授以及谢冬华老师等人的鼓励与认可。看似一个人的翻译，实则是一群人的力量。再次向所有支持和帮助我的人致以诚挚的感谢。

精神分析的发展和影响估计是弗洛伊德始料未及的。沙利文、弗洛姆、霍妮、克莱因、温尼科特……无数人站在弗洛伊德的肩膀上，继续发展精神分析，精神分析的队伍越来越浩大，精神分析的理论内容越来越丰富。

希望遇到本书的你，能在阅读中有所感悟，有所收获。哪怕点滴，亦为成长。

王元元

2023 年 4 月 12 日

图书在版编目（CIP）数据

西格蒙德·弗洛伊德：潜意识的探索者 / (英) 理查德·史蒂文斯著；王元元译. — 上海：上海教育出版社，2023.6
（心灵塑造者：心理学大师及其影响系列）
ISBN 978-7-5720-1857-2

Ⅰ. ①西… Ⅱ. ①理… ②王… Ⅲ. ①弗洛伊德(Freud, Sigmmund 1856-1939) - 生平事迹 Ⅳ. ①K835.215.1

中国国家版本馆CIP数据核字(2023)第113740号

责任编辑 王 蕾
封面设计 郑 艺

心灵塑造者：心理学大师及其影响系列
西格蒙德·弗洛伊德：潜意识的探索者
[英] 理查德·史蒂文斯 著
王元元 译

出版发行 上海教育出版社有限公司
官 网 www.seph.com.cn
地 址 上海市闵行区号景路159弄C座
邮 编 201101
印 刷 上海昌鑫龙印务有限公司
开 本 889 × 1194 1/32 印张 8.5
字 数 205 千字
版 次 2023年6月第1版
印 次 2023年6月第1次印刷
书 号 ISBN 978-7-5720-1857-2/G·1849
定 价 49.00 元

如发现质量问题，读者可向本社调换 电话：021-64373213